财政部规划教材
全国高等院校财经类专业规划教材

基金投资与管理

主　编：张　婷
副主编：芦　锋

中国财经出版传媒集团
中国财政经济出版社
· 北京 ·

图书在版编目（CIP）数据

基金投资与管理 / 张婷主编 ； 芦锋副主编. 北京 ： 中国财政经济出版社, 2024. 12. -- (财政部规划教材)（全国高等院校财经类专业规划教材）.
ISBN 978-7-5223-3511-7
Ⅰ. F830.59
中国国家版本馆CIP数据核字第2024ZZ6013号

责任编辑：苏小珺　　责任校对：胡永立
封面设计：北京兰卡绘世　　责任印制：党　辉

基金投资与管理
JIJIN TOUZI YU GUANLI

中国财政经济出版社 出版
URL：http：//www.cfeph.cn
E－mail：cfeph@cfeph.cn

社址：北京市海淀区阜成路甲 28 号　邮政编码：100142
营销中心电话：010－88191522
天猫网店：中国财政经济出版社旗舰店
网址：https：//zgczjjcbs.tmall.com
北京虎彩文化传播有限公司印刷　各地新华书店经销
成品尺寸：185mm×260mm　16 开　19.75 印张　379 000 字
2024 年 12 月第 1 版　2024 年 12 月北京第 1 次印刷
定价：75.00 元
ISBN 978－7－5223－3511－7
（图书出现印装问题，本社负责调换，电话：010－88190548）
本社质量投诉电话：010－88190744
打击盗版举报热线：010－88191661　QQ：2242791300

编 委 会

主　　编： 张　婷

副 主 编： 芦　锋

参编人员： 王亚梅　王小腾　梁　伟

胡中立　马文婷　栗　文

编写说明

本书是山西财经大学研究生教材系列之一，全书共分十三章，对基金的基本理论和证券投资管理理论作了详细的分析。主要体现在四个方面：一是介绍投资基金基本成熟的理论知识；二是分析研究投资基金的管理与运作；三是根据国外投资基金的发展实践，探索我国投资基金发展中的若干理论与实践问题；四是有关投资方法、基金的评价、基金从业等的法律常识。每章后面列出需要掌握的基本概念和思考题，使学生和广大读者更好地理解和掌握投资管理的基本理论和实务知识。

本书由张婷主编，提出编写大纲、写作思路，负责全书的修改、总纂和定稿。参加本书的编写人员有：胡中立、王亚梅、王小腾、马文婷、梁伟和栗文。

芦锋审读全书，提出了宝贵意见。

本书难免存在疏漏和不足之处，恳请批评和指正。

作者

2024 年 5 月

目录
Contents

第一章　投资管理基础

第一节　财务报表

财务报表是以会计准则为规范编制的，向所有者、债权人、政府及其他有关各方及社会公众等外部反映会计主体财务状况和经营的会计报表。财务报表反映企业或预算单位一定时期的资金和利润状况。我国财务报表的种类、格式、编报要求，均由统一的会计制度作出规定，要求企业定期编报。国营工业企业在报告期末应分别编报资金平衡表、专用基金及专用拨款表，基建借款及专项借款表等资金报表，以及利润表、产品销售利润明细表等利润报表；国营商业企业要报送资金平衡表、经营情况表及专用资金表等。

一套完整的财务报表包括资产负债表、利润表、现金流量表、所有者权益变动表、（或）和财务报表附注。

（1）资产负债表（balance sheet / statement of financial position）：反映企业资产、负债及资本的期末状况，包括长期偿债能力，短期偿债能力和利润分配能力等。

（2）收益表（或称损益表）（income statement/profit and loss account）：反映本期企业收入、费用和应该计入当期利润的利得和损失的金额和结构情况。

（3）现金流量表（cash flow statement）：反映企业现金流量的来龙去脉，分为经营活动、投资活动和筹资活动三部分。

（4）所有者权益变动表（statement of change in equity）：反映本期企业所有者权益（股东权益）总量的增减变动情况，还包括结构变动的情况，特别是反映直接计入所有者权益的利得和损失。

（5）财务报表附注（notes to financial statements）：一般包括企业的基本情况、财务报表编制基础、遵循企业会计准则的声明、重要会计政策和会计估计、会计政策和会计估计变更及差错更正的说明和重要报表项目的说明。

一、资产负债表

资产负债表（balance sheet）也称财务状况表，表示企业在一定日期（通常为各会计期末）的财务状况（即资产、负债和业主权益的状况）的主要会计报表。资产负债表利用会计平衡原则，将合乎会计原则的资产、负债、股东权益等交易科目分为“资产”和“负债及股东权益”两大区块，在经过分录、转账、分类账、试算、调整等会计程序后，以特定日期的静态企业情况为基准，浓缩成一张报表。其报表功能除了企业内部除错、经营方向、防止弊端外，也可让所有阅读者于最短时间了解企业经营状况。资产负债表是总括地反映会计主体在特定日期（如年末、季末、月末）财务状况的报表。无论公司处于怎么样的状态，会计平衡式永远是恒等的，它的基本结构是：

$$资产=负债+所有者权益$$

（一）资产

（1）流动资产，即公司的现金、各种存款、短期投资、各种应收应付款项、存货等。流动资产比往年增加，说明公司的支付能力与变现能力增强。

（2）长期投资，即一年期以上的投资，如公司控股、实施多元化经营等。长期投资的增加，表明公司的成长前景看好。因此，我们应该特别注意，折旧、损耗是否合理将直接影响资产负债表、利润表和其他各种报表的准确性。

（3）无形资产，即商标权、著作权、土地使用权、非专利技术、商誉、专利权等。商誉及其他无确指的无形资产一般不予列账，除非商誉是购入或合并时形成的。取得无形资产后，应登记入账并在规定期限内摊销完毕。

（二）负债

（1）流动负债。各项流动负债应按实际发生额记账，分析的关键在于要避免遗漏，所有的负债均要在资产负债表中反映出来。

（2）长期负债，包括长期借款、应付债券、长期应付款项等。由于长期负债的形态不同，因此，应注意了解、分析公司债权人的情况。

（三）所有者权益

所有者权益是指所有者投资于企业的金额减去其从企业中取出的金额。从本质上来说，它是指从资产中扣除所有负债后，所有者应得的款项金额。所有者权益的计算方法为：将所有企业资产（财产、厂房、设备、存货、留存收益和资本性资产）相加得出企业总资产，然后从企业总资产中减去所有负债（债务、薪金、工资、贷款、应付款）。

（四）案例分析

【案例1－1】比亚迪资产负债表分析

2018—2022年，比亚迪总资产逐年上升，且增速较为平稳，2020—2022年增速较快，最高达到66.97%，具体见表1－1。可见，比亚迪企业规模逐年扩大，竞争力不断增加。2022年，比亚迪资产占总体汽车制造业21%，位居第二，在行业内有较大影响力。

比亚迪的流动资产占总资产的比重较高，2018—2022年流动资产总体呈增长趋势，且2020—2022年增速较快，流动资产在总资产中占比在50%—60%波动。可见，比亚迪可控资源规模增加，资产流动性较好。

比亚迪经营性资产在总资产结构中比重较大并保持合理规模，体现了比亚迪经营主导型的战略和以核心营业利润为主的盈利模式。比亚迪2018—2022年流动资产、固定资产、无形资产、存货整体呈现上升趋势，这与比亚迪消费者业务的迅速扩张密切相关。其中流动资产在2018年、2022年分别为1,152.11亿元，2,408.04亿元，增长超两倍；固定资产规模在2018年、2022年分别为436.79亿元、1,318.80亿元，增长超三倍。在规模庞大的情况下仍能保持较好的增长势头，且资产结构较为稳定，说明比亚迪原有资本结构与经营战略无大变化，其势力范围与生态圈进一步扩张。值得一提的是，比亚迪的货币资金增长强劲，由2018年的130.52亿元增长到2022年的514.71亿元，交易性金融资产由2018年的45.10万元增长到2022年的206.27亿元，企业的资金流动性不断增加，降低了企业资金链断裂的风险。此外，比亚迪应收账款与应收票据自2018年总体呈下降趋势，说明其催债能力好，话语权较强。比亚迪存货于2021—2022年增加较大，这与比亚迪生产销售规模扩大，全力开拓新能源汽车市场，推出新车型，增加新项目备货，不断进军高端市场，存货价格上涨等发展有关。2020年以来，比亚迪推出了全新的T5电动轻卡、B系公交车和众多王朝系列、

e 系列新品，生产销售规模不断在扩张。此外，无形资产由 2018 年的 113.14 亿元连年增长到 2022 年的 232.23 亿元，比亚迪的软实力在不断增强，行业竞争力在不断增加。

资产负债率是对企业负债状况的总体反映，也是衡量企业财务风险和长期偿债能力的主要指标。比亚迪由于规模的不断扩张，流动负债增长明显，但其资产负债率基本保持稳定。需要注意，比亚迪资产负债率虽然比较稳定，但一直高于行业资产负债率均值，在今后的发展中需要着重考虑企业的财务风险。

流动负债的增加主要来自应付账款与其他应付款中的外部往来款，短期借款、应付票据呈下降趋势；非流动负债增加主要来自其他非流动负债中递延收益，表明比亚迪正在积极拓展业务，在与外部供应商、客户之间的交易规模增大的同时，也在不断引入新的业务合作模式，从中获得更多的收益。

表 1－1　　比亚迪资产负债表　　单位：亿元

项目	2022 年报	同比	占总资产（或负债＋权益）比	2021 年报	2020 年报	2019 年报	2018 年报
流动资产							
货币资金	514.71	2.01%	10.42%	504.57	144.45	126.50	130.52
交易性金融资产	206.27	267.95%	4.18%	56.06	0.00024	0.34345	0.00451
应收票据及应收账款	388.28	7.11%	7.86%	362.51	412.16	439.34	492.84
其中：应收票据	—	—	—	—	—	—	—
应收账款	388.28	7.11%	7.86%	362.51	412.16	439.34	492.84
预付款项	82.24	303.73%	1.67%	20.37	7.24	3.63	3.59
应收利息	—	—	—	1.37	0.07976	—	—
应收股利	—	—	—	—	—	—	—
其他应收款	—	—	—	12.74	10.43	15.61	10.10
存货	791.07	82.46%	16.02%	433.55	313.96	255.72	263.30
合同资产	135.53	59.58%	2.74%	84.93	53.46	69.87	63.00
划分为持有待售的资产	—	—	—	—	—	—	—
一年内到期的非流动资产	—	—	—	—	12.51	10.61	27.30
其他流动资产	131.36	54.09%	2.66%	85.25	73.13	77.96	83.71
流动资产合计	2,408.04	44.97%	48.76%	1,661.10	1,116.05	1,069.67	1,152.11
非流动资产	0	—	—	0	0	0	0
可供出售金融资产	—	—	—	—	—	—	—
持有至到期投资	—	—	—	—	—	—	—
长期应收款	11.19	－4.36%	0.23%	11.70	18.05	12.40	21.34
长期股权投资	154.85	95.89%	3.14%	79.05	54.66	40.60	35.61

续表

项目	2022 年报	同比	占总资产（或负债 + 权益）比	2021 年报	2020 年报	2019 年报	2018 年报
其他权益工具投资	44.19	51.65%	0.89%	29.14	14.20	19.22	16.21
其他非流动金融资产	21.47	817.52%	0.43%	2.34	2.85	0.46608	0.83509
投资性房地产	0.85005	-2.85%	0.02%	0.875	0.94217	0.96902	0.90066
固定资产合计	1,318.80	115.42%	26.70%	612.21	545.85	494.43	436.79
其中：固定资产	—	—	—	612.21	545.85	494.43	436.79
固定资产清理	—	—	—	—	—	—	—
在建工程合计	446.22	120.06%	9.04%	202.77	61.12	106.75	96.84
其中：在建工程	—	—	—	142.46	35.50	57.21	56.39
工程物资	—	—	—	60.31	25.62	49.54	40.45
生产性生物资产	—	—	—	—	—	—	—
油气资产	—	—	—	—	—	—	—
无形资产	232.23	35.77%	4.70%	171.05	118.04	126.50	113.14
开发支出	16.83	-35.39%	0.34%	26.05	48.86	57.48	53.85
商誉	0.65914	0.00%	0.01%	0.65914	0.65914	0.65914	0.65914
长期待摊费用	4.58	491.49%	0.09%	0.77432	0.67195	1.32	1.67
递延所得税资产	36.87	92.73%	0.75%	19.13	17.69	15.15	13.88
其他非流动资产	210.45	68.08%	4.26%	125.21	1.08	3.49	1.88
非流动资产合计	2,530.57	95.15%	51.24%	1,296.70	894.12	886.75	793.61
资产合计	4,938.61	66.97%	100.00%	2,957.80	2,010.17	1,956.42	1,945.71
流动负债	0	—	0.00%	0	0	0	0
短期借款	51.53	-49.50%	1.04%	102.04	164.01	403.32	377.89
交易性金融负债	0.54605	—	0.01%	—	0.57541	0.34307	0.08559
衍生金融负债	—	—	—	—	—	—	—
应付票据及应付账款	1,437.66	78.61%	29.11%	804.92	519.08	361.68	462.83
应付票据	33.28	-54.60%	0.67%	73.31	89.26	136.48	211.41
应付账款	1,404.37	91.96%	28.44%	731.60	429.83	225.21	251.42
预收款项	—	—	—	0.013	0.075	0.02	0.023
合同负债	355.17	137.84%	7.19%	149.33	81.86	45.02	34.69
应付职工薪酬	120.37	105.80%	2.44%	58.49	48.35	37.83	38.56
应交税费	43.26	143.17%	0.88%	17.79	18.59	6.14	10.81
应付利息	—	—	—	—	4.14	5.60	3.90
应付股利	—	—	—	—	0.1	0.1	0.1
其他应付款	—	—	—	413.48	88.55	62.51	82.31

续表

项目	2022 年报	同比	占总资产（或负债 + 权益）比	2021 年报	2020 年报	2019 年报	2018 年报
划分为持有待售的负债	—	—	—	—	—	—	—
一年内到期的非流动负债	64.65	-50.20%	1.31%	129.83	114.12	87.47	74.83
其他流动负债	26.15	92.42%	0.53%	13.59	5.46	52.01	61.12
流动负债合计	3,333.45	94.59%	67.50%	1,713.04	1,064.31	1,080.29	1,165.69
非流动负债	0	—	0.00%	0	0	0	0
长期借款	75.94	-13.15%	1.54%	87.44	147.45	119.48	68.48
应付债券	20.47	0.05%	0.41%	20.46	88.80	99.69	70.77
长期应付款合计	0	—	0.00%	0	0	0	0
长期应付款	—	—	—	—	—	—	—
专项应付款	—	—	—	—	—	—	—
预计负债	—	—	—	—	—	—	—
递延所得税负债	20.19	230.98%	0.41%	6.10	3.93	1.03	0.66308
递延收益 - 非流动负债	—	—	—	—	—	—	—
其他非流动负债	268.97	262.64%	5.45%	74.17	52.70	24.43	33.17
非流动负债合计	391.26	93.39%	7.92%	202.32	301.33	250.11	173.08
负债合计	3,724.71	94.47%	75.42%	1,915.36	1,365.63	1,330.40	1,338.77
所有者权益	0	—	0.00%	0	0	0	0
实收资本（或股本）	29.11	0.00%	0.59%	29.11	27.28	27.28	27.28
其他权益工具	—	—	—	—	10.95	43.95	38.96
其中：优先股	0	—	0.00%	0	0	0	0
永续债	—	—	—	—	10.95	43.95	38.96
资本公积	617.06	1.48%	12.49%	608.07	246.99	245.31	245.24
减：库存股	18.10	—	0.37%	—	—	—	—
其他综合收益	4.28	-445.16%	0.09%	-1.24	-5.56	-0.46659	-2.91
专项储备	0.12078	16.48%	0.00%	0.10369	0.04086	—	—
盈余公积	68.39	36.53%	1.38%	50.09	44.48	40.99	38.42
未分配利润	409.43	54.76%	8.29%	264.56	244.57	210.56	204.98
一般风险准备	—	—	—	—	—	—	—
外币报表折算差额	—	—	—	—	—	—	—
归属于母公司股东权益合计	1,110.29	16.79%	22.48%	950.70	568.74	567.62	551.98
少数股东权益	103.61	12.93%	2.10%	91.75	75.80	58.39	54.96
股东权益合计	1,213.90	16.45%	24.58%	1,042.44	644.54	626.01	606.94
负债和股东权益合计	4,938.61	66.97%	100.00%	2,957.80	2,010.17	1,956.42	1,945.71

二、利润表

利润表也称收益表、损益表，它是总括反映企业在某一会计期间（如年度、季度、月份）内经营及其分配（或弥补）情况的一种会计报表。利润表的编制以收入与费用的配比原则为基础，即将某一会计期间的营业收入与应由当期收入摊销的费用（包括非常项目和非营业损益净额）相配比，以正确决定当期的净收益。利润表内各项目的排列顺序依采用的报表格式而不同。常见的利润表的格式有多步式和单步式。多步式的利润表是先从销售收入减去销售成本算出销售毛利；再从销售毛利中减去营业费用得出营业净收益，用营业净收益加营业外收入，减营业外损失得出税前净收益，从税前净收益中减去所得税最后求得净收益。单步式的利润表是将本期所有的项目分为收入和费用两部分，各种收入之和减去所有费用一次得出净收益。利润表里要重点关注营业利润。因为营业利润是一家公司的核心利润，是持续竞争力的体现。

对利润表进行分析，主要从两个方面入手：

（1）收入项目分析。公司通过销售产品、提供劳务取得各项营业收入，也可以将资源提供给他人使用，获得租金与利息等营业外收入。收入的增加，意味着公司资产的增加或负债的减少。

（2）费用项目分析。费用是收入的扣除，费用的确认、扣除正确与否直接关系到公司的盈利。所以分析费用项目时，第一，应注意费用包含的内容是否适当，确认费用应贯彻权责发生制原则、历史成本原则、划分收益性支出与资本性支出的原则等。第二，要对成本费用的结构与变动趋势进行分析，分析各项费用占营业收入百分比，以及费用结构是否合理，对不合理的费用要查明原因。同时对费用的各个项目进行分析，看各个项目的增减变动趋势，以此判定公司的管理水平和财务状况，预测公司的发展前景。

【案例 1－2】科大讯飞 2022 年利润表分析

【例 1－1】天天乐公司本月主营业务收入为 100 万元，其他业务收入为 8 万元，营业外收入为 9 万元，主营业务成本为 76 万元，其他业务成本为 5 万元，税金及附加为 3 万元，营业外支出为 7.5 万元，销售费用为 3 万元，管理费用为 4 万元，财务费用为 1.5 万元，所得税费用为 7.5 万元，制造费用 0.1 万元。则该企业本月营业利润是：

营业利润 $=(100+8)-(76+5)-3-3-4-1.5=15.5$（万元）

表 1 – 2　　科大讯飞 2022 年利润表　　单位：元

· 营业利润 = 营业收入 – 营业成本 – 各种费用。
· 营业收入主要是销售商品的收入。
· 营业成本主要是制作商品的原材料、直接人工和制造费用之和。
· 其中各项费用主要是销售费用、管理费用、研发费用以及财务费用。
· 利润总额 = 营业利润 + 营业外收入 – 营业外支出（非日常活动的收入和损失）。
· 净利润 = 利润总额 – 所得税费用

项目	2022 年度	2021 年度
一、营业总收入	18, 820, 234, 052. 91	18, 313, 605, 605. 92
其中：营业收入	18, 820, 234, 052. 91	18, 313, 605, 605. 92
利息收入		
已赚保费		
手续费及佣金收入		
二、营业总成本	18, 672, 424, 768. 71	17, 515, 432, 869. 84
其中：营业成本	11, 136, 385, 572. 60	10, 780, 348, 465. 05
利息支出		
手续费及佣金支出		
退保金		
赔付支出净额		
提取保险责任合同准备金净额		
保单红利支出		
分保费用		
税金及附加	112, 113, 271. 86	121, 071, 383. 80
销售费用	3, 164, 396, 674. 53	2, 692, 844, 410. 57
管理费用	1, 226, 783, 087. 46	1, 101, 759, 620. 99
研发费用	3, 111, 297, 143. 68	2, 829, 840, 977. 50
财务费用	– 78, 550, 981. 42	– 10, 431, 988. 07
其中：利息费用	65, 047, 181. 27	65, 801, 690. 75
利息收入	132, 781, 674. 82	91, 908, 087. 94

三、现金流量表

财务状况变动表是反映企业在一定会计期间（通常是年度）内资金的来源渠道和运用去向的会计报表，是一张综合反映企业理财过程，以及财务状况变动的原因与结果的报表。

现金流量表记录公司账上真实的现金流入和流出，公司涉及现金的活动分为三大类：经营活动、投资活动和筹资活动。

对现金流量表主要从 3 个方面进行分析：

（1）现金净流量与短期偿债能力的变化。如果本期现金净流量增加，表明公司短期偿债能力增强，财务状况得到改善；反之，则表明公司财务状况比较困难。但是如果公司的现金净流量过大，表明公司未能有效利用这部分资金，其实是一种资源浪费。

（2）现金流入量的结构与公司的长期稳定。经营活动是公司的主营业务，这种活动提供的现金流量，可以不断用于投资，再生出新的现金来，来自主营业务的现金流量越多，表明公司发展的稳定性也就越强。公司的投资活动是为闲置资金寻找投资场所，筹资活动则是为经营活动筹集资金，这两种活动所发生的现金流量，都是辅助性的，服务于主营业务。这一部分的现金流量过大，表明公司财务缺乏稳定性。

(3) 投资活动与筹资活动产生的现金流量与公司的未来发展。分析投资活动时，一定要注意分析是对内投资还是对外投资。对内投资的现金流出量增加，意味着固定资产、无形资产等的增加，说明公司正在扩张，这样的公司成长性较好；如果对内投资的现金流入量大幅增加，意味着公司正常的经营活动没有充分吸纳现有的资金，资金的利用效率有待提高；对外投资的现金流入量大幅增加，意味着公司现有的资金不能满足经营需要，从外部引入了资金；如果对外投资的现金流出量大幅增加，说明公司正在通过非主营业务活动来获取利润。

【案例1-3】科大讯飞2022年现金流量表分析

根据科大讯飞2022年的现金流量表数据进行分析（见表1-3）：

1. 现金净流量与短期偿债能力的变化

2022年的现金净流量为正数（630,761,247.28元），比2021年（893,075,431.31元）有所减少。这可能表明公司短期偿债能力相比前一年有所下降，但仍然是正数，表明公司的财务状况相对稳定，而非陷入困境。

2. 现金流入量的结构与公司的长期稳定

经营活动现金流入量略有增加，这表明公司的主营业务在维持现金流方面表现稳定，对公司长期稳定性有积极影响。

投资活动现金流入量大幅增加，这意味着公司有新的投资机会，但需谨慎考虑这些投资是否能够长期稳定地产生回报。

筹资活动现金流入量减少，这表示公司减少了从外部筹集资金的需求，可能有助于降低财务风险，但也可能限制了公司未来的扩张。

3. 投资活动与筹资活动产生的现金流量与公司的未来发展

投资活动产生的现金流量净额虽然仍为负数，但较2021年有所改善，这可能表明公司对内投资的效率有所提高，但仍需关注投资的回报率。

筹资活动产生的现金流量净额为负数，表明公司在2022年度从筹资活动中净支出资金，这可能是偿还债务或股息支出等原因导致的，可能会影响公司未来的财务灵活性和发展。

总体而言，科大讯飞在2022年的现金流量表显示出一些积极和一些需要关注的方面，需要继续密切关注公司的财务状况和未来发展。

表 1-3 **科大讯飞 2022 年现金流量表** 单位：元

项目	2022 年度	2021 年度
一、经营活动产生的现金流量：		
销售商品、提供劳务收到的现金	17, 643, 199, 373. 56	17, 161, 606, 304. 04
客户存款和同业存放款项净增加额		
向中央银行借款净增加额		
向其他金融机构拆入资金净增加额		
收到原保险合同保费取得的现金		
收到再保业务现金净额		
保户储金及投资款净增加额		
收取利息、手续费及佣金的现金		
拆入资金净增加额		
回购业务资金净增加额		
代理买卖证券收到的现金净额		
收到的税费返还	216, 020, 053. 46	212, 814, 806. 22
收到其他与经营活动有关的现金	906, 581, 562. 59	1, 247, 764, 113. 93
经营活动现金流入小计	18, 765, 800, 989. 61	18, 622, 185, 224. 19
购买商品、接受劳务支付的现金	10, 498, 909, 984. 87	11, 088, 305, 714. 99
客户贷款及垫款净增加额		
存放中央银行和同业款项净增加额		
支付原保险合同赔付款项的现金		
拆出资金净增加额		
支付利息、手续费及佣金的现金		
支付保单红利的现金		
支付给职工以及为职工支付的现金	4, 592, 635, 400. 92	3, 580, 741, 087. 49
支付的各项税费	820, 374, 423. 12	923, 322, 381. 15
支付其他与经营活动有关的现金	2, 223, 119, 933. 42	2, 136, 740, 609. 25
经营活动现金流出小计	18, 135, 039, 742. 33	17, 729, 109, 792. 88
经营活动产生的现金流量净额	630, 761, 247. 28	893, 075, 431. 31
二、投资活动产生的现金流量：		
收回投资收到的现金	774, 386, 418. 81	126, 789, 170. 15
取得投资收益收到的现金	58, 287, 084. 81	16, 058, 273. 54
处置固定资产、无形资产和其他长期资产收回的现金净额	3, 358, 195. 35	2, 006, 415. 27
处置子公司及其他营业单位收到的现金净额		59, 299, 815. 76
收到其他与投资活动有关的现金	32. 464, 649. 89	44, 493, 781. 62
投资活动现金流入小计	868, 496, 348. 86	248, 647, 456. 34

续表

项目	2022 年度	2021 年度
购建固定资产、无形资产和其他长期资产支付的现金	2, 268, 138, 755. 23	2, 081, 901, 686. 23
投资支付的现金	278, 745, 800. 00	690, 595, 000. 00
质押贷款净增加额		
取得子公司及其他营业单位支付的现金净额	25, 512, 331. 78	55, 445, 422. 21
支付其他与投资活动有关的现金		
投资活动现金流出小计	2, 572, 396, 887. 01	2, 827, 942, 108. 44
投资活动产生的现金流量净额	-1, 703, 900, 538. 15	-2, 579, 294, 652. 10
三、筹资活动产生的现金流量：		
吸收投资收到的现金	39, 547, 256. 64	3, 398, 085, 068. 93
其中：子公司吸收少数股东投资收到的现金	39, 547, 256. 64	205, 966, 310. 69
取得借款收到的现金	3, 812, 259, 974. 96	696, 139, 421. 90
收到其他与筹资活动有关的现金		
筹资活动现金流入小计	3, 851, 807, 231. 60	4, 094, 224, 490. 83
偿还债务支付的现金	2, 449, 290, 855. 45	813, 652, 591. 40
分配股利、利润或偿付利息支付的现金	319, 095, 012. 29	497, 809, 710. 11
其中：子公司支付给少数股东的股利、利润	42, 902, 400. 00	7, 176, 400. 00
支付其他与筹资活动有关的现金	1, 401, 789, 040. 75	403, 976, 403. 05
筹资活动现金流出小计	4, 170, 174, 908. 49	1, 715, 438, 704. 56
筹资活动产生的现金流量净额	-318, 367, 676. 89	2, 378, 785, 786. 27
四、汇率变动对现金及现金等价物的影响	20, 245, 038. 60	-5, 654, 708. 05
五、现金及现金等价物净增加额	-1, 371, 261, 929. 16	686, 911, 857. 43
加：期初现金及现金等价物余额	5, 544, 116, 465. 48	4, 857, 204 , 608. 05
六、期末现金及现金等价物余额	4, 172, 854, 536. 32	5, 544, 116, 465. 48

四、所有者权益变动表

所有者权益变动表是反映公司本期（年度或中期）内至截至期末所有者权益变动情况的报表。其中，所有者权益变动表应当全面反映一定时期所有者权益变动的情况。

2007 年以前，公司所有者权益变动情况是以资产负债表附表形式予以体现的。新准则颁布后，要求上市公司于 2007 年正式对外呈报所有者权益变动表，所有者权益变动表将成为与资产负债表、利润表和现金流量表并列披露的第四张财务报表。在所有者权益变动表中，企业还应当单独列示反映下列信息：（1）所有者权益总量的增减变动；（2）所有者权益增减变动的重要结构性信息；（3）直接计入所有者权益的利得和损失。

【案例1－4】案例分析

山煤国际能源集团股份有限公司（简称“山煤国际”）成立于2009年12月，是山西焦煤集团有限责任公司下属的国有控股A股上市公司（股票代码：600546），居2023年《财富》中国上市公司500强第282位。公司主营煤炭开采、煤炭洗选、煤炭及制品销售、信息咨询服务、水路普通货物运输、金属材料销售、非金属矿及制品销售、塑料制品销售、橡胶制品销售、以自有资金从事投资活动等业务，形成了专业化生产、市场化营销、现代化运营、品质化服务、金融化支撑的产、销、贸一体化商业模式。表1－4显示了山煤国际所有者权益变动表2019—2023年的数据统计，请结合图表1－4内容分析该公司的财务状况。

表1－4　山煤国际所有者权益变动表　单位：元

	2023－09－30	2022－09－30	2021－09－30	2020－09－30	2019－09－30
所有者权益（或股东权益）					
实收资本（或股本）	19.82亿	19.82亿	19.82亿	19.82亿	19.82亿
资本公积	33.51亿	33.51亿	33.51亿	33.51亿	33.51亿
其他综合收益	－1,287万	－1,287万	－1,287万	－1,287万	－1,025万
专项储备	7.515亿	7.563亿	7.004亿	6.125亿	7.523亿
盈余公积	9.912亿	9.912亿	9.912亿	9.912亿	6.429亿
未分配利润	85.50亿	76.26亿	98.23亿	80.89亿	68.50亿
归属于母公司股东权益总计	156.1亿	146.9亿	168.4亿	150.1亿	135.7亿
少数股东权益	51.67亿	55.82亿	48.45亿	37.05亿	54.10亿
股东权益合计	207.8亿	202.8亿	216.8亿	187.2亿	189.8亿
负债和股东权益总计	421.3亿	431.4亿	462.3亿	452.8亿	436.9亿

所有者权益：根据提供的数据，所有者权益2023年9月30日与2022年9月30日相比略有增加，增加了约18亿元。而2021年9月30日至2020年9月30日，所有者权益减少了约6亿元，这可能是因为公司在这段时间内的盈利情况发生变化。

实收资本（或股本）：实收资本2023年9月30日与2022年9月30日相同，都是19.82亿元。这意味着公司的股本没有发生变化。

资本公积：从数据中可以看出，资本公积2023年9月30日比2022年9月30日增加了约7.51亿元，这可能是因为公司在这段时间内的非经常性收益（其他综合收益）有所增加。

专项储备：专项储备2023年9月30日比2022年9月30日增加了约7.56亿元，

这可能是因为公司在这段时间内进行了一些投资或者进行了一些资本支出。

盈余公积：盈余公积2023年9月30日比2022年9月30日增加了约6.42亿元，这可能是因为公司在这段时间内的净利润有所增加。

未分配利润：未分配利润2023年9月30日比2022年9月30日减少了约18亿元，这可能是因为公司在这段时间内的未分配利润有所减少。

总的来说，这些数据表明公司的财务状况虽然在一定程度上有所改善，但仍存在一些问题需要解决。例如，公司的所有者权益虽然有所增加，但增长速度较慢，可能需要进一步优化公司的经营策略以提高盈利能力。

计算题：

某公司2006年实现净利润310万元，分配股80万元，增发新股200万元，长期投资于B单位，股权占40%，A单位本年亏损外的所有者权益变动净额25万元，试确定所有者权益变动额。

解：根据净利润与所有者权益变动额的关系公式，所有者权益变动额 = 项目税后利润 + 直接计入所有者权益的利得与损失股利 − 股利 + 新增股。

本题所有者权益变动额具体结果为：

$310 - 25 \times 40\% - 80 + 200 = 420$（万元），即所有者权益净增加额为420万元。

五、财务报表附注

财务报表附注旨在帮助财务报表使用者深入了解基本财务报表的内容，财务报表制作者对资产负债表、损益表和现金流量表的有关内容和项目所作的说明和解释。财务报表附注中的内容非常重要，主要包括：（1）企业所采用的主要会计处理方法；（2）会计处理方法的变更情况、变更的原因及对财务状况和经营业绩的影响；（3）发生的非经常性项目；（4）一些重要报表项目的明显情况；（5）或有事项；（6）期后事项；（7）以及其他对理解和分析财务报表重要的信息。

第二节　财务报表分析

一、财务报表分析的概念

狭义：财务报表分析指仅以企业对外提供的财务报表为主要依据，运用比率分析等手段，对企业的偿债能力、盈利能力与营运能力加以判断，并有重点、有针对性地对有关项目进行质量分析，从而对企业整体的财务状况质量进行评价，为报表使用者的经济决策提供财务信息支持的一种分析活动。

广义：财务报表分析指强调依据企业财务报表之外的其他信息来源（包括公开和不公开的财务信息与非财务信息），进行更广泛的企业战略制定与实施情况分析、管理特征与质量分析、行业竞争格局与自身竞争优势分析（地域、资源、政策、行业、人才、管理等）、未来风险与挑战分析、发展前景与投资价值分析等。

二、财务报表分析的主体

财务报表分析的主体是与企业存在现实或潜在的利益关系，出于某些目的对企业的财务报表进行分析的组织或个人。

（一）企业所有者

所有者或股东作为企业的投资人，是企业收益的最终获得者和风险的最终承担者。因此，他们高度关注有关企业营运能力和盈利能力等方面的信息（这将决定他们对企业投资的回报率），也高度关注有关企业的资产结构与质量、资本结构与质量以及现金流量结构与质量等方面的信息（这将决定他们对企业投资的风险水平）。同时，企业所有者优于企业委托—代理关系中的委托人，需要通过分析企业的财务状况来对经营管理者的受托责任履行情况进行评价。

（二）企业债权人

企业债权人是指一种出让资金使用权的方式或提供其他资产的方式向企业投入资源的

自然人或法人，如商业银行、供应商、企业债券持有人等。由于对于企业债权人来说最重要的事情就是确保其债权的安全，即能否按期收回本金和利息，因此他们非常关注企业偿债能力和资本结构方面的信息。

（三）经营管理者

企业的经营管理者接受企业所有者的委托，对企业所从事的各项经济活动及其经营成果和财务状况进行有效的管理与控制，以实现企业长短期的经营目标。虽然相对于所有者和债权人等外部信息使用者而言，经营管理者拥有更多用于了解企业的信息渠道和监控企业的方法，但财务报表仍然是十分重要且有效的信息来源。

（四）政府职能机构

政府职能机构是指工商、税务、财政，以及各级国有资产监督管理委员会（国资委）等对企业有监管职能的政府职能部门。政府职能机构不仅需要了解资金的使用效率，预测财务收入增长情况，有效地组织和调整社会资金资源的配置，而且要借助财务报表分析，检查企业是否存在违法违纪、浪费国家财产等问题，最后通过综合分析，对企业的发展后劲以及对社会的贡献程度进行考察。

（五）社会中介机构

社会中介机构通常包括会计师事务所、律师事务所、资产评估事务所、资信评估公司以及各类咨询机构等。它们通过财务报表分析，了解企业的财务状况，发现生产经营过程中存在的问题，为社会中介机构提供非常有价值的判断依据。

（六）其他财务报表分析的主体

企业的客户、员工、竞争对手以及社会公众等都可能需要通过财务报表分析来了解企业的财务状况，以便作出各种决策。

三、财务报表分析的基本方法

（一）结构分析法（structure analysis approach）

结构分析法又称垂直分析法、纵向分析法或共同比分析法。它以财务报表中的某个总体指标作为100%，计算出各组成项目占该总体指标的百分比，从而比较各个项目百分比的增减变动，揭示各个项目的相对地位和总体结构关系，以便分析比较同一报表内各项目变动的适当性，判断有关财务活动的变化趋势。因此，结构分析法既可用于静态的结构分析，也可用于动态的趋势分析，通常用于资产负债表和利润表的结构分析。

（二）趋势分析法（trend analysis approach）

趋势分析法又称水平分析法或横向分析法。它是将两期或连续数期的财务报表中的相同指标进行对比，确定其增减变动的方向、数额和幅度，以说明企业财务状况和经营成果的变动趋势的一种方法。

在趋势分析中，常见的分析方法有以下三种：

1. 绝对数分析法（absolute number analysis）

绝对数分析法是将有关项目连续几期的绝对数额逐一列示并进行对比。

2. 环比分析法（ring ratio analysis）

环比分析法是计算有关项目相邻两期的变化率，即分析期某项目的数值相对于前期该项目数值的变动百分比。

$$环比变动百分比 = \frac{分析期某项目数值 - 前期某项目数值}{前期某项目数值} \times 100\%$$

3. 定基分析法（fixed base analysis）

定基分析法是选择一个固定的期间作为基期，计算相关项目在各分析期的水平相对于基期水平的变动百分比。

$$定基变动百分比 = \frac{分析期某项目数值 - 前期某项目数值}{基期某项目数值} \times 100\%$$

（三）比率分析法（ratio analysis approach）

比率分析法是把某些彼此存在关联的项目加以对弈，计算出比率，以确定经济活动变动程度的分析方法。

1. 偿债能力比率（solvency ratio）

偿债能力比率是反映企业用现有资产偿还短期债务的能力的比率，分析企业目前是否存在不能偿还短期债务的风险，主要包括流动比率和速动比率。

（1）流动比率（current ratio）。

流动比率反映企业运用其流动资产偿还流动负债的能力。计算公式为：

$$流动比率 = \frac{流动资产}{流动负债}$$

（2）速动比率（quick ratio）。

为了更精确地评价企业短期偿债能力，需要剔除流动资产中可用性差的项目，于是就出现了速动比率。计算公式为：

$$速动比率=\frac{速动资产}{流动负债}$$

速动资产是指可以及时、不贬值地转换为可以直接偿债的货币资金的流动资产。

（3）杠杆比率（leverage ratio）。

杠杆比率反映的是企业的负债与所有者权益之间的对比关系，是用来评价企业长期偿债能力和继续举债能力的指标。具体比率有：

①资产负债率（debt ratio）。

资产负债率表示企业全部资金来源中有多少来自举借债务。计算公式为：

$$资产负债率=\frac{负债总额}{资产总额}\times 100\%$$

②权益乘数（equity multiplier）。

权益乘数反映的是企业由于举债而产生财务杠杆效应的程度。计算公式为：

$$权益乘数=\frac{资产总额}{所有者权益总额}$$

③资产金融性负债率（asset - financial liability ratio）。

资产金融性负债率反映了企业直接从银行等金融机构取得的借款等有息负债与资产总额之间的对比关系。计算公式为：

$$资产金融性负债率=\frac{金融性负债总额}{资产总额}\times 100\%$$

（4）其他相关比率（other relevant ratios）。

①利息保障倍数（interest cover）。

利息保障倍数用于说明企业是否有足够的利润支付到期的利息。计算公式为：

$$利息保障倍数=\frac{息税前利润}{利息费用}$$

②固定支出保障倍数（fixed expense cover）。

固定支出保障倍数考虑到其他企业除了利息费用外，还有一些固定的支出。计算公式为：

$$固定支出保障倍数=\frac{息税前利润}{固定支出费用}$$

2. 盈利能力比率（profitability ratio）

（1）毛利率（gross profit ratio）。

毛利率是计量管理者根据产品成本进行差评定价的能力，也就是企业的产品还有多大的降价空间。计算公式为：

$$毛利率=\frac{毛利}{营业收入}\times 100\%$$

（2）核心利润率（core profit to sales ratio）。

核心利润率是客观评价管理层在经营活动中的经营绩效和管理能力。计算公式为：

$$核心利润率=\frac{核心利润}{营业收入}\times 100\%$$

（3）核心利润获现率（net operating cash flow to core profit ratio）。

核心利润获现率从质量维度考察企业盈利的含金量和持续性。计算公式为：

$$核心利润获现率=\frac{经营活动产生的现金流量净额}{核心利润}\times 100\%$$

（4）总营业费用率（total operating expenses to sales ratio）。

$$总营业费用率=\frac{总营业费用}{营业收入}\times 100\%$$

（5）销售净利率（net profit margin）。

销售净利率是衡量企业营业收入最终给企业带来盈利的能力。计算公式为：

$$销售净利率=\frac{净利润}{营业收入}\times 100\%$$

（6）经营性生产报酬率（return on operating assets）。

经营性生产报酬率是反映企业管理层利用经营性资产在经营活动中创造价值的能力。计算公式为：

$$经营性资产报酬率=\frac{核心利润}{平均经营性资产}\times 100\%$$

（7）总资产报酬率（return on total assets）。

总资产报酬率反映的是管理层利用企业现有资源创造价值的能力。计算公式为：

$$总资产报酬率=\frac{息税前利润}{平均经营性资产}\times 100\%$$

（8）股东权益报酬率（return on common equity）。

$$股东权益报酬率=\frac{可供普通股股东分配的净利润}{平均普通股股东权益}\times 100\%$$

3. 营运能力比率（operating capacity ratio）

（1）应收账款周转率（accounts receivable turnover）。

$$应收账款周转率=\frac{赊销净额}{平均应收账款}$$

（2）商业债权周转率（trade credit turnover）。

$$商业债权周转率 = \frac{赊销净额}{平均应收账款 + 平均应收票据}$$

（3）存货周转率（inventory turnover）。

$$存货周转率 = \frac{营业成本}{平均存货}$$

（4）经营性资产周转率（operating assets turnover）。

$$经营性资产周转率 = \frac{营业收入}{平均经营性资产}$$

（5）固定资产周转率（fixed assets turnover）。

$$固定资产周转率 = \frac{营业收入}{平均固定资产原值}$$

（6）总资产周转率（total assets turnover）。

$$总资产周转率 = \frac{营业收入}{平均资产净额}$$

4. 现金流量比率（cash flow ratio）

（1）现金与负债总额比率（operating cash flow to liability）。

现金与负债总额比率反映的是企业依据自身创造现金的能力所能够承担债务规模的大小。用公式表示为：

$$现金与负债总额比率 = \frac{经营活动现金净流量}{平均总负债}$$

（2）经营性资产现金回收比率（operating cashflow to operating assets）。

经营性资产现金回收比率反映了企业一定时期经营性资产创造现金的能力。用公式表示为：

$$经营性资产现金回收比率 = \frac{经营活动现金净流量}{平均经营性资产}$$

（3）再投资比率（operating cash flow to capital expenditure）。

再投资比率反映了企业当期经营活动产生的现金净流量是否足以支付资本性支出所需现金。用公式表示为：

$$再投资比率 = \frac{经营活动现金净流量}{资本性支出}$$

（4）到期债务本息偿付比率（operating cash flow to expired debts and interest）。

到期债务本息偿付比率反映的是企业的经营活动现金净流量对本期到期债务和利息支出的现金满足程度。用公式表示为：

$$到期债务本息偿付比率 = \frac{经营活动现金净流量}{本期到期债务 + 利息支出}$$

（5）现金购销比率（cash paid to suppliers / cash from sales）。

$$现金购销比率 = \frac{购买商品接受劳务支付现金}{销售商品提供劳务收到现金}$$

（6）收入现金比率（cash flow from operations to sales）。

收入现金比率反映的是企业在每 1 元营业收入中所实现的净现金收入。用公式表示为：

$$收入现金比率 = \frac{经营活动现金净流入}{营业收入}$$

5. 综合分析

以上分析是用几个比率来衡量企业财务状况的某一个方面，总的来说使用两组数据得出一个比率，然后用几个相关的比率综合分析企业财务状况的一个侧面，或者用一系列的比率考察企业财务状况的每一个方面，而后综合起来得到企业整体财务状况和管理状况的分析。杜邦企业的经理提出了一套分析方法，叫杜邦分析法。通常通过图示来表示杜邦分析的思路，这实际上是一种层层分解的思路，即从一个比率出发，通过一个关系体系将不同的比率和数据联系在一起进行分析，也是从一个综合性数据出发，分解到细节的过程。传统的杜邦分析原理如图 1－1 所示。

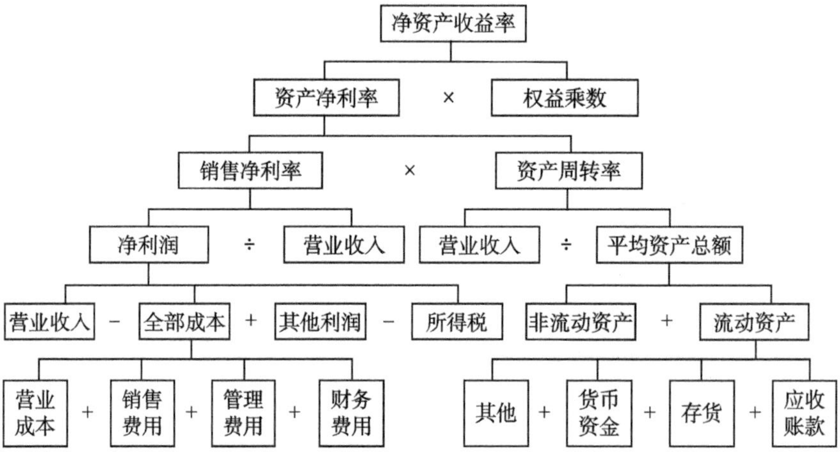

图 1－1 传统的杜邦分析原理图

6. 上市公司的特殊比率

对上市公司而言，信息使用者还应关注与每股普通股有关的比率，以便在股票投资时作为参考。

与上市公司有关的比率主要有以下几个：

（1）每股收益（earnings per share）。

每股收益反映的是企业在一定时期内平均对外发行的股份所享有的净利润。用公式表示为：

$$每股收益 = \frac{可供普通股股东分配的净利润}{发行在外的普通股加权平均数}$$

（2）股票收益率（dividend yield）。

股票收益率反映了在当年投资当年回收的情况下收益的比率。用公式表示为：

$$股票收益率=\frac{普通股每股股利}{普通股每股市价}$$

（3）市盈率（price earnings ratio）。

市盈率反映了市场对企业的期望的指标。用公式表示为：

$$市盈率=\frac{普通股每股市价}{普通股每股收益}$$

（4）股利支付率（dividend payout ratio）。

股利支付率反映了普通股股东在全部股利中实际可获取的股利份额。用公式表示为：

$$股利支付率=\frac{每股股利}{每股收益}$$

（5）每股净资产（net assets per share）。

每股净资产在理论上提供了企业普通股每股的最低价格。用公式表示为：

$$每股净资产=\frac{净资产}{普通股股数}$$

（6）股利保障倍数（times dividend earned）。

信息使用者可以据股利保障倍数分析在什么条件下企业的盈利仍能保障目前股利的分配。用公式表示为：

$$股利保障倍数=\frac{属于普通股的税后净利}{股利支付金额}$$

（四）比较分析法（comparative analysis approach）

通过比较不同的数据，发现规律性的东西并找出与被比较对象的差别的一种分析方法。比较时要特别注意企业分析指标与比较标准之间的可比性，即与选择的比较标准在内容、期间、计算口径、计价基础、总体性质等各方面均应具有一致性。

常用的比较标准有：

1. 基期标准（base period standard）

基期标准指前期实际发生的、已经成为历史数据的比较标准，它反映企业分析指标的历史水平，可以是上期指标、往年同期指标或历史上任意时期的指标。

2. 预期标准（expected standard）

预期标准指企业预先确定的比较标准，通常可以根据企业制订的计划、预算以及各部门相应责任加以确定，它反映企业分析指标的目标水平。

3. 行业标准（industry standard）

行业标准指企业所在行业的同类指标比较标准，企业分析指标的行业水平。行业标准可以是本行业的平均水平，也可以是本行业的先进水平，还可以是本企业的标杆水平。

4. 项目质量分析法（item quality analysis approach）

项目质量分析法通过对财务报表各项目的规模、结构以及状态进行分析，还原企业所发生的经营活动和理财活动，并根据各项目自身特征和管理要求，结合企业具体经营环境和经营战略，对各项目的质量进行评价。

第三节　货币的时间价值与利率

一、货币的时间价值

货币的时间价值是指一定量的资金在不同时点上的价值量差额。由于货币具有时间价值，即使两笔金额相等的资金，如果发生在不同的时期，其实际价值量也是不相等的，因此一定金额的资金必须注明其发生时间，才能确切地表示其具体的价值大小。

二、现金流

如果把某一项投资活动看作一个独立的系统，在计算期内，资金的收入与支出叫作现金流量。其中资金的支出叫作现金流出，资金的收入叫作现金流入。某一段时间的净现金流量是指该时段内现金流量的代数和，其计算公式为：

$$净现金流量 = 现金流入 - 现金流出$$

三、利息和利率

马克思针对资本主义经济中的利息指出：“贷出者和借入者双方都是把同一货币额作为资本支出的。但它只有在后者手中才执行资本的职能。同一货币额作为资本对两个人来说取得了双重的存在，这并不会使利润增加一倍。它之所以能对双方都作为资本执行职能，只是由于利润的分割。其中归贷出者的部分叫作利息[①]。”

从上面的分析可以看出，利息是资本所有者由于贷出资本而取得的报酬，它来自生产者使用该资本发挥营运职能而形成利润的一部分。显然，没有借贷，便没有利息。

但是，在现实生活中，利息已被人们看作收益的一般形态：无论资本是贷出还是没有贷出，利息都被看作资本所有者理所当然的收入（可能取得的或者将会取得的收入）；另外的文字表达为，无论是借入了资本还是运用的本是自己的资本，经营者也总是把自己所得的利润分为利息和企业主收入两个部分，似乎只有扣除利息后剩余的利润才是经营的所得。因此，利率就成为一个尺度，如果投资回报率不大于利率，则根本不需要投资[②]。

四、现值与终值

由于利息成为收益的一般形态，所以任何一笔货币金额，无论将做怎样的运用，甚至还没有考虑将做怎样的运用，都可以根据利率计算出未来某时点上将会是一个怎样的金额，这个金额就是本利和，又称为终值。终值是指资金经过一定时间以后，包括本金和时间价值的未来价值。如果年利率 6%，现有 10 万元，在 5 年后的终值再复利计息，即通常所说的“利滚利”，即：

$$100,000 \times (1+6\%)^5 = 133,822.5577 \text{（元）}$$

把这个过程倒转过来，如果我们知道在未来某时点上有一定金额的货币，只要把它看作当时的本利和，就可按现行利率计算出要能取得这样金额的本利和在现在所必须具有的本金，即：

$$100,000 = \frac{133,822.5577}{(1+6\%)^5}$$

五、名义利率与实际利率

按照债权人取得报酬的情况，利率可以分为名义利率和实际利率。名义利率是指没有剔除通货膨胀因素的利率，也就是借款合同或单据上标明的利率。实际利率是指已经剔除通货膨胀因素后的利率。通常计息周期为 1 年，年利率就是指名义利率。

① 马克思，恩格斯．马克思恩格斯全集：第 25 卷［M］．北京：人民出版社，1974：396.
② 黄达，张杰．货币银行学（第七版）［M］．北京：中国人民大学出版社，2021：44.

两者之间的关系表达式[①]为：

$$实际利率 = 名义利率 - 通货膨胀率$$

六、单利与复利

单利和复利[②]是金融领域中两种常见的利息计算方式，它们在计算方法和结果上有很大的区别。

单利是指利息的计算仅基于本金，即利息不产生利息。在单利计算中，每期利息的金额都是固定的，与本金和已产生的利息无关。复利是指利息的计算基于本金和已产生的利息。在复利计算中，每期利息的金额会随着本金和已产生利息的增加而增加，因此复利的增长速度通常比单利快。

单利主要应用于短期借款、短期投资等场景，如信用卡透支、短期存款等。由于单利的增长速度较慢，因此在长期投资中很少使用单利计算。复利广泛应用于长期投资、贷款等领域，如股票、债券、房地产等。复利的“滚雪球”效应使得投资者可以通过长期持有资产获得较高的收益。此外，许多金融机构也利用复利原理设计了各种理财产品，如定期存款、保险产品等。

单利是计算利息的一种方法。按照该方法，只要本金在计息周期中获得利息，不管时间多长，所生利息均不加入本金重复计算利息。因此，单利利息的计算公式为：

$$I = PV \times i \times t \tag{1-1}$$

其中，I 为利息，PV 为本金，i 为年利率，t 为计息时间。

（1）单利终值的计算公式为：

$$FV = PV \times (1 + i \times t) \tag{1-2}$$

（2）单利现值的计算公式为：

$$PV = FV/(1 + i \times t) \approx FV \times (1 - i \times t) \tag{1-3}$$

复利是计算利息的另一种方法。即经过一定时期，将所生利息并入本金再生利息，逐期滚算，利上加利。因此，复利终值计算公式为：

$$FV = PV \times (1 + i)^n \tag{1-4}$$

---

① 此公式是近似表达式，准确的公式为：

实际利率 =（名义利率 - 通货膨胀率）/（1 + 通货膨胀率），通常通货膨胀率较小，实际应用中忽略。

② 单利的计算公式为：$I = P \times r \times t$，其中 I 表示利息，P 表示本金，r 表示年利率，t 表示时间（以年为单位）；

复利的计算公式为：$I = P \times (1 + r)^t - P$，其中 I 表示利息，P 表示本金，r 表示年利率，t 表示时间（以年为单位）。

其中，$(1+i)^n$ 称为复利终值系数或 1 元的复利终值，用符号（FV，i，n）表示。

复利现值的计算公式为：

$$PV=FV/(1+i)^n=FV\times(1+i)^{-n} \quad (1-5)$$

其中，$(1+i)^{-n}$称为复利现值系数或 1 元的复利现值，用符号（PV，i，n）表示。

七、即期利率与远期利率（见表 1－5）

表 1－5　　即期利率与远期利率

即期利率	即期利率是指已设定到期日的零息票债券的到期收益率，常用 s_t 表示。即期利率是金融市场中的基本利率，表示从现在（$t=0$）到时间 t 的年化收益率。此外，利率和本金都是在时间 t 支付的。
远期利率	（1）远期利率是指隐含在给定的即期利率中从未来的某一时点到另一时点的利率水平，它指的是资金的远期价格。远期利率具体表示为未来两个日期间借入货币的利率，也可以表示投资者在未来特定日期购买的零息票债券的到期收益率。 （2）即期利率和远期利率的区别在于计息日起点不同，即期利率的起点在当前时刻，而远期利率的起点在未来某一时刻。 （3）在现代金融分析中，远期利率有着非常广泛的应用，不但可以预示市场对未来利率走势的期望，而且一直是中央银行制定和执行货币政策的参考工具，更重要的是在成熟市场中几乎所有利率衍生品的定价都依赖远期利率。
贴现因子	贴现因子（d_t）的计算公式为： $d_t=1/(1+s_t)^t$　　（1－6） 其中，s_t 为即期利率。

【链接】假设 1 年和 2 年期的即期利率分别为 s_1、s_2，根据无套利原则及复利计息的方法，第 2 年的远期利率 f 的计算公式为：

$$f=(1+s_2)^2/(1+s_1)-1 \quad (1-7)$$

【例 1－2】远期利率和即期利率的区别在于（　　）。

A. 付息频率不同　　B. 计息期限不同

C. 计息方式不同　　D. 计息日起点不同

【解析】答案为 D。远期利率和即期利率的区别在于计息日起点不同，即期利率的起点在当前时刻，而远期利率的起点在未来某一时刻。

第四节　常用的描述性统计概念

当我们进行数据分析时，常需要使用一些统计指标来描述数据的特征和分布。图 1 – 2 是一些常见的统计指标的介绍。

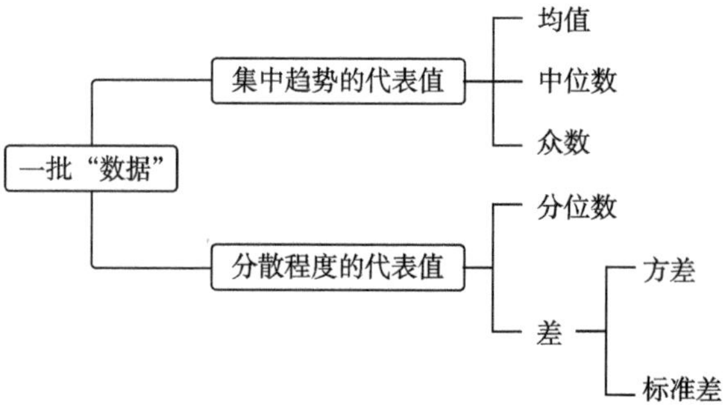

图 1 – 2　描述性统计指标

一、均值（mean）

均值是一组数据的平均值，可以用来表示数据的集中趋势，根据计算方法的不同有不同分类。

算术平均数分为简单算术平均数和加权算术平均数。

简单算术平均数主要用于处理未分组整理的数据。设一组数据为 X_1，X_2，X_n，简单算术平均数的计算公式为：

$$M = \frac{X_1 + X_2 + \cdots + X_n}{n} \tag{1-8}$$

加权算术平均数主要用于处理经分组整理的数据。设原始数据被分成 k 组，各组的组中值为 X_1，X_2，X_k，各组的频数分别为 f_1，f_2，f_k，加权算术平均数的计算公式为：

$$M = \frac{X_1 \times f_1 + X_2 \times f_2 + \cdots + X_k \times f_k}{f_1 + f_2 + \cdots + f_k} \tag{1-9}$$

几何平均数是指 n 个观察值连乘积的 n 次方根，适用于对比率数据的平均，主要用于计算数据平均增长（变化）率。几何平均数分为简单几何平均数与加权几何平均数。

简单几何平均数的计算公式：

$$G_n = \sqrt[n]{\prod_{i=1}^{n} X_i} = \sqrt[n]{X_1 X_2 X_3 \cdots X_n} \tag{1-10}$$

加权几何平均数的计算公式：

$$G_n = \sum_{i=1}^{n} \sqrt[f]{\prod_{i=1}^{n} X_i^{f_i}} = \sum \sqrt[f]{X_1^{f_1} X_2^{f_2} X_3^{f_3} \cdots X_n^{f_n}} \tag{1-11}$$

平均数既可以用它来反映一组数据的一般情况和平均水平，也可以用它进行不同组数据的比较，分析组与组之间的差别。用平均数能直观简明表示一组数据的情况，如平均速度、平均身高、平均产量、平均成绩、平均收入等。算术平均数是最常用的一种平均指标，几何平均数多用于计算比率平均数，它受极端值影响较算术平均数小。

二、中位数（midian）

中位数又称中点数，中值。它是按顺序排列的一组数据中居于中间位置的数。也就是说，一组数据中，有一半的数据比中位数大，有一半的数据比中位数小。

计算方法：将一组数据按照大小的顺序排列。如果数据的个数是奇数，则中间那个数据就是这群数据的中位数；如果数据的个数是偶数，则中间那 2 个数据的算术平均值就是这组数据的中位数。

中位数不易受一组数据中极端数值的影响，常用它来描述一组数据的集中趋势。但中位数不能推算总量和结构。

三、众数（mode）

众数是样本观测值在频数分布表中频数最多的那一组的组中值，主要应用于大面积普查研究之中。众数是在一组数据中，出现次数最多的数据，是一组数据中的原数据，而不是相应的次数。

用众数代表一组数据，可靠性较差，不过，众数不受极端数据的影响，并且求法简便。在一组数据中，如果个别数据有很大的变动，选择中位数表示这组数据的“集中趋势”就比较适合。

均值、中位数、众数的对比，具体如表 1-6 所示。

表 1-6　　均值、中位数、众数的对比

	优点	缺点	应用场景
均值	具有良好的数学性质，对于生活中常见的较为对称的以正态分布为基础的各种现象，有广泛的应用。而且考虑了数列中每个元素的情况，信息量全	容易受到数列中极端值的影响	数字序列表现出较为明显的对称分布（正态）的情况下，如身高、智力等分布。当数据呈对称分布或接近对称分布时，均值、中位数、众数相等或接近相等，这时应选择均值作为集中趋势的代表值，因为均值包含了全部数据的信息
中位数	中间位置上的代表值。其特点是不受数据极端值的影响	有可能中位数不在数字序列中（数列元素个数为偶数时），造成理解上的困惑	当一组数据中的个别数据变动较大时，可用中位数描述其趋势。对于偏态分布，具有较好的应用
众数	简单易理解，不受数据极端值的影响	可能不唯一性，一个数字序列，可能有多个众数（频次相同且最大）；或者没有众数（数字序列中每个数都只出现 1 次）	当一组数据中某些数据重复出现较多的场景。特别适用于偏态分布，对于对称分布也可以应用

四、分位数（quantile）

分位数亦称分位点，指的就是连续分布函数中的一个点，这个点对应概率 p。若概率 $0<p<1$，随机变量 X 或它的概率分布的分位数 Za，是指满足条件 $p(X\leqslant Za)=\alpha$ 的实数。常用的有中位数（即二分位数）、四分位数、百分位数等。

（一）二分位数

对于有限的数集，可以通过把所有观察值高低排序后找出正中间的一个数作为中位数。如果观察值有偶数个，则中位数不唯一，通常取最中间的两个数值的平均数作为中位数，即二分位数。

一个数集中最多有一半的数值小于中位数，也最多有一半的数值大于中位数。如果大于和小于中位数的数值个数均少于一半，那么数集中必有若干值等同于中位数。

计算有限个数的数据的二分位数的方法是：把所有的同类数据按照大小的顺序排列。如果数据的个数是奇数，则中间那个数据就是这组数据的中位数；如果数据的个数是偶数，则中间那 2 个数据的算术平均值就是这组数据的中位数。

（二）四分位数

四分位数是统计学中分位数的一种，即把所有数值由小到大排列并分成四等份，处于三个分割点位置的数值就是四分位数。

（1）第一四分位数（Q1）又称"较小四分位数"，等于该样本中所有数值由小到大排列后第 25% 的数字；

（2）第二四分位数（Q2）又称"中位数"，等于该样本中所有数值由小到大排列后第 50% 的数字；

（3）第三四分位数（Q3）又称"较大四分位数"，等于该样本中所有数值由小到大排列后第 75% 的数字。第三四分位数与第一四分位数的差距又称四分位距。

（三）百分位数

如果将一组数据从小到大排序，并计算相应的累计百分位，则某一百分位所对应数据的值就称为这一百分位的百分位数。

五、方差（variance）

在统计描述中，方差用来计算每一个变量（观察值）与总体均数之间的差异。为避免出现离均差总和为零，离均差平方和受样本含量的影响，统计学采用平均离均差平方和来描述变量的变异程度。总体方差计算公式为：

$$\sigma^2 = \frac{\Sigma (X-\mu)^2}{N} \tag{1-12}$$

其中，σ^2 为总体方差；X 为变量；μ 为总体均值；N 为样本量。

当数据分布比较分散（即数据在平均数附近波动较大）时，各个数据与平均数的差的平方和较大，方差就较大；当数据分布比较集中时，各个数据与平均数的差的平方和较小。因此方差越大，数据的波动越大；方差越小，数据的波动就越小。

六、标准差（standard deviation）

由于方差是数据的平方，与检测值本身相差太大，人们难以直观地衡量，所以常用方差开根号换算回来，这就是我们要说的标准差。

标准差定义是总体各单位标准值与其平均数离差平方的算术平均数的平方根。它反映组内个体间的离散程度，测量到分布程度的结果。平均数相同的两组数据，标准差未必相同。

七、正态分布（vormal distribution）

正态分布也称“常态分布”，又名高斯分布（Gaussian distribution），最早由棣莫弗（Abraham de Moivre）在求二项分布的渐近公式中得到。C. F. 高斯在研究测量误差时从另一个角度导出了它。P. S. 拉普拉斯和高斯研究了它的性质。正态分布是一个在数学、物理及工程等领域都非常重要的概率分布，在统计学的许多方面有着重大的影响力。

正态曲线呈钟形，两头低，中间高，左右对称。因其曲线呈钟形，因此人们又经常称之为钟形曲线。

若随机变量 X 服从一个数学期望（均值）为 μ、方差为 σ^2 的正态分布，记为 $N(\mu, \sigma^2)$。其概率密度函数为正态分布的期望值 μ 决定了其位置，其标准差 σ 决定了分布的幅度。当 $\mu=0$、$\sigma=1$ 时的正态分布是标准正态分布。

正态分布有极其广泛的实际背景，生产与科学实验中很多随机变量的概率分布都可以近似地用正态分布来描述。例如，在生产条件不变的情况下，产品的强力、抗压强度、口径、长度等指标；同一种生物体的身长、体重等指标；同一种种子的重量；测量同一物体的误差；弹着点沿某一方向的偏差；某个地区的年降水量；以及理想气体分子的速度分量等。从理论上看，正态分布具有很多良好的性质，许多概率分布可以用它来近似；还有一些常用的概率分布是由它直接导出的，例如，对数正态分布、t 分布、F 分布等。

八、相关性（correlation）

相关性是指两个变量的关联程度。一般地，从散点图上可以观察到两个变量有以下三种关系之一：两变量正相关、负相关、不相关。如果一个变量高的值对应于另一个变量高的值，相似地，低的值对应低的值，那么这两个变量正相关。在土壤中，孔隙率和渗透度就具有典型的正相关。反之，如果一个变量高的值对应于另一个变量低的值，那么这两个变量负相关。如果两个变量间没有关系，即一个变量的变化对另一变量没有明显影响，那么这两个变量不相关。

名词解释

无形资产　所有者权益　流动比率　速动比率　杠杆比率　资产负债率　资产回报率　净资产收益率　利息　名义利率　实际利率　复利　即期利率　远期利率　方差

思考题

1. 财务报表包含哪些内容？各自可以反映企业的什么信息？
2. 如何衡量一家企业的偿债能力？
3. 什么是杜邦分析法？
4. 作为一名投资者，如何根据财务报表判断一家上市企业的经营水平？
5. 什么是货币的时间价值？
6. 数据的描述性统计分析指标有哪些？

第二章　基金概述

第一节　基金的相关理论

一、基金的概念

基金作为一种集合投资、分散风险、实现共同理财目标的金融工具，在现代财务管理中发挥着重要的作用。通过基金投资，投资者不仅可以获得更好的投资回报，还可以降低个人风险，实现财务目标，促进经济增长，为社会和个人财富的增值作出贡献。因此，基金已成为广大投资者不可或缺的理财工具之一。

基金是一种由基金管理人以委托理财的方式，集合投资者的资金，按照既定的投资目标、策略和比例，投资于股票、债券、货币市场工具等多种资产，并按照份额向投资者提供收益的金融产品。简而言之，基金就是将投资者的资金集中起来，由专业的基金管理人进行管理和投资，以实现共同的理财目标。

基金的历史可以追溯到19世纪的英国，其中“海外及殖民地政府信托基金”被认为是历史上最早的基金形式。自20世纪80年代以来，基金在全球范围内得到了广泛的推广和发展。在中国，基金作为一种重要的金融市场组成部分，近年来也得到了快速发展。

对于投资者而言，购买基金通常是门槛较低且风险相对较小的选择。基金的收益率虽然可能不是最高的，但是它们提供了相对稳定的收入流，适合那些寻求长期、稳健回报的投资者。在选择基金时，投资者可以根据自己的财务状况和风险承受能力来做出谨慎的选择，以确保理财之路更加平稳。

二、基金的特点

（1）集合投资：基金集合了众多投资者的资金，通过规模化的投资实现了更高的分散度和资金利用效率。

（2）专业管理：基金由专业的基金管理人负责投资决策和资产配置，减轻了投资者的个人风险管理压力。

（3）流动性强：基金份额可以在交易所或基金公司进行买卖，投资者可以随时提取部分或全部投资。

（4）风险与收益共担：基金持有人与基金经理共同承担投资风险，同时分享投资收益。

（5）透明度高：基金定期披露持仓、投资策略等信息，投资者可以清晰地了解基金的运作情况。

（6）多样化投资：基金可以投资于股票、债券、商品、房地产等多种资产类别，实现了风险的分散化。

三、基金的功能

（1）资金集聚：基金通过集合投资者的资金，形成规模庞大的资金池，为投资者提供了更多选择和更广阔的投资机会。

（2）风险分散：基金通过分散投资于不同的资产类别和行业，降低了单一资产所带来的风险，提高了投资组合的稳健性。

（3）专业管理：基金由专业的基金管理人负责投资决策和资产配置，利用其专业知识和经验为投资者获取更好的投资回报。

（4）流动性管理：基金的流动性较高，投资者可以随时买卖基金份额，灵活调整投资组合，满足不同的资金需求。

（5）长期增值：基金通过长期投资，利用时间和复利效应实现资产的持续增值，为投资者创造长期财富。

四、基金的作用意义

（1）普惠投资机会：基金为广大投资者提供了低门槛、高效率的投资渠道，使更多人能够参与资本市场，分享经济增长的成果。

（2）降低个人风险：基金通过分散投资和专业管理，降低了投资者个人所面临的风险，提高了投资的成功概率。

（3）促进资本市场健康发展：基金作为重要的资本市场参与者，推动了市场的流动性和有效性，促进了资本市场的健康发展。

（4）推动经济增长：基金通过投资于各类企业和项目，为实体经济提供了充足的资金支持，促进了经济的持续增长和发展。

（5）实现财务目标：基金作为一种长期投资工具，可以帮助投资者实现财务目标，如养老金积累、子女教育金等，为个人和家庭的未来提供保障。

五、基金与股票、债券的联系与区别

（一）基金与股票、债券的联系

（1）投资工具：股票、债券和基金都是投资市场中常见的金融工具，投资者通过它们可以参与资本市场并获取投资回报。

（2）市场交易：股票、债券和基金都可以在证券市场进行买卖交易，投资者可以根据市场行情和自身需求进行买卖操作。

（3）风险与收益：股票、债券和基金的价格都受市场供求关系和其他因素的影响，其价格波动会带来投资风险，同时也有可能获得投资收益。

（二）基金与股票、债券的联系

1. 投资对象

（1）股票：股票代表了投资者对公司所有权的一部分，购买股票意味着成为公司的股东，享有相应的股利和资本收益，并承担相应的风险。股票的价格受市场供需、公司业绩等因素影响。

（2）债券：债券是一种借贷工具，投资者购买债券相当于向发行者借钱，债券发行者承诺按照约定的利率和期限向投资者支付利息，并在到期时偿还债务本金。债券的风险较股票较低，但收益也相对较低。

（3）基金：基金是一种集合投资的金融工具，由基金管理人管理投资者的资金，通过投资于股票、债券、货币市场工具等资产实现共同的理财目标。基金本身并不代表对某个公司或债务人的所有权，而是投资于多种资产类别的组合。

2. 风险与收益

（1）股票：股票投资的风险相对较高，因为股票的价格波动较大，投资者可能面临资金损失的风险。但与高风险相对应的是潜在的高回报，股票投资有可能获得较高的资本收益。

（2）债券：债券投资的风险相对较低，因为债券具有固定的利息支付和到期偿还本金的承诺。但由于债券的收益相对较低，其潜在回报也较为有限。

（3）基金：基金的风险与所投资的资产类别相关，例如，股票型基金风险较高，债券型基金风险较低。但基金通过分散投资和专业管理，可以降低投资者的个人风险，并在风险与收益之间取得平衡。

3. 管理方式

（1）股票、债券：股票和债券的投资者可以自行选择具体的投资标的，进行研究和决策，自主管理投资组合。

（2）基金：基金由专业的基金管理人负责投资决策和资产配置，投资者只需购买基金份额，享受专业的投资管理服务，无须直接参与投资决策和操作。

（3）股票、债券和基金都是投资市场中重要的金融工具，它们各具特点，在投资组合中起着不同的作用。投资者可以根据自身的风险偏好、投资目标和市场情况选择适合自己的投资品种，实现资产配置和财富增值的目标。

六、基金与银行储蓄存款的差异

截至目前，由于开放式基金主要通过银行代销，许多投资者误认为基金是银行发行的金融产品，与银行储蓄存款没有太大区别。实际上，两者有着本质的不同，主要表现在以下三个方面：

（1）性质不同。基金是一种受益凭证，基金财产独立于基金管理人；基金管理人只是受托管理投资者资金，并不承担投资损失的风险。银行储蓄存款表现为银行的负债，是一种信用凭证；银行对存款者负有法定的保本付息责任。

（2）收益与风险特性不同。基金收益具有一定的波动性，投资风险较大；银行存款利率相对固定，投资者损失本金的可能性很小，投资相对比较安全。

(3) 信息披露程度不同。基金管理人必须定期向投资者公布基金的投资运作情况；银行吸收存款之后，不需要向存款人披露资金的运用情况。

七、基金的投资方式

投资者可以通过以下方式参与基金投资。

1. 直接购买基金份额

投资者可以通过证券公司、基金销售机构等渠道直接购买基金份额，成为基金的投资者。购买基金份额后，投资者即享有基金投资资产所产生的收益，并承担相应的风险。

2. 定投计划

定投计划是一种定期定额投资方式，投资者按照一定的频率（如每月、每季度）定期投入固定金额的资金购买基金份额，分散投资风险，并利用长期投资的力量获取收益。

3. 网上基金销售

随着互联网的发展，越来越多的基金销售机构提供了在线购买基金份额的服务，投资者可以通过手机 App、网银等渠道方便地进行基金交易。

第二节　基金的类型

一、基金分类概述

构成基金的要素有多种，因此可以依据不同的标准对基金进行分类。

（一）运作方式

根据运作方式的不同，可以将基金分为封闭式基金、开放式基金。

(1) 封闭式基金是指基金份额在基金合同期限内固定不变，基金份额可以在依法设立的证券交易所内交易，但基金份额持有人不得申请赎回的一种基金运作方式。

(2) 开放式基金是指基金份额不固定，基金份额可以在基金合同约定的时间和场所进行申购或者赎回的一种基金运作方式。

（二）法律形式

根据法律形式的不同，可以将基金分为契约型基金、公司型基金等。

不同的国家（地区）具有不同的法律环境，基金能够采用的法律形式也会有所不同。目前，我国的基金全部是契约型基金，而美国的绝大多数基金则是公司型基金。组织形式的不同赋予了基金不同的法律地位，基金投资者所受到的法律保护也因此有所不同。

（三）投资对象

依据投资对象的不同，可以将基金分为股票基金、债券基金、货币市场基金、混合基金等。

（1）股票基金是指以股票为主要投资对象的基金。股票基金在各类基金中历史最为悠久，也是各国（地区）广泛采用的一种基金类型。根据中国证监会对基金类别的分类标准，基金资产 60% 以上投资于股票的为股票基金。

（2）债券基金主要以债券为投资对象。根据中国证监会对基金类别的分类标准，基金资产 80% 以上投资于债券的为债券基金。

（3）货币市场基金以货币市场工具为投资对象。根据中国证监会对基金类别的分类标准，仅投资于货币市场工具的为货币市场基金。

（4）混合基金同时以股票、债券等为投资对象，以期通过在不同资产类别上的投资实现收益与风险之间的平衡。根据中国证监会对基金类别的分类标准，投资于股票、债券和货币市场工具，但股票投资和债券投资的比例不符合股票基金、债券基金规定的为混合基金。

（四）投资标的

根据投资目标的不同，可以将基金分为增长型基金、收入型基金和平衡型基金。

（1）增长型基金是指以追求资本增值为基本目标，较少考虑当期收入的基金，主要以具有良好增长潜力的股票为投资对象。

（2）收入型基金是指以追求稳定的经常性收入为基本目标的基金，主要以大盘蓝筹股、公司债、政府债券等稳定收益证券为投资对象。

（3）平衡型基金则是既注重资本增值又注重当期收入的一类基金。

（五）投资理念

依据投资理念的不同，可以将基金分为主动型基金与被动（指数）型基金。

(1) 主动型基金是一类力图取得超越基准组合表现的基金。

(2) 与主动型基金不同，被动型基金并不主动寻求取得超越市场的表现，而是试图复制指数的表现。被动型基金一般选取特定的指数作为跟踪的对象，因此通常又被称为指数型基金。

(六) 募集方式

根据募集方式的不同，可以将基金分为公募基金和私募基金。

(1) 公募基金是指可以面向社会公众公开发售的一类基金。

(2) 私募基金则是只能采取非公开方式，面向特定投资者募集发售的基金。

(七) 资金来源和用途

根据基金的资金来源和用途的不同，可以将基金分为在岸基金和离岸基金。

(1) 在岸基金是指在本国募集资金并投资于本国证券市场的证券投资基金。由于在岸基金的投资者、基金组织、基金管理人、基金托管人及其他当事人和基金的投资市场均在本国境内，所以基金的监管部门比较容易运用本国法律法规及相关技术手段对证券投资基金的投资运作行为进行监管。

(2) 离岸基金是指一国的证券投资基金组织在他国发售证券投资基金份额，并将募集的资金投资于本国或第三国证券市场的证券投资基金。

(八) 特殊类型

(1) 系列基金。系列基金又称为伞形基金，是指多个基金共用一个基金合同，子基金独立运作，子基金之间可以进行相互转换的一种基金结构形式。

(2) 基金中的基金。基金中的基金是指以其他证券投资基金为投资对象的基金，其投资组合由其他基金组成。我国目前尚无此类基金存在。

(3) 保本基金。保本基金是指通过采用投资组合保险技术，保证投资者在投资到期时至少能够获得投资本金或一定回报的证券投资基金。本基金的投资目标是在锁定下跌风险的同时力争有机会获得潜在的高回报。目前，我国已有多只保本基金。

(4) 交易型开放式指数基金 (ETF) 与 ETF 联接基金。交易型开放式指数基金通常又称为交易所交易基金 (Exchange Traded Funds，ETF)，是一种在交易所上市交易的、基金份额可变的一种开放式基金。

(5) 上市开放式基金 (LOF)。上市开放式基金 (Listed Open - ended Funds，LOF) 是一种既可以在场外市场进行基金份额申购、赎回，又可以在交易所 (场内市场) 进行基金份额交易和基金份额申购或赎回的开放式基金。它是我国对证券投资基金的一种本土化创新。

（6）QDII 基金。QDII 是 Qualified Domestic Institutional Investors（合格的境内机构投资者）的首字母缩写。QDII 基金是指在一国境内设立，经该国有关部门批准从事境外证券市场的股票、债券等有价证券投资的基金。2007 年我国推出了首批 QDII 基金。

（7）分级基金。分级基金又称为“结构型基金”和“可分离交易基金”，是指在一只基金内部通过结构化的设计或安排，将普通基金份额拆分为具有不同预期收益与风险的两类（级）或多类（级）份额并可分离上市交易的一种基金产品。

二、股票基金

股票可以根据所在市场、规模、性质以及所属行业等归结为几种主要类型。与此相适应，可以根据基金所投资股票的特性对股票基金进行分类。一种股票可能同时具有两种以上的属性。类似地，一只股票基金也可以被归为不同的类型。

（一）投资市场

按投资市场分类，股票基金可分为国内股票基金、国外股票基金与全球股票基金三大类。国内股票基金以本国股票市场为投资场所，投资风险主要受国内市场的影响。国外股票基金以非本国的股票市场为投资场所，由于币制不同，存在一定的汇率风险。全球股票基金以包括国内股票市场在内的全球股票市场为投资对象，进行全球化分散投资，可以有效克服单一国家或区域投资风险，但由于投资跨度大，费用相对较高。

（二）投资规模

按股票市值的大小将股票分为小盘股票、中盘股票与大盘股票，是一种最基本的股票分析方法。与此相适应，专注于投资小盘股票的基金就称为小盘股票基金。类似地，有中盘股票基金与大盘股票基金之分。

（三）股票性质

根据股票性质的不同，通常可以将股票分为价值型股票与成长型股票。价值型股票通常是指收益稳定、价值被低估、安全性较高的股票，其市盈率、市净率通常较低。成长型股票通常是指收益增长速度快、未来发展潜力大的股票，其市盈率、市净率通常较高。

与此相适应，专注于价值型股票投资的股票基金称为价值型股票基金；专注于成长型股票投资的股票基金称为成长型股票基金；同时投资于价值型股票与成长型股票的基金则称为平衡型基金。

（四）基金投资风格

根据基金所持有的全部股票市值的平均规模与性质的不同而将股票基金分为不同投资风格的基金，如大盘价值型基金、大盘平衡型基金、大盘成长型基金、小盘价值型基金、小盘平衡型基金、小盘成长型基金等。

（五）行业

以某一特定行业或板块为投资对象的基金就是行业股票基金，如基础行业基金、资源类股票基金、房地产基金、金融服务基金、科技股基金等。不同行业在不同经济周期中的表现不同，为追求较好的回报，还有一种行业轮换型基金。

三、债券基金

债券基金主要以债券为投资对象，因此对追求稳定收入的投资者具有较强的吸引力。债券基金的波动性通常要小于股票基金，因此常常被投资者认为是收益、风险适中的投资工具。此外，当债券基金与股票基金进行适当的组合投资时，常常能较好地分散投资风险，因此债券基金也常常被视为组合投资中不可或缺的重要组成部分。

债券有不同类型，债券基金也会有不同类型。根据发行者的不同，可以将债券分为政府债券、企业债券、金融债券等。根据债券到期日的不同，可以将债券分为短期债券、长期债券等。根据债券信用等级的不同，可以将债券分为低等级债券、高等级债券等。与此相适应，也就产生了以某一类债券为投资对象的债券基金。

四、货币市场基金

与其他类型基金相比，货币市场基金具有风险低、流动性好的特点。货币市场基金是厌恶风险、对资产流动性和安全性要求较高的投资者进行短期投资的理想工具，或暂时存放现金的理想场所。但需要注意的是，货币市场基金的长期收益率较低，并不适合进行长期投资。

五、混合基金

混合基金的风险低于股票基金，预期收益则要高于债券基金。它为投资者提供了一种在不同资产类别之间进行分散投资的工具，比较适合较为保守的投资者。

混合基金尽管会同时投资于股票、债券等，但常常会依据基金投资目标的不同而进行股票与债券的不同配比。因此，通常可以依据资产配置的不同将混合基金分为偏股型基金、偏债型基金、股债平衡型基金、灵活配置型基金等。

（1）偏股型基金中股票的配置比例较高，债券的配置比例相对较低。通常，股票的配置比例在 50%—70%，债券的配置比例在 20%—40%。

（2）偏债型基金与偏股型基金正好相反，债券的配置比例较高，股票的配置比例则相对较低。

（3）股债平衡型基金股票与债券的配置比例较为均衡，比例在 40%—60%。

（4）灵活配置型基金在股票、债券上的配置比例则会根据市场状况进行调整，有时股票的比例较高，有时债券的比例较高。

六、保本基金

保本基金的最大特点是其招募说明书中明确规定了相关的担保条款，即在满足一定的持有期限后，为投资者提供本金或收益的保障。

境外的保本基金形式多样。其中，基金提供的保证有本金保证、收益保证和红利保证，具体比例由基金公司自行规定。一般本金保证比例为 100%，但也有低于 100% 或高于 100% 的情况。至于是否提供收益保证和红利保证，则每种基金情况各不相同。通常，保本基金若有担保人，则可为投资者提供到期后获得本金和收益的保障。

七、交易型开放式指数基金（ETF）

（一）标的市场指数

根据 ETF 跟踪某一标的市场指数的不同，可以将 ETF 分为股票型 ETF、债券型 ETF 等。而在股票型 ETF 与债券型 ETF 中，又可以根据 ETF 跟踪的具体指数的不同对股票型 ETF 与债券型 ETF 进行进一步细分。如股票型 ETF 可以进一步被分为全球指数 ETF、综合指数 ETF、行业指数 ETF、风格指数 ETF（如成长型、价值型等）等。

（二）复制方法

根据复制方法的不同，可以将 ETF 分为完全复制型 ETF 与抽样复制型 ETF。完全复制型 ETF 是依据构成指数的全部成分股在指数中所占的权重，进行 ETF 的构建。我国首只 ETF——上证 50ETF 采用的就是完全复制。在标的指数成分股数量较多、个别成分股流动性不足的情况下，抽样复制的效果可能更好。抽样复制就是通过选取指数中部分有代表性的成分股，参照指数成分股在指数中的比重设计样本股的组合比例进行 ETF 的构建，目的是以最低的交易成本构建样本组合，使 ETF 能较好地跟踪指数。

八、QDII 基金

不同于只能投资于国内市场的公募基金，QDII 基金可以进行国际市场投资。通过 QDII 基金进行国际市场投资，不但为投资者提供了新的投资机会，而且由于国际证券市场常常与国内证券市场具有较低的相关性，也为投资者降低组合投资风险提供了新的途径。

第三节　基金的参与者

在基金市场上，存在许多不同的参与主体。依据所承担的职责与作用的不同，可以将基金市场的参与主体分为基金当事人、基金市场服务机构、基金监管机构和自律组织三大类。

一、基金当事人

我国的证券投资基金依据基金合同设立，基金份额持有人、基金管理人与基金托管人是基金合同的当事人，简称基金当事人。

（一）基金份额持有人

基金份额持有人即基金投资者，是基金的出资人、基金资产的所有者和基金投资回报的受益人。按照《中华人民共和国证券投资基金法》（以下简称《证券投资基金法》）的规定，我国基金份额持有人享有以下权利：分享基金财产收益，参与分配清算后的剩余基金财产，依法转让或者申请赎回其持有的基金份额，按照规定要求召开基金份额持有人大会，对基金份额持有人大会审议事项行使表决权，查阅或者复制公开披露的基金信息资料，对基金管理人、基金托管人、基金销售机构损害其合法权益的行为依法提出诉讼，对基金合同约定的其他权利。

（二）基金管理人

基金管理人是基金产品的募集者和管理者，其最主要职责就是按照基金合同的约定，负责基金资产的投资运作，在有效控制风险的基础上为基金投资者争取最大的投资收益。基金管理人在基金运作中具有核心作用，基金产品的设计、基金份额的销售与注册登记、基金资产的管理等重要职能多半由基金管理人或基金管理人选定的其他服务机构承担。在我国，基金管理人只能由依法设立的基金管理公司担任。

（三）基金托管人

为了保证基金资产的安全，《证券投资基金法》规定，基金资产必须由独立于基金管理人的基金托管人保管，从而使基金托管人成为基金的当事人之一。基金托管人的职责主要体现在基金资产保管、基金资金清算、会计复核以及对基金投资运作的监督等方面。在我国，基金托管人只能由依法设立并取得基金托管资格的商业银行或其他金融机构担任。

二、基金市场服务机构

从事公开募集基金的销售、销售支付、份额登记、估值、投资顾问、评价、信息技术系统服务等基金服务业务的机构，为基金的发售、申购、赎回、转换提供服务质量的高低，在一定程度上影响着基金份额持有人权益的保护状况和基金市场的运行秩序。这些基金市场有如下服务机构。

（一）基金销售机构

基金销售机构是指依法从事基金的宣传推介、办理基金份额的发售、申购、赎回和转换等基金销售业务的基金管理人以及经中国证监会认定的其他机构。基金份额的发售，由基金管理人或者其委托的基金销售机构办理。开放式基金份额的申购、赎回，由基金管理人或者其委托的基金服务机构办理。商业银行（含在华外资法人银行）、证券公司、证券投资咨询机构、独立基金销售机构以及中国证监会规定的其他机构可以向中国证监会申请基金销售业务资格。中国证监会依照行政许可法的规定，受理基金销售业务资格的申请，并进行审查，作出决定。取得基金销售业务资格的基金销售机构，应当将机构基本信息报中国证监会备案，将参与基金销售业务的分支机构（网点）基本信息报分支机构（网点）所在地中国证监会派出机构备案，并予以定期更新。基金销售机构及基金销售相关机构应当加入基金行业协会，接受行业协会的自律管理。

（二）基金销售支付机构

基金销售支付机构是指基金销售机构选择的从事基金销售支付结算业务的商业银行或者支付机构。基金销售机构应当选择具备下列条件的商业银行或者支付机构从事基金销售支付结算业务：(1）有安全、高效地办理支付结算业务的信息系统。该信息系统应当具有合法的知识产权，且与合作机构及监管机构完成联网测试，测试结果符合国家规定标准；(2）制定了有效的风险控制制度；(3）中国证监会规定的其他条件。从事基金销售支付结算业务的商业银行除应当具备上述条件外，还应当具有基金销售业务资格。从事基金销售支付结算业务的支付机构除应当具备上述条件外，还应当取得中国人民银行颁发的《支付业务许可证》，且公司基金销售支付结算业务账户应当与公司其他业务账户有效隔离。

（三）基金份额登记机构

基金份额登记机构是指为投资人办理因基金份额的认购、申购、赎回以及其他情形，而导致的基金份额持有人和基金份额持有人所持基金份额数额变更的登记，以及因基金分红而导致的基金份额持有人权益变更的登记事宜的机构。开放式基金份额的登记，由基金管理人或者其委托的基金服务机构办理。基金份额的登记，一般由基金管理人自行办理。为了使基金管理人专注于基金财产的投资运作业务，扩大基金份额的发售数量，方便投资者办理基金份额登记事宜，基金管理人也可以委托商业银行、中国证券登记计算有限责任公司等机构，利用其业务网络办理基金份额登记业务。基金管理人委托他人代为办理基金份额登记事宜的，应当与该机构签订委托代理协议，并经国务院证券监督管理机构审查认定。接受基金管理人的委托，代为办理基金份额登记业务的机构的主要职责是：(1）建立并管理投资人基金份额账户；(2）负责基金份额的登记；(3）基金交易确认；(4）代理发放红利；(5）建立并保管基金份额持有人名册；(6）登记代理协议规定的其他职责。

（四）基金估值机构

基金估值是指基金管理人按照公允价格对基金资产和负债的价值进行计算、评估，以确定基金资产净值和基金份额净值的过程。基金估值的机构一般是基金管理人，基金托管人则负有复核责任。基金管理人、基金托管人也可以委托其他机构代为办理基金的估值、复核业务。

（五）基金投资顾问机构

基金投资顾问业务是指基金管理公司、基金投资咨询机构接受客户委托，按照约定，向客户提供涉及基金及基金相关产品的投资建议服务，辅助客户作出投资决策，并直接或者间接获取经济利益的经营活动。基金投资顾问业务是基金投资咨询业务的一种基本形式，投资建议服务内容包括投资的品种选择、投资组合以及理财规划建议等。

（六）基金评价机构

基金评价业务是指基金评价机构及其评价人员对基金的投资收益和风险或基金管理人的管理能力开展评级、评奖、单一指标排名或中国证监会认定的其他评价活动。评级是指基金评价机构及其评价人员运用特定的方法对基金的投资收益和风险或基金管理人的管理能力进行综合性分析，并使用具有特定含义的符号、数字或文字展示分析结果的活动。基金评价机构应当加入中国证券业协会。基金评价机构应当在加入中国证券业协会后 15 个工作日内向中国证监会报送书面材料进行备案，基金评价人员应当具备基金从业资格。基金评价人员只有被一家基金评价机构聘用后，方可从事基金评价业务，且基金评价人员不得同时在两个以上的基金评价机构执业。基金评价机构应当将基金评价标准、评价方法和程序报中国证监会、中国证券业协会备案，并通过中国证券业协会网站、本机构网站及至少一家中国证监会指定的信息披露媒体向社会公告。基金评价机构修改上述内容时，应当及时备案、公告。

（七）基金信息技术系统服务机构

基金信息技术系统是指随着信息技术的不断发展，覆盖基金销售、销售支付、份额登记、风险监控、转账和结算等基金业务的各个环节全电子化的交易结算及相关技术系统。基金信息技术系统使用应遵循安全性、实用性、可操作性原则。基金管理人、基金托管人、基金服务机构的信息技术系统，应当符合规定的要求。

三、基金监管机构和自律组织

证监会是政府性基金监管机构，基金业协会是基金行业自律组织；而证券市场的自律管理者是证券交易所。证监会依法担负国家对证券市场实施集中统一监管的职责。证券基金机构监管部承担基本监管职责。证监会派出机构即各地方证监局是证监会的内部组成部门，依照证监会的授权履行职责。

证监会依法履行下列职责：（1）制定基金活动监督管理的规章、规则，并行使审批、核准或者注册权；（2）办理基金备案；（3）对管理人、托管人及其他机构从事基金活动进行监督管理，查处违法行为并公告；（4）制定基金从业人员的资格标准和行为准则，并监督实施；（5）监督检查基金信息的披露情况；（6）指导和监督基金业协会的活动；（7）法律、行政法规规定的其他职责。

证券基金机构监管部主要负责：（1）基金行业的重大政策制定、监管规则、行政许可项目进行审核；（2）全面负责对从业机构的监管；（3）日常监管；（4）对证监局的基金监管工作进行督促检查；（5）对日常监管中发现的重大问题进行处置。

各证监局负责对经营所在地在本辖区内的基金公司进行日常监管，主要包括：（1）公司治理和内部控制、高级管理人员、基金销售行为、开放式基金信息披露的日常监管；（2）负责对辖区内异地基金公司的分支机构及基金代销机构进行日常监管。

证监会对基金市场的监管措施：（1）检查。属于事中监管方式。检查可分为日常检查和年度检查，也可分为现场检查和非现场检查。（2）调查取证。（3）限制交易。当事人操纵证券市场等行为可能会引起证券市场价格的巨大波动，证监会可以限制证券交易权。（4）行政处罚。

基金业协会①是证券投资基金行业的自律性组织，是社会团体法人。协会会员有三种：（1）管理人、托管人应当加入基金业协会成为普通会员，基金服务机构可以加入基金业协会成为联席会员；（2）证券期货交易所、登记结算机构、指数公司、地方基金业协会及其他资产管理相关机构加入协会为特别会员；（3）基金业协会的权力机构为全体会员组成的会员大会，理事会是基金业协会的执行机构。

基金业协会的职责：（1）教育和组织会员遵守有关证券投资的法律、行政法规，维护投资人合法权益；（2）依法维护会员的合法权益，反映会员的建议和要求；（3）制定和实施行业自律规则，监督、检查会员及其从业人员的执业行为，对违反自律规则和协会章程的，按照规定给予纪律处分；（4）制定行业执业标准和业务规范，组织基金从业人员的从业考试、资质管理和业务培训；（5）提供会员服务，组织行业交流，推动行业创新，开展行业宣传和投资人教育活动；（6）对会员之间、会员与客户之间发生的基金业务纠纷进

① 我国基金业协会的发展：2001 年 8 月，中国证券业协会基金公会成立。2004 年 12 月，中国证券业协会证券投资基金业委员会成立。2007 年，中国证券业协会设立了基金公司会员部。2012 年 6 月，中国证券投资基金业协会正式成立。

行调解；（7）依法办理非公开募集基金的登记、备案；（8）协会章程规定的其他职责。

证券交易所是为证券集中交易提供场所和设施，组织和监督证券交易，实行自律管理的法人。证券交易所具有监管者和被监管者的双重身份。证券交易所享有交易所业务规则制定权。证券交易所负责对基金在交易所内的投资交易活动进行监管和交易所上市基金的信息披露监管工作。

对基金份额上市交易的监管：基金份额在证券交易所上市交易，应当遵守证券交易所的业务规则，接受证券交易所的自律监管。

对基金投资行为的监管：（1）证券交易所重点监控涉嫌违法违规的交易行为，并监控基金财产买卖高风险股票的行为等；（2）证券交易所对涉嫌违法违规行为可以采取电话提示、警告、约见谈话、公开谴责等措施，并同时向证监会报告。

名词解释

基金　债券 QDII　QFII　股票基金　债券基金　货币市场基金　混合基金　保本基金　公募基金　私募基金

思考题

1. 在金融市场发行基金有哪些作用和功能？
2. 基金与股票、债券等投资方式有哪些联系与区别？
3. 基金的分类方法有哪些？
4. 基金市场中有哪些参与人？分别承担什么作用？
5. 基金的正常运作需要哪些程序？

第三章　基金的运作

第一节　基金的设立

基金的设立是一个复杂而系统的过程，涉及多个环节和要素。基金汇集众多分散投资者的资金，委托专家（如基金管理人）统一进行投资管理。那么基金运作流程步骤是什么？一般来讲，一个基金的生命周期包括产品设计、募集资金和组建理事会、投资管理、收益分配、清盘退出五个阶段。

一、产品设计

基金的设立需要明确其宗旨和目的，这是基金存在的根本原因和动力。每个基金都应有一个清晰的宗旨，以指导其未来的运营和投资活动。基金公司设计产品，给证监会上报一系列的法律文件，包括申请报告、基金合同草案、基金招募说明书草案等，监管批准发行后准予发行。由于现阶段从投资方向能突破的空间比较小，大部分创新都是基于产品设计上的创新，如分级基金、场内货币基金等，能够捕捉到市场机会的产品规模能很快做大。

二、募集资金和组建理事会

在资金方面，需要准备注册所需的原始基金，这必须为到账货币资金。此外，根据最新的政策，一些地区可能需要选择一个业务主管部门，并获得业务主管单位同意设立的文件。证监会核准基金的募集申请后，基金管理公司委托符合资质代销机构（如银行券商等）或官网向投资者发售基金，汇集众多中小投资者的资金。满足基金成立的标准（如不少于 2 亿元规模及 200 位投资者等），募集结束后基金公司便会发布公告宣告基金成立。

组建理事会是基金设立的重要步骤。初始的理事会将通过规划和筹资帮助工作团队把基金背后的想法变成现实。随着基金的发展成熟，理事会的性质和组成人员也会相应改变。起草章程是另一个关键步骤，章程是理事会的运营规则，应在基金的早期发展过程中由理事会通过。这将为基金的日常运营和管理提供明确的指导。在组织架构方面，寻找办公场所并招募合适的工作人员是必不可少的。同时，填写法人登记申请书，确定在哪个民政部门登记，并向民政部门提交法人登记申请书。国务院民政部门和省、自治区、直辖市人民政府民政部门是基金会的登记管理机关。

三、投资管理

基金管理公司按照基金合同的要求进行基金投资与管理，如按一定的投资比例或行业投入股市、债券、海外市场等，以实现基金份额的稳定增值，为持有人创造价值，这是基金最核心的环节。投资管理期间涉及建仓、运营、信息披露等。基金投资人享受证券投资的收益，也承担因投资亏损而产生的风险，自负盈亏，自担风险。

（1）建仓：新发行基金募集完毕之后，都会有一个建仓期，就是配置投资股票、债券等。建仓期结束后基金开放，投资者可以选择申购或者赎回操作。

（2）运营：运营是投资管理的重要组成部分，主要是对投资标的买入卖出等交易。作为专业的投资者管理人，他们考虑得远比投资者要复杂。例如投资新品种是否有投资限制？估值系统如何支持？收益如何计算等。

（3）信息披露：基金公司需要对相关信息公开披露，如基金招募说明书、基金合同、托管协议、基金净值等，还要按期公布季度报告、半年度报告、年度报告等，保证信息及时准确透明地传达给投资者。

四、收益分配

基金支付的费用主要包括支付给基金管理公司的管理费、支付给托管人的托管费、投资者支付给代销机构的费用、基金设立时发生的费用，这些费用都从基金财产中列支，均由投资者承担。基金收益扣除基金费用后便是基金的净收益。开放式基金主要是以现金形式分配收益，投资者也可以选择以红利再分配的形式分配收益。

五、清盘退出

除合同有约定外，公募开放式基金的存续时间没有限制，可以永续存在。但也有部分基金约定有存续时间，到期后会自动清盘。另外，在触发清盘条件时也可以主动清盘。到清盘退出时，一只公募基金的生命周期就走完了。

总的来说，基金运作过程中涉及的对象有持有人、管理人、托管人、代销机构，基金成立过程涉及的环节，是一个完整的生命周期。除了上述步骤，设立基金还需要满足一定的条件。例如，主要发起人为按照国家有关规定设立的证券公司、信托投资公司、基金管理公司等，且每个发起人的实收资本应不少于一定金额。同时，发起人、基金托管人、基金管理人应有健全的组织机构和管理制度，财务状况良好，经营行为规范。

基金设立的目的是多方面的，包括：(1) 将大量投资者的资金集中起来形成较大规模的资金池，便于进行投资和管理；(2) 通过分散投资降低个别投资的风险；(3) 由专业的基金经理进行投资和管理，使投资者受益于其专业知识和经验；(4) 提供较高的流动性，使投资者可以根据自己的需求随时调整投资份额。

在设立基金的过程中，还需要注意一些特定的流程，如选择管理人主体类型（公司或合伙企业），达成出资人协议，办理工商登记手续，以及在中国基金业协会进行信息填写和材料上传等。此外，对于投资者，需要进行特定对象的确定，签署风险揭示书，进行合资格投资者验证，并签署基金合同或合伙协议。

总之，基金的设立是一个复杂而系统的过程，需要充分考虑各种因素和环节。只有在确保合规、专业、透明的前提下，才能为投资者提供安全、稳健的投资渠道，实现基金的长期稳健发展。

申请人申请设立基金管理公司、公募基金管理业务资格或者基金管理公司变更重大事项的，应当按照中国证监会的规定报送申请材料；申请设立基金管理公司的主要股东发生变动的，应当重新报送申请材料。审核期间申请材料涉及事项发生重大变化的，申请人应当自变化发生之日起 5 个工作日内向中国证监会提交更新材料。申请设立基金管理公司的主要股东、实际控制人应当组织、协调设立基金管理公司的相关事宜并负主要责任。

中国证监会依照《行政许可法》《证券投资基金法》等规定，受理行政许可事项申请，组织审查，作出决定。其中，审查工作可以采取下列方式：(1) 书面审查；(2) 现场核查；(3) 委托中介机构核查；(4) 征求相关机构和部门的意见；(5) 对基金管理公司高级管理人员或者相关股东（含拟任高级管理人员和股东）进行谈话、问询；(6) 中国证监会认为需要采取的其他审查方式。基金管理公司设立申请获批后，发起人应当在 6 个月内依法完成筹建工作。筹建完成后，基金管理公司应当向中国证监会申请检查验收，自中国证监会及其派出机构验收通过之日起 15 个工作日内，向中国证监会申请领取《经营证券期货业务许可证》，领取《经营证券期货业务许可证》后，方可开展公募基金管理业务及中国证监会批准或者认可的其他业务，并予以公告。

私募基金管理人应当在名称中标明“私募基金”“私募基金管理”“创业投资”字样，并在经营范围中标明“私募投资基金管理”“私募证券投资基金管理”“私募股权投资基金管理”“创业投资基金管理”等体现受托管理私募基金特点的字样。第四条 私募基金管理人不得直接或者间接从事民间借贷、担保、保理、典当、融资租赁、网络借贷信息中介、众筹、场外配资等任何与私募基金管理相冲突或者无关的业务，中国证券监督管理委员会（以下简称中国证监会）另有规定的除外。私募基金管理人的出资人不得有代持、循环出资、交叉出资、层级过多、结构复杂等情形，不得隐瞒关联关系或者将关联关系非关联化。同一单位、个人控股或者实际控制两家及以上私募基金管理人的，应当具有设立多个私募基金管理人的合理性与必要性，全面、及时、准确披露各私募基金管理人业务分工，建立完善的合规风控制度。

第二节　基金的募集与交易

一、基金的募集程序

基金的募集是指基金管理公司根据有关规定向中国证监会提交募集申请文件、发售基金份额、募集基金的行为。基金的募集一般要经过申请、核准、发售、基金合同生效四个步骤。

（一）基金募集申请

我国基金管理人进行基金的募集，必须根据《证券投资基金法》有关规定，向中国证监会提交相关文件。申请募集基金应提交的主要文件包括：募集基金的申请报告、基金合同草案、基金托管协议草案和招募说明书草案等。

（二）基金募集申请的核准

根据《证券投资基金法》的规定，中国证监会应当自受理基金募集申请之日起 6 个月内作出核准或不予核准的决定。基金募集申请经中国证监会核准后方可发售基金份额。

（三）基金份额的发售

基金管理人应当自收到核准文件之日起 6 个月内进行基金份额的发售。基金的募集期限自基金份额发售日开始计算，募集期限不得超过 3 个月。

基金管理人应当在基金份额发售的 3 日前公布招募说明书、基金合同及其他有关文件。

基金募集期间募集的资金应当存入专门账户，在基金募集行为结束前任何人不得动用。

（四）基金合同生效

（1）基金募集期限届满，封闭式基金需满足募集的基金份额总额达到核准规模的 80% 以上、基金份额持有人不少于 200 人的要求；开放式基金需满足募集份额总额不少于 2 亿份、基金募集金额不少于 2 亿元人民币、基金份额持有人不少于 200 人的要求。基金管理人应当自募集期限届满之日起 10 日内聘请法定验资机构验资，并自收到验资报告起 10 日内，向中国证监会提交备案申请和验资报告，办理基金的备案手续。

中国证监会自收到基金管理人验资报告和基金备案材料之日起 3 个工作日内予以书面确认；自中国证监会书面确认之日起，基金备案手续办理完毕，基金合同生效。基金管理人应当在收到中国证监会确认文件的次日发布基金合同生效公告。

（2）基金募集期限届满，基金不满足有关募集要求的基金募集失败，基金管理人应承担以下责任：

①以固有财产承担因募集行为而产生的债务和费用；

②在基金募集期限届满后 30 日内返还投资者已缴纳的款项，并加计银行同期存款利息。

二、基金的认购

在基金募集期内购买基金份额的行为通常被称为“基金的认购”。

（一）开放式基金的认购

（1）开放式基金的认购步骤。投资人认购开放式基金，一般通过基金管理人或管理人委托的商业银行、证券公司等经国务院证券监督管理机构认定的其他机构办理。

认购开放式基金通常分开户、认购和确认三个步骤。

第一，开户。拟进行基金投资的投资人，必须先开立基金账户和资金账户。基金账户是基金注册登记机构为基金投资人开立的、用于记录其持有的基金份额及其变动情况的账户；资金账户是投资人在基金代销银行、证券公司开立的用于基金业务的资金结算账户。

第二，认购。投资人在办理基金认购申请时，须填写认购申请表，并须按销售机构规定的方式全额缴款。投资者在募集期内可以多次认购基金份额。一般情况下，已经正式受理的认购申请不得撤销。

第三，确认。销售机构对认购申请的受理并不代表该申请一定成功，而仅代表销售机构接受了认购申请，申请的成功与否应以注册登记机构的确认结果为准。投资者 T 日提交认购申请后，可于 T+2 日起到办理认购的网点查询认购申请的受理情况。认购申请无效的，认购资金将退回投资人资金账户。认购的最终结果要待基金募集期结束后才能确认。

（2）开放式基金的认购方式。开放式基金的认购采取金额认购的方式，即投资者在办理认购时，认购申请上不是直接填写需要认购多少份基金份额，而是填写需要认购多少金额的基金份额。基金注册登记机构在基金认购结束后，再按基金份额的认购价格，将申请认购基金的金额换算成投资人应得的基金份额。

（3）开放式基金的认购费率和收费模式。《证券投资基金销售管理办法》规定，开放式基金的认购费率不得超过认购金额的 5%。在具体实践中，基金管理人会针对不同的基金类型、不同的认购金额设置不同的认购费率。我国股票基金的认购费率大多在 1%—1.5%，债券基金的认购费率通常在 1% 以下，货币市场基金一般不收取认购费。

基金份额的认购通常采用前端收费和后端收费两种模式。前端收费是指在认购基金份额时就支付认购费用的付费模式；后端收费是指在认购基金份额时不收费，在赎回基金份额时才支付认购费用的收费模式。后端收费模式设计的目的是鼓励投资者能长期持有基金，所以后端收费的认购费率一般设计为随着基金份额持有时间的延长而递减，持有至一定时间后费率可降为零。

（4）开放式基金认购份额的计算。为统一规范基金认购费用及认购份额的计算方法，更好地保护基金投资者的合法权益，中国证监会于 2007 年 3 月对认购费用及认购份额计算方法进行了统一规定。根据规定，基金认购费率将统一以净认购金额为基础收取，计算公式为：

$$净认购金额 = \frac{认购金额}{1 + 认购费率}$$

$$认购费用 = 净认购金额 \times 认购费率$$

$$认购份额 = \frac{净认购金额 + 认购利息}{基金份额面值}$$

其中，“认购金额”指投资人在认购申请中填写的认购金额总额；“认购费率”指与投资人认购金额对应的认购费率；“认购利息”指认购款项在基金合同生效前产生的利息。

【例3-1】某投资人投资1万元认购基金，认购资金在募集期产生的利息为3元，其对应的认购费率为1.2%，基金份额面值为1元，则其认购费用及认购份额为：

$$净认购金额 = \frac{10,000}{1 + 1.2\%} = 9,881.42\ （元）$$

$$认购费用 = 9,881.42 \times 1.2\% = 118.58\ （元）$$

$$认购份额 = \frac{9,881.42 + 3}{1} = 9,884.42\ （份）$$

投资人投资10,000元认购基金，认购费用为118.58元，可得到基金份额9,884.42份。

（二）封闭式基金的认购

封闭式基金发售方式主要有网上发售和网下发售两种。网上发售指通过与证券交易所的交易系统联网的全国各地的证券营业部，向公众发售基金份额的发售方式。网下发售是指通过基金管理人指定的营业网点和承销商的指定账户，向机构或者个人投资者发售基金份额的发售方式。

封闭式基金的认购价格一般采用1元基金份额面值加计0.01元发售费用的方式加以确定。拟认购封闭式基金份额的投资人必须开立深、沪证券账户或深、沪基金账户及资金账户，根据自己计划的认购量，在资金账户中存入足够的资金，并以“份额”为单位提交认购申请。认购申请一经受理就不能撤单。

（三）ETF与LOF份额的认购

根据股票性质的不同，通常可以将股票分为价值型股票与成长型股票。价值型股票通常是指收益稳定、价值被低估、安全性较高的股票，其市盈率、市净率通常较低。成长型股票通常是指收益增长速度快、未来发展潜力大的股票，其市盈率、市净率通常较高。

与此相适应，专注于价值型股票投资的股票基金称为价值型股票基金；专注于成长型股票投资的股票基金称为成长型股票基金；同时投资于价值型股票与成长型股票的基金则称为平衡型基金。

（四）基金投资风格

1. ETF份额的认购

与普通的开放式基金不同，ETF份额可以用现金认购，也可用证券认购。现金认购是投资者使用现金认购ETF份额的行为；证券认购是投资者使用指定的证券换购ETF份额的行为。

我国投资者一般可选择场内现金认购、场外现金认购以及证券认购等方式认购ETF份额。场内现金认购是指投资者通过基金管理人指定的发售代理机构以现金方式参与证券交易所网上定价发售；场外现金认购是指投资者通过基金管理人及其指定的发售代理机构以现金进行的认购；证券认购是指投资者通过基金管理人及其指定的发售代理机构以指定的证券进行的认购。

投资者进行场内现金认购时需具有沪、深证券账户。投资者进行场外现金认购时需具有开放式基金账户或沪、深证券账户。投资者进行证券认购时需具有沪、深A股账户。

2. LOF份额的认购

目前，我国只有深圳证券交易所开办LOF业务，因此，本部分有关LOF的介绍主要以深圳证券交易所LOF的相关规则为准。

LOF份额的认购分场外认购和场内认购两种方式。场外认购的基金份额注册登记在中国结算公司的开放式基金注册登记系统；场内认购的基金份额登记在中国结算公司的证券登记结算系统。

基金募集期内，投资者可通过具有基金代销业务资格的证券经营机构营业部场内认购LOF份额，也可通过基金管理人及其代销机构的营业网点场外认购LOF份额。

场内认购LOF份额，应持深圳人民币普通证券账户或证券投资基金账户；场外认购LOF份额，应使用中国结算公司深圳开放式基金账户。

（五）QDII基金份额的认购

QDII基金份额的认购程序与一般开放式基金的认购程序基本相同，主要包括开户、认购、确认三个步骤。

QDII基金份额的认购渠道与一般开放式基金类似。在募集期间内，投资者应当在基金管理人、代销机构办理基金发售业务的营业场所或按基金管理人、代销机构提供的其他方式办理基金的认购。

由于QDII基金主要投资于境外市场，与仅投资于境内证券市场的其他开放式基金相比，在募集认购的具体规定上有如下特点：

（1）发售 QDII 基金的基金管理人必须具备合格境内机构投资者资格和经营外汇业务资格；

（2）基金管理人可以根据产品特点确定 QDII 基金份额面值的大小；

（3）QDII 基金份额除可以用人民币认购外，也可以用美元或其他外汇货币为计价货币认购。

三、封闭式基金的交易

（一）上市交易条件

封闭式基金的基金份额，由基金管理人申请，经中国证监会核准，可以在证券交易所上市交易。中国证监会可以授权证券交易所依照法定条件和程序核准基金份额上市交易。基金份额上市交易应符合下列条件：

（1）基金的募集符合《证券投资基金法》的规定；

（2）基金合同期限为 5 年以上；

（3）基金募集金额不低于 2 亿元；

（4）基金份额持有人不少于 1,000 人；

（5）基金份额上市交易规则规定的其他条件。

（二）交易规则

投资者买卖封闭式基金必须开立深、沪证券账户或深、沪基金账户及资金账户。基金账户只能用于基金、国债及其他债券的认购及交易。

个人投资者开立基金账户，须持本人身份证到证券注册登记机构办理开户手续。办理资金账户须持本人身份证和已经办理的证券账户卡或基金账户卡，到证券经营机构办理。每个有效证件只允许开设 1 个基金账户，已开设证券账户的不能再重复开设基金账户。每位投资者只能开设和使用 1 个证券账户或基金账户。

封闭式基金的交易时间是每周一至周五（法定公众节假日除外）9：30—11：30、13：00—15：00。封闭式基金的交易遵循“价格优先、时间优先”的原则。价格优先指较高价格买进申报优先于较低价格买进申报，较低价格的卖出申报优先于较高价格的卖出申报。时间优先指买卖方向相同、申报价格相同的，先申报者优先于后申报者，先后顺序按照交易主机接受申报的时间确定。

封闭式基金的报价单位为每份基金价格。基金的申报价格最小变动单位为0.001元人民币，买入与卖出封闭式基金份额申报数量应当为100份或其整数倍，单笔最大数量应低于100万份。

沪、深证券交易所对封闭式基金交易实行与对A股交易同样的10%的涨跌幅限制；同时，与A股一样实行T+1日交割、交收，即达成交易后，相应的基金交割与资金交收在交易日的下一个营业日（T+1日）完成。

（三）交易费用

按照沪、深证券交易所公布的收费标准，我国基金交易佣金不得高于成交金额的0.3%（深圳证券交易所特别规定该佣金水平不得低于代收的证券交易监管费和证券交易经手费，上海证券交易所无此规定），起点5元，由证券公司向投资者收取。目前，封闭式基金交易不收取印花税。

（四）折（溢）价率

投资者常常使用折（溢）价率反映封闭式基金份额净值与其二级市场价格之间的关系。折（溢）价率的计算公式为：

$$\text{折（溢）价率}=\frac{\text{二级市场价格}-\text{基金份额净值}}{\text{基金份额净值}}\times 100\%$$

当基金二级市场价格高于基金份额净值时，为溢价交易，对应的是溢价率；当基金二级市场价格低于基金份额净值时，为折价交易，对应的是折价率。当折价率较高时常常被认为是购买封闭式基金的好时机。但实际上并不尽然，有时折价率会继续攀升，在弱市时更有可能出现价格与份额净值同步下降的情形。

四、开放式基金的交易

（一）申购、赎回的概念

投资者在开放式基金合同生效后，申请购买基金份额的行为通常被称为基金的申购。

开放式基金的赎回是指基金份额持有人要求基金管理人购回其所持有的开放式基金份额的行为。

开放式基金的申购和赎回与认购一样，可以通过基金管理人的直销中心与基金销售代理人的代销网点办理。

（二）申购和认购的区别

认购指在基金设立募集期内，投资者申请购买基金份额的行为。申购指在基金合同生效后，投资者申请购买基金份额的行为。

一般情况下，认购期购买基金的费率要比申购期优惠。认购期购买的基金份额一般要经过封闭期才能赎回，申购的基金份额要在申购成功后的第二个工作日才能赎回。

在认购期内产生的利息以注册登记中心的记录为准，在基金合同生效时，自动转换为投资者的基金份额，即利息收入增加了投资者的认购份额。

在购买过程中，无论是认购还是申购，在交易时间内投资者可以多次提交认购（申购）申请，注册登记机构对投资者认购（申购）费用按单个交易账户单笔分别计算。不过，一般来说，投资者在份额发售期内已经正式受理的认购申请不得撤销。对于在当日基金业务办理时间内提交的申购申请，投资者可以在当日 15：00 前提交撤销申请，予以撤销；15：00 后则无法撤销申请。

（三）申购、赎回的原则

目前，开放式基金所遵循的申购、赎回主要原则为：

（1）“未知价”交易原则。投资者在申购、赎回基金份额时并不能即时获知买卖的成交价格。申购、赎回价格只能以申购、赎回日交易时间结束后基金管理人公布的基金份额净值为基准进行计算，这点与股票、封闭式基金等金融产品的“已知价”原则进行买卖不同。

（2）“金额申购、份额赎回”原则，即申购以金额申请，赎回以份额申请。基金管理人可根据基金运作的实际情况依法对上述原则进行调整。在新规则开始实施前，基金管理人必须依照《证券投资基金信息披露管理办法》的有关规定在指定媒体上公告。

基金管理人不得在基金合同约定之外的日期或者时间办理基金份额的申购、赎回或者转换。投资人在基金合同约定之外的日期和时间提出申购、赎回或者转换申请的，其基金份额申购、赎回价格为下次办理基金份额申购、赎回时间所在开放日的价格。

（四）申购、赎回的费用及销售服务费

1. 申购费用

投资者在办理开放式基金申购时，一般需要缴纳申购费，但申购费率不得超过申购金额的 5%。

和认购费一样，申购费可以采用在基金份额申购时收取的前端收费方式，也可以采用

在赎回时从赎回金额中扣除的后端收费方式。基金产品同时设置前端收费模式和后端收费模式的，其前端收费的最高档申购费率应低于对应的后端收费的最高档申购费率。

基金管理人可以对选择前端收费方式的投资人根据其申购金额适用不同的前端申购费率标准。

基金管理人可以对选择后端收费方式的投资人根据其持有期限适用不同的后端申购费率标准。对于持有期低于3年的投资人，基金管理人不得免收其后端申购费用。

基金销售机构通过互联网、电话、移动通信等非现场方式实现自助交易业务的，经与基金管理人协商一致，可以对自助交易前端申购费用实行一定的优惠，货币市场基金及中国证监会规定的其他品种除外。

2. 赎回费用

投资者在办理开放式基金赎回时，一般需要缴纳赎回费，货币市场基金及中国证监会规定的其他品种除外。赎回费率不得超过基金份额赎回金额的5%，赎回费总额的25%归入基金财产。

对于短期交易的投资人，基金管理人可以在基金合同、招募说明书中约定按以下费用标准收取赎回费：

（1）对于持续持有期少于7日的投资人，收取不低于赎回金额1.5%的赎回费；

（2）对于持续持有期少于30日的投资人，收取不低于赎回金额0.75%的赎回费。

按上述标准收取的基金赎回费应全额计入基金财产。

基金管理人可以根据基金份额持有人持有基金份额的期限适用不同的赎回费标准。通常，持有时间越长，适用的赎回费率越低。

3. 销售服务费

基金管理人可以从开放式基金财产中计提销售服务费。例如，对于不收取申购费（认购费）、赎回费的货币市场基金，基金管理人可以依照相关规定从基金财产中持续计提一定比例的销售服务费。

五、ETF份额的上市交易

（一）ETF份额折算与变更登记

ETF的基金合同生效后，基金管理人应逐步调整实际组合直至达到跟踪指数要求，此过程为ETF建仓阶段。ETF建仓期不超过3个月。基金建仓期结束后，为方便投资者跟踪基金份额净值变化，基金管理人通常会以某一选定日期作为基金份额折算日，以标的指数的1‰（或1%）作为份额净值，对原来的基金份额进行折算。

ETF基金份额折算由基金管理人办理，并由登记结算机构进行基金份额的变更登记。

基金份额折算后，基金份额总额与基金份额持有人持有的基金份额将发生调整，但调整后的基金份额持有人持有的基金份额占基金份额总额的比例不发生变化。基金份额折算对基金份额持有人的收益无实质性影响。基金份额折算后，基金份额持有人将按照折算后的基金份额享有权利并承担义务。

ETF基金份额折算的方法如下：

假设基金管理人确定基金份额折算日（T日）。T日收市后，基金管理人计算当日的基金资产净值X和基金份额总额Y。

T日标的指数收盘值为1，若以标的指数的1‰作为基金份额净值进行基金份额的折算，则T日的目标基金份额净值为1/1,000，基金份额折算比例的计算公式为：

$$折算比例=\frac{X/Y}{1/1,000}$$

以四舍五入的方法保留小数点后8位。

（二）ETF份额的上市交易

ETF的基金合同生效后，基金管理人可以向证券交易所申请上市，上市后要遵循以下交易规则：

（1）上市首日的开盘参考价为前一工作日的基金份额净值；

（2）实行价格涨跌幅限制，涨跌幅设置为10%，从上市首日开始实行；

（3）买入申报数量为100份及其整数倍，不足100份的部分可以卖出；

（4）基金申报价格最小变动单位为0.001元。

基金管理人在每一交易日开市前须向证券交易所提供当日的申购、赎回清单。证券交易所在开市后根据申购、赎回清单和组合证券内各只证券的实时成交数据，计算并每15秒发布一次基金份额参考净值（IOPV），供投资者交易、申购、赎回基金份额时参考。

（三）ETF份额的申购、赎回

投资者可办理申购、赎回业务的开放日为证券交易所的交易日，开放时间为9：30—11：30和13：00—15：00。在此时间之外不办理基金份额的申购、赎回。

投资者申购、赎回的基金份额须为最小申购、赎回单位的整数倍。一般最小申购、赎回单位为50万份或100万份。基金管理人有权对其进行更改，并于更改前至少3个工作日在至少一家中国证监会指定的信息披露媒体公告。

ETF 份额的申购、赎回应遵循以下原则：

（1）申购、赎回 ETF 采用份额申购、份额赎回的方式，即申购和赎回均以份额申请；

（2）申购、赎回 ETF 的申购对价、赎回对价包括组合证券、现金替代、现金差额及其他对价；

（3）申购、赎回申请提交后不得撤销。

六、LOF 份额的上市交易及申购和赎回

（一）LOF 份额的上市条件

LOF 的上市须由基金管理人及基金托管人共同向深圳证券交易所提交上市申请。基金申请在交易所上市应当具备下列条件：

（1）基金的募集符合《证券投资基金法》的规定；

（2）募集金额不少于 2 亿元；

（3）持有人不少于 1,000 人；

（4）交易所规定的其他条件。

（二）LOF 份额的上市交易规则

基金上市首日的开盘参考价为上市首日前一交易日的基金份额净值。基金上市后，投资者可在交易时间内通过交易所各会员单位证券营业部买卖基金份额，以交易系统撮合价成交。

LOF 在交易所的交易规则与封闭式基金基本相同，具体内容如下：

（1）买入 LOF 申报数量应为 100 份或其整数倍，申报价格最小变动单位为 0.001 元人民币；

（2）深圳证券交易所对 LOF 交易实行价格涨跌幅限制，涨跌幅比例为 10%，自上市首日起执行。

在日常交易中，于 T 日闭市后，中国结算公司深圳分公司根据 LOF 的交易数据，计算每个投资者买卖 LOF 的数量，并于 T 日晚根据清算结果对投资者的证券账户余额进行相应的记增或记减处理，完成 LOF 份额的交收。T 日买入基金份额自 T+1 日起即可在深圳证券交易所卖出或赎回。

（三）LOF份额的申购、赎回

LOF份额的场内、场外申购和赎回均采取“金额申购、份额赎回”原则，申购申报单位为1元人民币，赎回申报单位为1份基金份额。

申购、赎回流程如下：

（1）T日，场内投资者以深圳证券账户通过证券经营机构向交易所交易系统申报基金申购、赎回申请；场外投资者以深圳开放式基金账户通过代销机构提交基金申购、赎回申请；

（2）T+1日，中国结算公司根据基金管理人传送的申购、赎回确认数据，进行场内、场外申购、赎回的基金份额登记过户处理；

（3）自T+2日起，投资者申购份额可用。

七、QDII基金的申购与赎回

（一）QDII基金申购和赎回与一般开放式基金申购和赎回大体相似

（1）申购和赎回渠道。QDII基金的申购和赎回渠道与一般开放式基金基本相同，投资者可通过基金管理人的直销中心及代销机构的网点进行QDII基金的申购与赎回。基金管理人可根据情况变更或增减代销机构，并予以公告。

（2）申购与赎回的开放日及时间。与一般开放式基金相同，QDII基金申购和赎回的开放日也为证券交易所的交易日（基金管理人公告暂停申购或赎回时除外），投资者应当在开放日的开放时间办理申购和赎回申请。开放时间为9：30—11：30和13：00—15：00。

（3）申购与赎回的程序、原则、申购份额和赎回金额的确定、巨额赎回的处理办法等都与一般开放式基金类似。

（二）QDII基金申购和赎回与一般开放式基金申购和赎回的区别

（1）币种。一般情况下，QDII基金申购、赎回的币种为人民币，但基金管理人可以在不违反法律法规规定的情况下，接受其他币种的申购、赎回，并提前公告。

（2）拒绝或暂停申购的情形。因为QDII基金主要投资于海外市场，所以拒绝或暂停申购的情形与一般开放式基金有所不同，如基金资产规模不超出中国证监会、国家外汇管理局核准的境外证券投资额度等。

第三节　基金的终止与清算

一、基金的终止

基金作为一种重要的投资工具，为投资者提供了多样化的投资选择，并在一定程度上推动了资本市场的发展。然而，在基金运作过程中，可能会面临各种挑战和困境，甚至导致基金终止。基金的终止是指基金因各种原因不再经营运作，将进行清算解散。基金终止须依据有关法规和基金契约（公司型基金为基金公司章程）的规定，由基金持有人大会通过，并报证监会批准。

（一）基金终止的原因

（1）资产规模过小：基金资产规模过小可能导致基金公司无法覆盖管理费用和运营成本，从而选择终止基金；

（2）投资策略失败：基金经理执行的投资策略未能达到预期的投资回报，导致投资者流失和基金规模萎缩；

（3）法律法规变化：政策调整、监管要求的变化或者法律法规的调整可能使得一些基金不再符合相关规定，被迫终止；

（4）管理人员变更：基金管理公司或基金经理的变更可能导致投资者信心不足，造成基金规模萎缩；

（5）投资者撤资：大量投资者的赎回申请可能会导致基金规模锐减，进而触发基金终止；

（6）市场环境变化：宏观经济形势、行业政策或市场情况的变化可能使某些基金的投资策略不再适用，从而引发基金终止。

（二）基金终止的情况

有下列情形之一的，基金应当终止：

（1）封闭式基金存续期满未被批准续期的；

（2）基金持有人大会决定终止的；

（3）原基金管理人和基金托管人职责终止，没有新基金管理人和基金托管人承接的；

（4）基金合同或者基金章程规定的情形。

（三）基金终止可能产生的影响

（1）投资者损失：基金终止可能导致投资者的投资本金受损，尤其是在基金终止时市场环境不佳的情况下；

（2）流动性压力：基金终止可能给投资者带来流动性压力，特别是对于长期持有基金的投资者而言，需要寻找替代性投资渠道；

（3）信心受挫：基金终止可能会损害投资者对基金公司和资本市场的信心，使得投资者对未来的投资持谨慎态度；

（4）管理人员失业：基金终止可能导致相关基金管理人员失去工作，同时也影响基金公司的声誉和稳定性。

（四）应对基金终止的措施

（1）多元化投资：投资者在选择基金时应该注意选择多样化的投资策略和资产配置，降低单一基金终止对投资组合的影响；

（2）定期审查：投资者应该定期审查基金的运作情况、投资策略以及基金管理公司的资质，及时调整投资组合以规避潜在的风险；

（3）关注基金公告：投资者应密切关注基金公司发布的公告和报告，了解基金的运作情况和发展动态，及时做出相应的调整；

（4）选择稳健的基金公司：在选择基金时，投资者应该选择有良好声誉、资质优良的基金公司，降低基金终止的风险；

（5）及时调整投资组合：一旦发现基金运作出现问题或者基金公司出现不利因素，投资者应该及时调整投资组合，减少损失。

二、基金的清算

基金清算是指基金终止时，应当组织清算小组对基金资产进行清算。清算小组做出的清算报告，必须经注册会计师审计、律师书面确认并报国务院证券监督管理机构备案后公告。中国证监会监督基金清算的过程。在基金终止或者投资者赎回请求过多时，基金清算是必然的结果。

（一）基金清算的内容

1. 基金清算小组

自基金终止之日起3个工作日内成立清算小组，基金清算小组在中国证监会的监督下进行基金清算；基金清算小组成员由基金发起人、基金管理人、基金托管人、具有从事证券相关业务资格的注册会计师、具有从事证券法律业务资格的律师以及中国证监会指定的人员组成，基金清算小组可以聘用必要的工作人员；基金清算小组负责基金资产的保管、清理、估价、变现和分配，基金清算小组可以依法进行必要的民事活动。

2. 清算程序

（1）基金终止后，由基金清算小组统一接管基金资产；

（2）对基金资产进行清理和确认；

（3）对基金资产进行清查和评估；

（4）对基金资产进行分配。

3. 清算费用

清算费用是指基金清算小组在进行基金清算过程中发生的所有合理费用，清算费用由基金清算小组从基金资金中支付。

4. 基金剩余资产的分配

基金清算后的全部剩余资产扣除基金清算费用后，按基金持有人持有的基金单位比例分配给基金持有人。

5. 基金清算的公告

基金终止并报证监会备案后，5个工作日内由基金清算小组公告。清算过程中的有关重大事项将及时公告。基金清算结果由基金清算小组经中国证监会批准后3个工作日内公告。

6. 清算账册及文件的保存

基金清算账册及有关文件由基金托管人保存15天。

（二）基金清算的流程

（1）召集基金持有人大会：基金管理人应当召集基金持有人大会，说明基金终止原因和清算方案，并征求持有人的意见；

（2）编制清算报告：基金管理人应当编制基金清算报告，包括基金资产清单、基金负债清单、清算费用估算等内容，并报送基金监管部门；

（3）债权债务清算：基金清算应当清偿基金负债，包括基金管理费、托管费等各项费用，确保基金清算过程中各方利益得到妥善保障；

（4）资产处置：基金管理人应当按照清算方案对基金资产进行处置，包括出售证券、清偿债务、收回应收款项等，以实现基金资产的变现；

（5）资产分配：基金清算后剩余资产的分配应当依照法定程序进行，按照持有人的持有比例进行分配，保障各持有人的合法权益。

（三）基金清算可能产生的影响

（1）投资者损失：基金清算可能导致投资者的投资本金受损，尤其是在基金清算时市场环境不佳的情况下；

（2）流动性压力：基金清算可能给投资者带来流动性压力，特别是对于长期持有基金的投资者而言，需要寻找替代性投资渠道；

（3）投资者信心受挫：基金清算可能会损害投资者对基金公司和资本市场的信心，使得投资者对未来的投资持谨慎态度；

（4）基金公司声誉受损：基金清算可能会损害基金公司的声誉和形象，影响其未来的业务发展和市场地位。

（四）应对基金清算的策略

（1）及时关注公告：投资者应密切关注基金管理人发布的公告和报告，了解基金清算的具体流程和时间安排；

（2）合理规划资产配置：投资者在选择基金时应该根据自身的风险偏好和投资目标，合理规划资产配置，降低基金清算对投资组合的影响；

（3）避免恐慌性赎回：在基金面临清算风险时，投资者应保持冷静，避免因恐慌而进行大规模赎回，以免加剧基金清算的压力；

（4）选择稳健的基金公司：在选择基金时，投资者应该选择有良好声誉、资质优良的基金公司，降低基金清算的风险；

（5）寻求专业建议：投资者在面临基金清算风险时，可以寻求专业的投资顾问或者基金经理的建议，制定相应的投资策略。

三、基金终止和清算的联系与区别

（一）基金终止和清算的联系

（1）共同目的：基金终止和清算都是指基金结束运作的过程，都是为了保障基金持有人的权益，实现基金资产的最终分配；

（2）程序衔接：基金终止和清算通常是相互衔接的过程，基金终止后会立即进入清算程序，清算过程中会实现基金的最终分配。

（二）基金终止和清算的区别

（1）定义不同：基金终止是指基金结束运作的状态，而清算是指基金终止后将基金资产清算、债权债务结清，并将剩余资产分配的具体程序。

（2）时间点不同：基金终止是一个状态的转变，可以是计划性的（如到期终止）也可以是非计划性的（如规模缩水终止），而清算是在基金终止后开始进行的具体程序。

（3）主体不同：基金终止是一个更广义的概念，包括清算在内，而清算是指具体的程序和操作，是基金终止的一部分。

（4）目的不同：基金终止的目的是结束基金的运作，清算的目的是确保基金资产安全有序地清偿、分配。

名词解释

ETF　LOF　开放式基金　封闭式基金　折价率　基金申购　基金认购　基金赎回　认购份额

思考题

1. 设立基金的目的及操作流程有哪些？
2. 开放式基金与封闭式基金认购程序的区别。
3. 基金申购、赎回过程中需要遵循哪些原则？
4. 基金的终止和清算有哪些联系与区别？

第四章　基金的管理

第一节　基金的投资交易与结算

一、基金场内交易与结算

（一）场内交易场所与结算机构

1. 场内证券交易场所

场内证券交易的场所即证券交易所，是指在证券交易所内按一定的时间、一定的规则集中买卖已发行证券而形成的市场。在我国，证券交易所是为证券集中交易提供场所和设施，组织和监督证券交易，实行自律管理的法人。证券交易所的设立和解散，由国务院决定。证券交易所作为进行证券交易的场所，其本身不持有证券，也不进行证券的买卖，当然更不能决定证券交易的价格。证券交易所应当创造公开、公平、公正的市场环境，保证证券交易所的职能正常发挥。

证券交易所的组织形式有会员制和公司制两种。我国上海证券交易所和深圳证券交易所都采用会员制，设会员大会、理事会和专门委员会。理事会是证券交易所的决策机构，理事会下面可以设立其他专门委员会。证券交易所设总经理，负责日常事务。总经理由国务院证券监督管理机构任免。北京证券交易所于 2021 年 9 月 3 日注册成立，是经国务院批准设立的我国第一家公司制证券交易所，受中国证监会监督管理。经营范围为依法为证券集中交易提供场所和设施、组织和监督证券交易以及证券市场管理服务等业务。与沪、深交易所的定位相比，北交所的服务对象发展阶段更早、规模更小，强调对“专精特新”创新型中小企业的融资支持。

2. 证券登记结算机构

证券登记结算机构是为证券交易提供集中登记、存管与结算服务，不以营利为目的法人。设立证券登记结算机构必须经国务院证券监督管理机构批准。

证券登记结算机构为证券市场提供安全、高效的证券登记结算服务。根据自律管理的要求，它需采取以下措施保证业务的正常运行：一是要制定完善的风险防范管理机制和内部控制制度；二是要建立完善的技术系统，制定由结算参与人共同遵守的技术标准和规范；三是要建立完善的结算参与人准入标准和风险评估体系；四是要对结算数据和技术系统进行备份，制定业务紧急应变程序和操作流程。同时，为防范证券结算风险，我国还设立了证券结算风险基金，用于垫付或弥补因违约交收技术故障、操作失误、不可抗力等造成的证券登记结算机构的损失。中国证券登记结算有限责任公司（以下简称中国结算公司）是我国的证券登记结算机构，该公司在上海、深圳和北京各设一家分公司。

（二）场内证券交易结算原则、方式与内容

1. 结算原则

（1）法人结算原则。

证券登记结算机构以结算参与机构为单位办理证券资金的结算，即清算与交收。结算参与机构应以法人名义直接在证券登记结算机构开立结算账户，用于办理相关的结算业务。

（2）共同对手方制度。

共同对手方（CCP）是指在结算过程中，同时作为所有买方和卖方的交收对手并保证交收顺利完成的主体，一般由结算机构充当。

证券登记结算机构（即中国结算公司）是承担相应交易交收责任的所有结算参与人的共同对手方。

（3）货银对付原则。

货银对付原则（DVP）又称款券两讫或钱货两清原则，是指证券登记结算机构与结算参与人在交收过程中，当且仅当资金交付时给付证券，证券交付时给付资金。通俗地说，就是“一手交钱，一手交货”。

我国证券市场中，在多边净额结算方式下，已实现对 ETF 交易、单市场股票 ETF 及

单市场债券 ETF 申购与赎回的份额和现金替代、货币 ETF 申购与赎回等业务进行 T+1 货银对付担保交收。

（4）分级结算原则。

证券和资金结算实行分级结算原则，实行分级结算原则主要是出于防范结算风险的考虑，在境外证券交易所市场，分级结算是普遍的做法。

2. 结算方式

场内证券交易的结算方式包括净额结算和全额结算两种形式。

一般情况下，通过证券交易所达成的交易需采取净额结算方式。净额结算又称差额清算，指在一个清算期中，对每个结算参与人价款的清算只计其各笔应收、应付款项相抵后的净额，对证券的清算只计每一种证券应收、应付相抵后的净额。净额结算又分为双边净额结算和多边净额结算。其中双边净额结算是将结算参与人相对于另一个交收对手方的证券和资金的应收、应付额加以轧抵，得出该结算参与人相对于另一个交收对手方的证券和资金的应收、应付净额；多边净额结算是将结算参与人所有达成交易的应收、应付证券或资金予以充抵轧差，计算出该结算参与人相对于所有交收对手方累计的应收、应付证券或资金净额。

全额结算是指证券登记结算机构对每笔证券交易均独立结算，同一结算参与人应收资金（证券）和应付资金（证券）不轧差处理。在交收时点，买卖双方应付资金和证券都符合要求的，完成交收；任何一方或双方结算参与人应付资金或应付证券不足的，交收失败。证券登记结算机构不作为双方的共同对手方，不提供交收担保。

3. 结算内容

场内证券交易的结算内容包括以下几个方面：(1) 证券交割：交易双方通过证券公司或证券交易所进行证券交割，即将卖方的证券转移给买方。(2) 资金清算：交易双方通过银行或证券公司进行资金清算，即将买方支付的资金转移给卖方。(3) 交易费用结算：交易双方需要按照规定支付交易费用，包括证券交易佣金、证券交易费等。(4) 税费结算：交易双方需要按照规定缴纳证券交易所得税、印花税等税费。(5) 交易确认：交易双方需要对交易进行确认，确保交易的真实性和合法性。(6) 结算风险控制：证券交易所或证券公司需要对交易进行风险控制，确保交易的安全性和稳定性。

（三）场内证券交易与结算涉及的费用

基金通过与券商签订交易单元租用合同，获得证券交易的路径。基金需要向券商交付交易佣金，还需要支付过户费、经手费、证管费、印花税等交易成本，具体如表 4－1 所示。

表 4-1 主要费用项目与收费标准

费用种类	收取方式	收取人
佣金	①不高于证券交易金额的3‰，不低于代收的证券交易监管费和证券交易所手续费； ②A股、证券投资基金每笔交易佣金不足5元的，按5元收取； ③B股每笔交易佣金不足1美元或5港元的，按1美元或5港元收取。	证券公司
过户费	A股过户费按成交金额的0.02‰向买卖双方投资者分别收取，优先股按普通股下调20%即0.016‰向买卖双方分别收取。 B股不收过户费，收结算费，上交所结算费为成交金额的0.5‰，深交所为结算金额的0.5‰但不超过500港元。	中国结算公司
印花税	对出让方按1‰征收，对受让方不再征收。	国家税务机关

二、银行间债券市场的交易与结算

（一）银行间债券市场概述

可以把银行间债券市场这个概念拆分开来理解。债券市场是债券发行和交易的场所；银行间指明了交易主体，是商业银行、农村信用联社、保险公司、证券公司、基金公司等金融机构。银行间债券市场是商业银行、证券公司等金融机构进行债券买卖和回购的市场。

目前，银行间债券市场是我国债券市场的主体部分，负责交易多种证券品种，包括国债、地方政府债、企业债、政策性金融债、央行票据、短期融资债、中期票据、资产支持证券等。全国银行间债券市场是以现代远程计算机系统联网技术为基础建立起来的场外债券市场，自1997年6月创立发展至今已成为我国债券市场非常重要的组成部分，是货币政策和财政政策实施最重要的金融市场。

（二）银行间债券市场的交易制度

1. 公开市场一级交易商制度

中国人民银行根据规定遴选符合条件的债券二级市场参与者作为中国人民银行的对手方，与之进行债券交易，从而配合中国人民银行货币政策目标的实现。

2. 做市商制度

在债券市场上，由具有一定实力和信誉的市场参与者作为特许交易商，不断向市场投资者报出某些特定债券的买卖价格，双向报价并在该价位上接受投资者买卖要求，以其自有资金和债券与投资者进行交易的制度。

3. 结算代理制度

经中国人民银行批准可以开展结算代理业务的金融机构法人，受市场其他参与者的委托，为其办理债券结算业务的制度。

（三）银行间债券市场的交易品种与方式

银行间债券市场的交易品种包括债券（如国债、央行票据、地方政府债、政策性金融债、企业债、短期融资券、中期票据、商业银行债、资产支持证券、非银行金融债、中小企业集合票据、国际机构债券、政府支持机构债券、超短期融资债等）、回购、远期交易等。

银行间债券市场交易以询价方式进行，自主谈判，逐笔成交。进行债券交易，应订立书面形式的合同。书面形式包括：同业中心交易系统生成的成交单、电报、电传、传真、合同书和信件等。债券回购主协议和上述书面形式的回购合同构成回购交易的完整合同。参与者进行债券交易不得在合同约定的价款或利息之外收取未经批准的其他费用。

（四）银行间债券市场的债券结算

1. 债券结算的类型

根据债券交易和结算的相互关系，债券结算可分为全额结算和净额结算两种类型；根据结算指令的处理方式，债券结算可分为实时处理交收和批量处理交收。

2. 债券结算业务类型

债券结算业务类型包括：分销业务、现券业务、质押式回购业务、买断式回购业务、债券远期交易、债券借贷、利率互换业务等。

（1）分销业务指承销商在发行期内将承销的债券向其他结算成员（和分销认购人）进行承销额度的过户。债券承销商向分销认购人进行债券分销过户时可采用任意一种结算方式。

（2）现券业务即债券的即期交易，是指交易双方以约定的价格转让债券所有权的交易行为。现券交易的结算按单一券种办理，结算日为 T+0 或 T+1，可以选择任意一种结算方式。全国银行间债券市场现券交易采用净价交易。

（3）现券交易一样，质押式回购从 1997 年开始就在银行间债券市场开展，是我国债券交易结算的主流品种之一。在回购期内，资金融入方出质的债券，回购双方均不得动用。质押冻结期间债券的利息归出质方所有。质押式回购期限最长 1 年，在我国市场上

1 天和 7 天的品种交易最活跃。

（4）在买断式回购业务中，资金融出方不仅可获得回购期间融出资金的利息收入，亦可获得回购期间债券的所有权和使用权。按规定，目前买断式回购的期限最长不得超过 91 天，具体期限由交易双方确定买断式回购以净价交易，全价结算，可选择的结算方式为券款对付、见券付款和见款付券三种方式。

（5）债券远期交易从成交日至结算日的期限（含成交日不含结算日）为 2—365 天。远期交易实行净价交易，全价结算。结算双方应在成交日或次一工作日向中央结算公司及时发送和确认内容完整并相匹配的远期交易结算指令。可选择券款对付、见款付款和见券付款三种结算方式。远期交易到期应实际交割资金和债券。

（6）债券借贷业务是指债券融入方以一定数量的债券为质物，从债券融出方借入标的债券，同时约定在未来某一日期归还所借入标的债券，并由债券融出方返还相应质物的债券融通行为。自 2006 年 11 月 20 日中国人民银行在银行间债券市场推出债券借贷业务以来，债券借贷已成为国际债券市场广泛使用的重要工具之一。

第二节　基金估值、费用与会计核算

一、基金资产估值

（一）概念

基金资产估值是指通过对基金所拥有的全部资产及所有负债按一定的原则和方法进行估算，进而确定基金资产公允价值的过程。

基金资产总值是指基金全部资产的价值总和。从基金资产中扣除基金所有负债即基金资产净值。基金资产净值除以基金当前的总份额，就是基金份额净值。用公式表示为：

$$\text{基金资产净值} = \text{基金资产} - \text{基金负债}$$

$$\text{基金份额净值} = \frac{\text{基金资产净值}}{\text{基金总份额}}$$

基金份额净值是计算投资者申购基金份额、赎回资金金额的基础，也是评价基金投资业绩的基础指标之一。

（二）重要性

由于基金份额净值是开放式基金申购份额、赎回金额计算的基础，直接关系到基金投资者的利益，因此，要求基金份额净值的计算必须准确。

对于基金投资者来说，申购者希望以低于实际价值的价格进行申购；赎回者希望以高于实际价值的价格进行赎回；而基金的现有持有人则恰恰相反，他们希望流入比实际价值更多的资金，流出比实际价值更少的资金。因此，基金份额净值必须是公允的。

从广义上讲，每份基金都与基金的各项资产及各项负债按一定的比例一一对应，因此，投资者申购一份基金所付出的金额应该在市场上按当前价格购买对应的资产，而赎回的投资者从基金中获取的金额也应是基金在市场上按当前价格出售相应资产所能获得的金额。这就是在估值过程中一般均采用资产最新价格的原因。否则，申购或赎回的价格错误将会引起基金资产的稀释或浓缩。

基金管理人为了提高基金业绩从而达到吸引投资者的目的，有可能操纵估值结果，从而造成资产估值不公允。因此，各国（地区）的监管机构对基金资产估值都非常重视。

（三）考虑的因素

1. 估值频率

基金一般都按照固定的时间间隔对基金资产进行估值，通常监管法规会规定一个最小的估值频率。对开放式基金来说，估值的时间通常与开放申购、赎回的时间一致。目前，我国的开放式基金于每个交易日估值，并于次日公告基金份额净值。封闭式基金每周披露一次基金份额净值，但每个交易日也都进行估值。

海外的基金多数也是每个交易日估值，但也有一部分基金是每周估值一次，有的甚至每半个月、每月估值一次。基金估值的频率是由基金的组织形式、投资对象的特点等因素决定的，并在相关的发行法律文件中明确。

2. 交易价格

当基金只投资于交易活跃的证券时，对其资产进行估值较为容易。这种情况下，市场交易价格是可接受的，也是可信的，直接采用市场交易价格就可以对基金资产估值。

当基金投资于交易不活跃的证券时，资产估值问题则要复杂得多。在这种情况下，基金持有的证券要么没有交易价格，要么交易价格不可信。

例如我国的银行间债券市场就会经常出现以下情况：某些证券品种交易次数很少，或者根本就没有交易；某些品种开始时有交易，但交易越来越少。在我国股票市场上也有过某些出现严重问题的股票。由于涨跌停板的限制，一些股票会接连几个交易日封于涨跌停位置。

在上述情况下对基金资产进行估值时就需要非常慎重，其中证券资产的流动性是非常关键的因素。

3. 价格操纵及滥估问题

在对基金资产估值时还需注意价格操纵和滥估问题。例如，某债券流动性很差，基金管理人可以连续少量买入以“制造”出较高的价格，从而提高基金的业绩，这就是价格操纵。

而在对流动性差的证券及问题证券进行估值时需要有主观判断，此时的主观判断如果由基金管理人来作出，便为滥估提供了机会。

因此，要避免基金资产估值时出现价格操纵及滥估现象，需要监管当局颁布更为详细的估值规则来规范估值行为，或者由独立的第三方进行估值。如果基金管理人通过估值技术获得所持有证券的公允价值，基金托管人应对管理人所采用的估值技术的科学性、合理性、合法性等方面进行审查，以保证通过估值技术获得的估值结果是公允的。

4. 估值方法的一致性及公开性

估值方法的一致性是指基金在进行资产估值时均应采取同样的估值方法，遵守同样的估值规则。

估值方法的公开性是指基金采用的估值方法需要在法定募集文件中公开披露。假若基金变更了估值方法，也需要及时进行披露。

二、基金费用

基金运作过程中涉及的费用可分为两大类：一类是基金销售过程中发生的由基金投资者自己承担的费用，主要包括申购费、赎回费及基金转换费。这些费用直接从投资者申购、赎回或转换的金额中收取。另一类是基金管理过程中发生的费用，主要包括基金管理费、基金托管费、信息披露费等。这些费用由基金资产承担。对于不收取申购费（认购费）、赎回费的货币市场基金，基金管理人可以依照相关规定从基金财产中持续计提一定比例的销售服务费，专门用于本基金的销售和对基金持有人的服务。

上述两大类费用的性质是截然不同的。第一类费用并不参与基金的会计核算，而第二类费用则需直接从基金资产中列支。

（一）基金费用的种类

下列与基金有关的费用可以从基金财产中列支：

（1）基金管理人的管理费；

（2）基金托管人的托管费；

（3）销售服务费；

（4）基金合同生效后的信息披露费用；

（5）基金合同生效后的会计师费和律师费；

（6）基金份额持有人大会费用；

（7）基金的证券交易费用；

（8）按照国家有关规定和基金合同约定，可以在基金财产中列支的其他费用。

（二）各种费用的计提标准及计提方式

1. 基金管理费、基金托管费和基金销售服务费

基金管理费是指基金管理人管理基金资产而向基金收取的费用。基金托管费是指基金托管人为基金提供托管服务而向基金收取的费用。基金销售服务费是指从基金资产中扣除的用于支付销售机构佣金以及基金管理人的基金营销广告费、促销活动费、持有人服务费等方面的费用。

（1）计提标准。

基金管理费率通常与基金规模成反比，与风险成正比。基金规模越大，基金管理费率越低；基金风险程度越高，基金管理费率越高。不同类别及不同国家、地区的基金，管理费率不完全相同。但从基金类型看，证券衍生工具基金管理费率最高。例如，认股权证基金的管理费率为1.5%—2.5%；股票基金居中，为1%—1.5%；债券基金为0.5%—1.5%；货币市场基金最低，管理费率为0.25%—1%。我国香港基金公会公布的几种基金的管理年费率为：债券基金年费率为0.5%—1.5%，股票基金年费率为1%—2%。在美国等基金业发达的国家和地区，基金的管理年费率通常为1%左右。但在一些发展中国家或地区则较高，例如，我国台湾地区的基金管理年费率一般为1.5%；有的发展中国家或地区的基金管理年费率甚至超过3%。目前，我国股票基金大部分按照1.5%的比例计提基金管理费，债券基金的管理费率一般低于1%，货币市场基金的管理费率为0.33%。

基金托管费收取的比例与基金规模、基金类型有一定关系。通常基金规模越大，基金托管费率越低。新兴市场国家和地区的托管费收取比例相对要高。基金托管费年费率国际

上通常为0.2%左右，美国一般为0.2%，我国内地及香港、台湾地区则为0.25%。目前，我国封闭式基金按照0.25%的比例计提基金托管费；开放式基金根据基金合同的规定比例计提，通常低于0.25%；股票基金的托管费率要高于债券基金及货币市场基金的托管费率。

基金销售服务费目前只有货币市场基金和一些债券型基金收取。销售服务费率大约为0.25%。收取销售服务费的基金通常不收申购费。

（2）计提方法和支付方式。

目前，我国的基金管理费、基金托管费及基金销售服务费均是按前一日基金资产净值的一定比例逐日计提，按月支付。

2. 基金交易费

基金交易费指基金在进行证券买卖交易时所发生的相关交易费用。目前，我国证券投资基金的交易费用主要包括印花税、交易佣金、过户费、经手费、证管费。交易佣金由证券公司按成交金额的一定比例向基金收取，印花税、过户费、经手费、证管费等则由登记公司或交易所按有关规定收取。参与银行间债券交易的，还需向中央国债登记结算有限责任公司支付银行间账户服务费，向全国银行间同业拆借中心支付交易手续费等服务费用。

3. 基金运作费

基金运作费指为保证基金正常运作而发生的应由基金承担的费用，包括审计费、律师费、上市年费、信息披露费、分红手续费、持有人大会费、开户费、银行汇划手续费等。按照有关规定，发生的这些费用如果影响基金份额净值小数点后第5位的，即发生的费用大于基金净值十万分之一，应采用预提或待摊的方法计入基金损益。发生的费用如果不影响基金份额净值小数点后第5位的，即发生的费用小于基金净值十万分之一，应于发生时直接计入基金损益。

（三）不列入基金费用的项目

下列费用不列入基金费用：

（1）基金管理人和基金托管人因未履行或未完全履行义务导致的费用支出或基金财产的损失；

（2）基金管理人和基金托管人处理与基金运作无关的事项发生的费用；

（3）基金合同生效前的相关费用，包括但不限于验资费、会计师和律师费、信息披露费等费用。

三、基金会计核算

基金会计核算是指收集、整理、加工有关基金投资运作的会计信息，准确记录基金资产变化情况，及时向相关各方提供财务数据以及会计报表的过程。

基金管理公司是证券投资基金会计核算的责任主体，对所管理的基金应当以每只基金为会计核算主体，独立建账、独立核算，保证不同基金在名册登记、账户设置、资金划拨、账簿记录等方面相互独立。同时，由于基金托管人对基金管理公司计算的基金资产净值以及基金业绩报告负有复核责任，因此基金托管人也需要对所托管的证券投资基金进行会计核算，并将有关结果同基金管理公司相核对。

我国基金的会计年度为公历每年 1 月 1 日至 12 月 31 日。基金核算以人民币为记账本位币，以人民币元为记账单位。

（一）基金会计核算的特点

1. 会计主体是证券投资基金

会计主体是会计为之服务的特定对象。企业会计核算以企业为会计核算主体，基金会计则以证券投资基金为会计核算主体。基金会计的责任主体是对基金进行会计核算的基金管理公司和基金托管人，其中前者承担主要会计责任。

界定这一会计主体的意义在于：一是将证券投资基金的管理主体即基金管理公司的经营活动与证券投资基金的投资管理活动区别开来；二是将基金管理公司管理的不同基金之间的投资管理活动区别开来。明确了会计主体，就界定了从事会计工作和提供会计信息的空间范围。

2. 会计分期细化到日

传统的会计分期一般以年度、半年、季度和月份为单位，分期反映会计主体的财务状况。但对于证券投资基金来说，这种期间的划分远远不能满足投资者的需要。因此，从及时性原则出发，基金会计期间划分必然更加细化，即以周甚至是日为核算披露期间。

目前，我国的基金会计核算均已细化到日。例如，开放式基金的申购和赎回逐日进行，逐日计算债券利息、银行存款利息等，逐日预提或待摊影响到基金份额净值小数点后第 5 位的费用，逐日对基金资产进行估值确认，货币市场基金一般每日结转损益等等。

3. 基金持有的金融资产和承担的金融负债通常归类为以公允价值计量且其变动计入当期损益的金融资产和金融负债

根据《企业会计准则第 22 号——金融工具确认和计量》，金融资产在初始确认时划分为四类：以公允价值计量且其变动计入当期损益的金融资产、持有至到期投资、贷款和应收款项，以及可供出售的金融资产。其中，以公允价值计量且其变动计入当期损益的金融资产包括交易性金融资产和指定为以公允价值计量且其变动计入当期损益的金融资产。金融负债在初始确认时划分为两类：以公允价值计量且其变动计入当期损益的金融负债和其他金融负债。其中，以公允价值计量且其变动计入当期损益的金融负债包括交易性金融负债和指定为以公允价值计量且其变动计入当期损益的金融负债。

基金以投资管理为主要业务，其目的是在承受风险的同时获取较高的资本利得收益，投资管理活动的性质决定了其取得的金融资产或金融负债是交易性的；同时，对于开放式基金而言，其持有的金融资产必须能随时变现，以应对基金持有人赎回基金份额。因此，除非基金合同另有约定，基金持有的金融资产和承担金融负债通常归类为以公允价值计量且其变动计入当期损益的金融资产和金融负债。

（二）基金会计核算的主要内容

根据《证券投资基金会计核算业务指引》规定，基金的会计核算对象包括资产类、负债类、资产负债共同类、所有者权益类和损益类的核算，涉及基金的投资交易、基金申购和赎回、基金持有证券的上市公司行为、基金资产估值、基金费用计提和支付、基金利润分配等基金经营活动。

基金会计核算的内容主要包括以下九类业务。

1. 证券和衍生工具交易及其清算的核算

证券投资基金主要投资于政策允许范围内的有价证券和衍生金融工具，包括股票、债券、资产支持证券、权证、远期投资等有价证券和衍生金融工具的买卖及回购交易等。

2. 持有证券的上市公司行为的核算

持有证券的上市公司行为是指与基金持有证券的上市公司有关的、所有涉及该证券权益变动并进而影响基金权益变动的事项，包括新股、红股、红利、配股等公司行为的核算。

3. 各类资产的利息核算

各类资产的利息主要包括债券的利息、银行存款利息、清算备付金利息、回购利息等。各类资产利息均应按日计提，并于当日确认为利息收入。

4. 基金费用的核算

基金费用包括计提基金管理费、托管费、预提费用、摊销费用、交易费用等。这些费用一般也按日计提，并于当日确认为费用。

5. 开放式基金份额变化的核算

开放式基金还需对基金份额的申购与赎回情况、转入与转出情况以及基金份额拆分进行会计核算。

6. 基金资产估值的核算

基金逐日对其资产按规定进行估值，并于当日将投资估值增（减）值确认为公允价值变动损益。

7. 本期利润及利润分配的核算

本期利润及利润分配的核算指会计期末结转基金损益，并按照规定对基金分红进行除权、派息、红利再投资等进行核算。证券投资基金一般在月末结转当期损益，按固定价格报价的货币市场基金一般逐日结转损益。

8. 基金财务会计报告

根据有关规定，基金管理公司应及时编制并对外提供真实、完整的基金财务会计报告。财务会计报告分为年度、半年度、季度和月度财务会计报告。半年度、年度财务会计报告至少应披露会计报表和会计报表附注的内容。基金会计报表包括资产负债表、利润表及净值变动表等报表。

9. 基金会计核算的复核

目前，对于国内证券投资基金的会计核算，基金管理人与基金托管人按照有关规定，分别独立进行账簿设置、账套管理、账务处理。基金托管人按照规定对基金管理人的会计核算进行复核并出具复核意见。

第三节　基金的利润分配与税收

一、基金的利润分配

基金的利润分配是指基金将当期收益或以往年度未分配收益分配给投资者，其形式包括现金分红与红利再投资两种。现金分红是将收益以现金的形式分配给投资者，而红利再投资则是将收益转化为基金份额，增加投资者的持有份额。

（一）利润分配的原则

基金利润分配的基本原则包括公平、公正和公开。基金管理人在进行利润分配时，应确保所有投资者按照其持有的基金份额比例获得相应的收益，不得有任何偏袒或歧视。同时，利润分配的过程和结果应透明公开，投资者有权了解并监督利润分配的情况。具体而言，这意味着：

（1）公平原则：基金的利润分配应确保所有投资者按照其持有的基金份额比例获得相应的收益。不得有任何偏袒或歧视，确保每个投资者都能获得与其投资比例相称的回报。

（2）公正原则：基金管理人在进行利润分配时，应客观、公正地评估基金的收益情况，遵循市场规则和基金合同约定的分配方式。不得利用利润分配进行利益输送或损害投资者利益。

（3）公开原则：基金的利润分配过程应透明公开，投资者有权了解利润分配的具体情况和规则。基金管理人应及时向投资者披露利润分配的相关信息，确保投资者的知情权和监督权。

（二）利润分配的条件

基金利润分配是基金管理过程中的重要环节，其条件直接关系到投资者的收益和基金公司的运营。一般而言，基金利润分配需满足以下基本条件：

第一，基金必须有可供分配的利润。这要求基金在运作过程中实现了正收益，并且这些收益在扣除相关费用后仍有剩余。只有具备可供分配的利润，基金才能进行利润分配。

第二，基金利润分配后的每份基金份额净值不能低于面值。这是为了保护投资者的利益，确保基金在分配利润后仍能维持稳定地运作。

此外，基金当年的收益应先弥补以前年度亏损后，才可进行当年收益分配。这是为了确保基金在长期的运作过程中能够保持稳健的财务状况。

综上所述，基金利润分配的条件涉及基金的收益情况、净值稳定以及历史亏损弥补等多个方面。只有在满足这些条件的前提下，基金才能进行利润分配，以保障投资者的权益和基金的稳定运作。

（三）利润分配的方式

基金的利润分配方式主要有两种：现金分红和红利再投资。

（1）现金分红：现金分红是指基金将当期收益以现金的形式分配给投资者。这种方式直接增加了投资者的现金流，适合需要现金流的投资者。现金分红的金额通常根据基金的收益情况和基金合同约定的分配比例确定。

（2）红利再投资：红利再投资是指将基金的收益自动转换为基金份额，增加投资者的持有份额。这种方式有助于投资者扩大投资规模，享受复利效应。红利再投资通常不需要投资者额外支付费用，但需要注意的是，新增的基金份额可能会受到市场波动的影响。

在实际操作中，投资者可以根据自身需求和市场环境选择适合的利润分配方式。例如，当市场处于上涨趋势时，红利再投资可能更有利于投资者扩大收益；而当市场波动较大或投资者需要现金流时，现金分红可能更为合适。

（四）影响基金利润分配的因素

基金的利润分配受到多种因素的影响，主要包括以下几个方面：

（1）基金的收益情况：基金的收益是利润分配的基础。只有当基金获得正收益时，才能进行利润分配。因此，基金的收益情况直接决定了利润分配的可能性和规模。

（2）基金合同约定：基金合同通常会约定利润分配的具体方式和比例。投资者在购买基金时应仔细阅读基金合同，了解利润分配的相关规定。

（3）市场环境：市场环境的变化也会对基金的利润分配产生影响。例如，当市场处于上涨趋势时，基金的收益可能较高，从而有更多的利润可供分配；而当市场下跌时，基金的收益可能受到压缩，甚至可能出现亏损，此时利润分配可能会受到限制。

（4）政策法规：政策法规的变化也会对基金的利润分配产生影响。政府可能会根据市场情况和宏观经济政策调整基金的税收政策或利润分配规定，从而影响基金的利润分配方式和规模。

（五）基金的利润分配与投资者利益

基金的利润分配直接关系到投资者的利益。合理的利润分配机制能够保障投资者的收益，提高投资者的满意度和忠诚度。同时，通过了解基金的利润分配情况，投资者可以更好地评估基金的投资价值和风险水平，从而作出更明智的投资决策。

然而，基金的利润分配并非唯一的收益来源。投资者在关注利润分配的同时，还应关注基金的整体收益表现、风险控制能力以及长期投资价值等因素。只有在全面评估基金的综合表现后，投资者才能作出更为合理的投资决策。

二、基金的税收

（一）基金的税收原则

基金的税收原则主要包括公平原则、效率原则和中性原则。

（1）公平原则要求税收应公平地分配给所有纳税人，避免对特定群体或行业进行歧视。在基金领域，这意味着税收应根据基金的收益情况、投资者的持股比例以及持有期限等因素进行合理分配，确保每个投资者根据其投资规模和风险承担情况承担相应的税收责任。

(2) 效率原则强调税收制度应尽可能减少税收对经济活动的干扰，提高资源配置效率。对于基金而言，税收制度应促进基金的健康发展，鼓励投资者长期持有基金份额，降低因频繁交易而产生的税收成本。同时，税收制度还应有助于引导资金流向优质投资项目，提高整个社会的投资效率。

(3) 中性原则要求税收制度不应对市场主体的经济行为产生不当影响，避免扭曲市场竞争和资源配置。在基金领域，这意味着税收制度应尽可能保持中性，避免对基金的投资策略、投资组合以及投资者的选择产生不当干预。

(二) 基金的主要税种

基金在运作过程中涉及的税种主要包括所得税、营业税、印花税和交易税等。

(1) 所得税是对基金收益征收的税种。根据不同国家和地区的税法规定，基金的所得税税率和征收方式可能有所不同。一般而言，基金的所得税根据基金实现的收益额计算，并按照一定的税率进行征收。对于投资者而言，其从基金中获得的收益也需要缴纳所得税，具体税率和征收方式取决于投资者的个人情况和税法规定。

(2) 营业税是针对基金的管理、运营等服务收入征收的税种。在一些国家和地区，基金的管理公司可能需要为其提供的服务缴纳营业税。营业税的税率和征收方式因地区而异，但通常与服务的类型和金额相关。

(3) 印花税是对基金交易过程中涉及的证券买卖、合同签署等行为征收的税种。印花税通常以交易金额的一定比例作为税基，按照规定的税率进行征收。印花税的征收有助于规范市场秩序，防止过度投机和短期交易行为。

(4) 交易税是对基金买卖过程中产生的交易费用征收的税种。与印花税类似，交易税也是根据交易金额的一定比例征收的。交易税的征收有助于降低市场的波动性，促进市场的稳定发展。

需要注意的是，不同国家和地区的税法规定可能存在差异，因此基金在运作过程中涉及的税种和税率也可能有所不同。投资者和从业人员在了解基金的税收问题时，需要关注当地的税法规定和政策变化。

(三) 基金的税收优惠政策

为了鼓励基金业的发展，一些国家和地区会提供税收优惠政策。这些政策旨在降低基金的税收负担，提高其竞争力，吸引更多的资金流入。

一种常见的税收优惠政策是减免所得税。一些国家会对符合条件的基金实行所得税减免政策，例如，对投资于特定领域或符合一定持有期限的基金给予税收优惠。这种政策有助于鼓励投资者长期持有基金份额，促进基金的稳定发展。

此外，一些国家还会对基金的管理公司提供税收优惠，例如，降低营业税税率或提供税收抵免等。这些政策有助于降低基金公司的运营成本，提高其运营效率和市场竞争力。

需要注意的是，税收优惠政策的实施条件和范围可能因地区而异。投资者和从业人员在享受税收优惠政策时，需要仔细了解当地的政策规定和申请条件，确保合规操作。

（四）税收对基金投资的影响

税收对基金投资的影响主要体现在以下几个方面：

首先，税收会影响投资者的实际收益。由于税收的存在，投资者从基金中获得的收益会被部分扣除用于缴纳税款，从而降低其实际收益水平。因此，在选择投资基金时，投资者需要考虑税收因素，选择税收负担较轻的基金产品或投资策略。

其次，税收会影响投资者的投资行为。不同的税收规定可能会对投资者的投资期限、投资组合和交易频率产生影响。例如，较高的税收可能会使投资者更倾向于选择长期持有策略，以降低税收成本。因此，在制定投资策略时，投资者需要充分考虑税收因素的影响。

最后，税收还会对基金市场的竞争格局产生影响。不同国家和地区的税收政策差异可能导致资金在不同市场之间的流动。一些地区可能通过提供税收优惠政策吸引更多的资金流入，从而促进当地基金业的发展。这种竞争格局的变化也会对基金公司的运营和投资者的选择产生影响。

第四节　基金业绩评价

一、基金绩效评价概述

（一）基金绩效评价的意义

投资者都想要知道他们的投资产品表现如何。对于个人投资者而言，投资绩效的好坏可能会决定他们是否有足够的钱来支付大额开支，如子女教育、旅游等。对于储备养老金的参与者而言，投资绩效的好坏可能会决定其能否有舒适的退休生活。对于基金公司而言，想要提高其投资管理能力，必须测算和理解基金经理的绩效。

仅仅了解投资产品所实现的回报率是不够的。投资者和基金公司还需要知道基金经理相对于市场表现如何，相对于其他基金经理表现如何。最终需要回答的问题是，基金经理的绩效来源是高超的投资技能，还是单纯的运气，或者是承担了过多的风险。

只有通过完备的投资绩效评估，投资者才可以有足够的信息来了解自己的投资状况。投资者可以决定是否继续使用现有的投资经理；基金管理公司可以决定一个基金经理是否可以管理更多的基金，可以分配更多的资源或是需要被替换。

（二）基金绩效评价需考虑的因素

不同基金的投资目标、范围、比较基准等均有差别。因此，基金的表现不能仅仅看回报率。为了对基金绩效进行有效评价，以下因素必须加以考虑。

1. 投资目标与范围

投资目标与范围不同的基金，其投资策略、绩效比较基准都可能不同。货币基金主要投资于货币市场，风险较低，收益也较为稳定；指数基金则以指数成分股为投资对象，其收益率变化应该与相应的指数保持一致。很显然，货币基金和指数基金作为两种不同投资方向的基金不具备可比性。同样是股票基金，投资于中小盘的与投资于大盘的基金，绩效也不具备可比性。因此，进行绩效比较时，必须考虑投资目标、投资范围的不同。

2. 基金风险水平

根据风险报酬理论，投资收益是由投资风险驱动的，风险越大，所要求的报酬率就越高。所以，市场上一些平均收益率高的基金，可能仅仅是因为它们承担了较高的风险，而与基金经理的能力无关。因而，在基金绩效评价的过程中，要对其风险进行调整。

3. 基金规模

基金存在一些固定成本，如研究费用和信息获得费用等。与小规模基金相比，一方面，规模较大的基金的平均成本更低。另一方面，规模较大的基金可以有效地减少非系统性风险。但是基金规模过大，对可选择的投资对象、被投资股票的流动性等都有不利影响。

4. 时期选择

同一基金在不同时间段内的表现可能有很大的差距。绩效计算开始与结束时间不同，基金回报率和绩效排名可能会有较大的差异。因此，绩效评价时需要计算多个时间段的绩效，例如最近一月、最近三月、最近一年、最近五年等。

系统的基金绩效评估需要从四个方面入手：计算绝对收益，计算风险调整后收益，计算相对收益，进行绩效归因。

二、绝对收益与相对收益

（一）绝对收益

基金绝对收益的计算是基金绩效评价的第一步。绝对收益是证券或投资组合在一定时间区间内所获得的回报，测量的是证券或投资组合的增值或贬值，常常用百分比来表示收益率。与相对收益不同，绝对收益不与基准做比较。绝对收益的计算有如下指标。

1. 持有区间收益率

投资者购买证券、基金等投资产品，关心的是在持有期间所获得的收益率。持有期间所获得的收益通常来源于两部分：资产回报和收入回报。资产回报是指股票、债券、房地产等资产价格的上涨或减少；而收入回报包括分红、利息、租金等。

$$资产回报率=\frac{期末资产价格-期初资产价格}{期初资产价格}\times 100\%$$

$$收入回报率=\frac{期间收入}{期初资产价格}\times 100\%$$

【例 4-1】 假设某投资者在 2013 年 12 月 31 日，买入 1 股 A 公司股票，价格为 100 元，2014 年 12 月 31 日，A 公司发放 3 元分红，同时其股价为 105 元。那么该区间内：

$$资产回报率=\frac{105-100}{100}\times 100\%=5\%$$

$$收入回报率=\frac{3}{100}\times 100\%=3\%$$

$$总持有区间的收益率=5\%+3\%=8\%$$

2. 现金流和时间加权收益率

在【例 4-1】中，股票红利发放是在持有区间末，计算方法较为简单。现实中，计算基金的持有区间收益率需要考虑更为复杂的情况：

（1）基金可能包含多个不同的证券，每个证券发放红利或利息的时间都不一样。

（2）基金的投资者在区间内会有申购和赎回，带来更多的资金进出。

【例 4-2】 以某股票基金为例，在 2013 年 12 月 31 日，其净值为 1 亿元，到 2014 年 12 月 31 日，净值变为 1.2 亿元。如果净值变化来源仅为资产增值和分红收入的再投资，其收益率为：

$$收益率 = \frac{1.2-1}{1} = 20\%$$

设想在4月15日，有客户进行申购了2000万元。那么该基金在年末的1.2亿元净值中，有一部分是这笔申购及其投资回报带来的。实际投资回报率应低于20%。进一步假设，在9月1日，基金进行了1,000万元的分红，该分红对基金资产有显著的影响。

要计算该基金在该年度的收益率，可以把资金进出的时间节点分为3个区间，分别计算持有期收益率。每个区间的期末资产净值为对应时间节点现金流发生前的资产净值，期初资产净值则是对应时间节点现金流发生后的资产净值。

假设某投资者在2013年12月31日投资1元到此基金，那么在2014年4月15日，这1元受到5%的损失，变为1×(1-5%)=0.95（元）。该投资者继续将这0.95元投资于该基金，那么到2014年9月1日，0.95元变为0.95×(1+21.7%)=1.156（元）；假设该投资者将9月1日的分红全部再投资到该基金，那么到2014年12月31日，1.156元变为1.156×(1-7.7%)=1.067（元）。也就是2013年年底投资的1元，到2014年年底可获得（1.067-1)/1=6.7%的收益。以上过程用数学公式表达为：

$$\begin{aligned} R &= (1+R_1)\times(1+R_2)\times(1+R_3)-1 \\ &= (1-5\%)\times(1+21.7\%)\times(1-7.7\%)-1 = 6.7\% \end{aligned}$$

以上即为时间加权收益率的计算方法。该方法将收益率计算区间分为子区间，每个子区间可以是一天、一周、一个月等。每个子区间以现金流发生时间划分，将每个区间的收益率以几何平均的方式相连接。这样基金的申购、赎回与分红等资金进出不影响收益率的计算。

3. 基金收益率的计算

公募基金每天公布单位资产净值（NAV），其计算公式为：

$$期末基金单位资产净值 = \frac{期末基金净值}{期末基金单位总份额}$$

与资产净值不同，基金单位资产净值不受基金份额申购赎回的影响。利用基金单位资产净值计算收益率，只需考虑分红。

假定红利发放后立即对本基金进行再投资，且红利以除息前一日的单位净值为计算基准立即进行再投资，分别计算每次分红期间的分段收益率，考察期间的时间加权收益率可由分段收益率连乘得到：

$$\begin{aligned} R &= [(1+R_1)(1+R_2)(1+R_3)\cdots(1+R_n)-1]\times 100\% \\ &= \left(\frac{NAV_1}{NAV_0}\cdot\frac{NAV_2}{NAV_1-D_1}\cdots\frac{NAV_{n-1}}{NAV_{n-2}-D_{n-1}}\cdot\frac{NAV_n}{NAV_{n-1}-D_{n-1}}-1\right)\times 100\% \qquad (4-1) \end{aligned}$$

其中，R_1表示第一次分红前的收益率；R_2表示第一次分红后到第二次分红前的收益率，R_n 以此类推；NAV_0表示期初份额净值；NAV_1 至NAV_{n-1}分别表示各期除息日前一日的份额净值；NAV_n 表示期末份额净值；D_1 到 D_n 分别表示各期份额分红。

以上计算方法的假设前提之一是，红利以除息前一日的单位净值减去每份基金分红后的单位净值为计算基准立即进行了再投资。在实际操作中，基金往往规定红利以除息日的单位净值为计算基准确定再投资份额。

4. 平均收益率

在对不同基金多期收益率的衡量和比较上，常常会用到平均收益率指标。平均收益率一般可分为算术平均收益率和几何平均收益率。其中算术平均收益率即计算各期收益率的算术平均值。算术平均收益率（R_A）的计算公式为：

$$R_A = \frac{\sum_{t=1}^{n} R_t}{n} \times 100\% \tag{4-2}$$

其中：R_t 表示 t 期收益率；n 表示期数。

几何平均收益率（R_G）的计算公式为：

$$(1+R_G)^n = (1+R_1)(1+R_2)\cdots(1+R_n) \tag{4-3}$$

$$R_G = \left(\sqrt[n]{\prod_{i=1}^{n}(1+R_i)} - 1\right) \times 100\% \tag{4-4}$$

与算术平均收益率不同，几何平均收益率运用了复利的思想，即考虑了货币的时间价值，这点与上文提到的时间加权收益率类似，不同的是时间加权收益率不开 n 次方，而几何平均收益率则要开 n 次方。这意味着，时间加权收益率说明的是 1 元投资在 n 期内所获得的总收益率，而几何平均收益率是计算 1 元投资在 n 期内的平均收益率。一般来说，算术平均收益率要大于几何平均收益率，两者之差随收益率波动加剧而增大。由于几何平均收益率是通过对时间进行加权来衡量收益的情况，因此克服了算术平均收益率会出现的上偏倾向。

（二）相对收益

基金的相对收益，就是基金相对于一定的绩效比较基准的收益。多样性的市场指数，可以使投资者和基金管理公司选择适当的指数作为绩效比较基准，并进而评估基金的相对收益。

绩效比较基准的选取服从于投资范围。如果一个基金的目标是投资特定市场或特定行业，就可以选取该市场或行业指数，例如，以创业板指数或医药生物行业指数作为绩效比较基准。此外，也可以选取几个指数的组合作为一个基金的绩效比较基准，混合型的公募基金经常选取这样的绩效比较基准。

绩效比较基准有两方面作用：一方面，事后绩效评估时可以比较基金的收益与比较基准之间的差异；另一方面，事先确定的绩效比较基准可以为基金经理投资管理提供指引。

（三）风险调整后收益

现代投资理论表明，承担风险的大小在决定投资组合的收益上具有基础性的作用，因此高回报的基金可能仅仅是由于其承担了较高的风险，而表现较差的基金并不一定是由于基金经理的投资能力不足，可能只是因为其风险暴露较低。

下面介绍考虑风险调整的基金绩效评估方法。

1. 夏普比率

夏普比率（S_p）是诺贝尔经济学奖得主威廉·夏普于1966年根据资本资产定价模型（CAPM）提出的经风险调整的绩效测度指标。此比率是用某一时期内投资组合平均超额收益除以这个时期收益的标准差。用公式可表示为：

$$S_p = \frac{\overline{R_p} - \overline{R_f}}{\sigma_p} \tag{4-5}$$

其中，S_p 表示夏普比率；$\overline{R_p}$表示基金的平均收益率；$\overline{R_f}$表示平均无风险收益率；σ_p 表示基金收益率的标准差。

其中基金收益率和无风险收益率应用平均值的原因，是在测度期间内两者都是在不断变化的。由于分母使用的是基金收益率的标准差，所以可知夏普比率是针对总波动性权衡后的回报率，即单位总风险下的超额回报率。夏普比率数值越大，代表单位风险超额回报率越高，基金绩效越好。

2. 特雷诺比率

特雷诺比率（T_p）来源于CAPM理论，表示的是单位系统风险下的超额收益率。用公式表示为：

$$T_p = \frac{\overline{R_p} - \overline{R_f}}{\beta_p} \tag{4-6}$$

其中，T_p 表示特雷诺比率；$\overline{R_p}$表示基金的平均收益率；$\overline{R_f}$表示平均无风险收益率；β_p 表示系统风险。

特雷纳比率与夏普比率相似，两者的区别在于特雷纳比率使用的是系统风险，而夏普比率则对全部风险进行了衡量。

3. 詹森 α

詹森 α 同样也是在CAPM基础上发展出的一个风险调整差异衡量指标。它衡量的是基金组合收益中超过 CAPM 模型预测值的那一部分超额收益。用公式表示为：

$$\alpha_p = (\overline{R_p} - \overline{R_f}) - \beta_p(\overline{R_M} - \overline{R_f}) = \overline{R_p} - [\overline{R_f} + \beta_p(\overline{R_M} - \overline{R_f})] \quad (4-7)$$

其中，$\overline{R_M}$表示市场平均收益率；其余字母含义同前。

若 $\alpha_p = 0$，则说明基金组合的收益率与处于相同风险水平的被动组合的收益率不存在显著差异；当 $\alpha_p > 0$ 时，说明基金表现要优于市场指数表现；当 $\alpha_p < 0$ 时，说明基金表现要弱于市场指数表现。

4. 信息比率

信息比率（IR）的计算公式与夏普比率类似，但引入了绩效比较基准的因素，因此是对相对收益率进行风险调整的分析指标。用公式可以表示为：

$$IR = \frac{R_p - R_h}{\sigma_{p-b}} \quad (4-8)$$

其中，R_p 表示投资组合收益；R_h 表示绩效比较基准收益；两者之差即为超额收益；σ_{p-b}表示跟踪误差。信息比率是单位跟踪误差所对应的超额收益。信息比率越大，说明该基金在同样的跟踪误差水平上能获得更大的超额收益，或者在同样的超额收益水平下跟踪误差更小。

三、基金绩效评价方法

（一）基金绩效评价业务介绍

随着基金行业的发展，基金产品的不断增多，普通投资者难以对市场的基金做全面的分析。在此背景下，基金评价和研究机构应运而生，发展出各种研究方法和工具，对基金的投资收益和风险以及基金管理人的管理能力开展评级、评奖、单一指标排名等。

我国提供基金评价业务的公司主要有晨星公司（Morningstar）、银河证券、海通证券、招商证券、上海证券等。

（二）基金绩效评价体系

基金绩效评价体系包括分类方法、指标计算方法、风格判断和评级等。

1. 基金分类

不同类型基金的投资目标、范围、风格不同，不能放在一起比较，所以基金评价的第一步是基金分类。2014 年 7 月 7 日，中国证监会颁布了《公开募集证券投资基金运作管理办法》，其中规定了基金的分类标准。具体内容如下：

（1）80%以上的基金资产投资于股票的，为股票基金；

（2）80%以上的基金资产投资于债券的，为债券基金；

（3）仅投资于货币市场工具的，为货币市场基金；

（4）80%以上的基金资产投资于其他基金份额的，为基金中基金；

（5）投资于股票、债券、货币市场工具或其他基金份额，并且股票投资、债券投资、基金投资的比例不符合第（1）项、第（2）项、第（4）项规定的，为混合基金；

（6）中国证监会规定的其他基金类别。

在市场中，有的评级机构也会将基金分类进一步细化。例如，晨星公司将中国基金分为：股票型基金、激进配置型基金、标准混合型基金、保守混合型基金、可转债基金、激进债券型基金、普通债券型基金、纯债基金、短债基金、货币市场基金、保本基金、市场中性策略基金、商品基金等。

2. 基金绩效计算

基金收益率计算一般要求采用考虑了基金分红再投资的时间加权收益率。常见的基金回报率计算期间有：最近一月、最近三月、最近六月、今年以来、最近一年、最近两年、最近三年、最近五年、最近十年等。

夏普比率、信息比率等风险调整后收益也是基金绩效计算的重要部分。风险调整后收益使得两只基金可以在风险水平相等的条件下进行对比。另一种风险调整的方法是建立在投资人风险偏好的基础上，认为投资人喜欢高的收益但厌恶风险，而不考虑风险和收益是如何结合的。以“晨星风险调整后收益”（Morningstar risk - adjusted return，MRAR）为例，晨星公司根据每只基金在计算期间月度回报率的波动程度尤其是下行波动的情况，以“风险惩罚”的方式对该基金的回报率进行调整；波动越大，调整越多。如果有两只基金回报率相近，晨星公司对其中回报波动较大者给予更多的“风险惩罚”。通过上述方法，体现基金各月度绩效表现的波动变化，并更加注重反映基金资产的下行波动风险，从而奖励绩效持续稳定者，并减少由于基金短期绩效突出而掩盖内在风险的可能性。该方法产生的结果与建立在均值方差基础上的夏普比率所得出的排名类似但并不完全相同。

3. 基金风格

基金风格反映了基金投资组合所有股票的总体情况。以晨星公司为例，该公司以基金持有的股票市值为基础，把基金投资股票的规模风格定义为大盘、中盘和小盘；以基金持有的股票价值—成长特性为基础，把基金投资股票的价值—成长风格定义为价值型、平衡型和成长型。

4. 基金星级评价

基金星级评价是通过星级将某基金在同类基金中的排位情况简单清晰地表示出来的一

种方法。一般根据基金在过去一定时期内的绩效计算其收益率以及风险水平等因素，根据计算结果对基金给予星级评定。以晨星公司为例，对某基金进行评级时，首先要计算出风险调整后收益，随后将各个基金按照 MRAR 的数据由大到小进行排序。在同类基金中排名前 10% 的基金被评为 5 星，接下来的 22.5% 被评为 4 星，中间的 35% 被评为 3 星，随后的 22.5% 被评为 2 星，最后 10% 被评为 1 星。

（三）全球投资绩效标准

投资绩效的计算和比较有多种方法。用不同方法制作出来的绩效报告之间缺乏可比性。为解决这个问题，CFA 协会在 1995 年开始筹备成立全球投资绩效标准（GIPS）委员会，负责发展并制定单一绩效的呈现标准。该标准的作用是通过制定表现报告确保投资表现结果获得充分的声明与披露。全球投资绩效标准已经逐渐为各国所接受。

全球投资绩效标准关于收益率计算的具体条款如下：

（1）必须采用总收益率，即包括实现的和未实现的回报以及损失并加上收入。

（2）必须采用经现金流调整后的时间加权收益率。不同期间的回报率必须以几何平均方式相连接。最低要求为：自 2005 年 1 月 1 日起，必须采用经每日加权现金流调整后的时间加权收益率；自 2010 年 1 月 1 日起，必须在所有出现大额对外现金流的日子对投资组合进行实际估值。

（3）投资组合的收益必须以期初资产值加权计算，或采用其他能反映期初价值及对外现金流的方法。

（4）在计算总收益时，必须计入投资组合中持有的现金及现金等价物的收益。

（5）所有的收益计算必须扣除期内的实际买卖开支，而不得使用估计的买卖开支。

（6）自 2006 年 1 月 1 日起，公司必须至少每季度一次计算组合群的收益，并使用个别投资组合的收益以资产加权计算。自 2010 年 1 月 1 日起，必须至少每月一次计算组合收益，并使用个别投资组合的收益以资产加权计算。

（7）假如实际的直接买卖开支无法从综合费用中确定并分离出来，则在计算未扣除费用收益时，必须从收益中减去全部综合费用或综合费用中包含直接买卖开支的部分，而不得使用估计出的买卖开支；计算已扣除费用收益时，必须从收益中减去全部综合费用或综合费用中包含直接买卖开支及投资管理费用的部分，而不得使用估计的买卖开支。

遵循 GIPS 可以提高绩效报告的透明度，确保在一致、可靠、公平且可比的基础上报告投资绩效数据，让不同投资管理机构的投资绩效具有可比性。

名词解释

场内证券交易场所　证券登记结算机构　银行间债券市场　基金资产估值　基金会计核算　基金的利润分配　绝对收益　相对收益　夏普比率　特雷诺比率　詹森α　信息比率

思考题

1. 场内证券交易结算原则、方式与内容包括哪些内容？
2. 基金资产估值考虑的因素有哪些？
3. 基金运作过程中涉及的费用有哪些？
4. 利润分配的原则有哪些？
5. 影响基金利润分配的因素有哪些？
6. 税收对基金投资有什么影响？
7. 基金绩效评价的意义是什么？
8. 基金绩效评价需考虑哪些因素？
9. 基金绩效评价体系包含哪些内容？

第五章　基金的国际化

第一节　海外市场发展

一、基金国际化概述

（一）基金国际化的重要性

首先，从投资角度来看，基金国际化能够最大化基金投资者的利益。本基金通过投资于国际证券市场，能够更自由地选择投资地域和投资标的，把握不同区域的投资机会，进而提升投资回报。同时，资产规模的扩大能使基金管理公司以较少的单位成本获取较大的规模效益，提高运营效率。

其次，从风险分散的角度来看，国际化基金在全球不同的证券市场上进行资产配置，可以较大幅度地减少非系统性风险，甚至对于系统性风险的对冲都能起到一定的作用。这有助于降低投资组合的整体风险，提高投资者的风险承受能力。

再次，基金国际化对投资对象国也具有重要意义。国外基金在本国证券市场上投资，购买本国证券市场上的投资产品，为该国资本市场提供了外部资金来源，是一种较好的融资方式。这有助于促进该国资本市场的健康发展，提高市场活跃度。

最后，基金国际化还有助于提升我国基金行业的国际竞争力。通过与国际先进基金公司的交流与合作，可以学习借鉴其先进的管理经验和技术手段，推动我国基金行业的规范化、专业化发展。同时，基金国际化也有助于培养和提高我国基金管理人员的素质，提升整个行业的专业水平。

（二）引入海外市场对于基金发展的意义

1. 分散投资风险

海外市场为基金提供了更多的投资选择和可能性，有助于基金实现投资组合的多元化，分散单一市场的风险。通过将资金投向不同国家、不同行业、不同资产类别的海外市场，基金可以降低对单一市场的依赖，减少因某一特定市场波动而导致的整体投资组合的风险。

2. 提高收益潜力

海外市场往往拥有不同的经济周期、市场环境和投资机会，这为基金提供了获取更高收益的可能性。通过在全球范围内寻找优质的投资标的，基金可以把握不同市场的增长机会，实现资产的增值。

3. 促进国际化发展

引入海外市场有助于基金行业的国际化发展，提升基金的国际竞争力。通过与国际市场的接轨，基金可以吸引更多的海外投资者，扩大资金来源，同时学习借鉴国际先进的投资理念和经验，推动基金行业的创新性发展。

4. 提升品牌影响力

在海外市场拓展业务，有助于提升基金的品牌影响力和知名度。通过在海外市场树立良好形象，基金可以吸引更多的投资者和合作伙伴，为未来的发展奠定坚实基础。

5. 推动资本市场开放

引入海外市场有助于推动资本市场的进一步开放和国际化。随着基金在海外市场的发展，资本市场的互联互通将进一步加强，有助于提升国内资本市场的国际化水平和竞争力。

二、海外基金市场发展概况

（一）美国基金市场

市场规模方面，美国基金市场是全球最大的基金市场，其资产规模远超其他国家。产品特点方面，美国的基金市场涵盖了各种类型的基金产品，包括指数基金、标准组合等，满足了投资者多样化的需求。投资者结构方面，美国的基金市场吸引了全球众多投资者，市场参与度高，流动性好。

（二）欧洲基金市场

产品创新方面，欧洲基金市场以创新型基金产品为主，追求高风险、高回报的投资策略。监管体系方面，欧洲的基金市场受到严格的监管，保障市场的稳定运行和投资者的权益。跨境合作方面，欧洲各国之间的基金市场合作紧密，跨境投资活动频繁。

（三）亚洲基金市场

新兴市场方面，亚洲基金市场以新兴市场投资机会为特色，具有较高的增长潜力。投资者结构方面，亚洲地区的投资者对本地市场的了解更为深入，对本地基金产品有着较高的偏好。经济发展方面，随着亚洲经济的崛起，亚洲基金市场逐渐受到全球投资者的关注。

此外，拉美、非洲等地区也存在活跃的基金市场，这些市场各具特色，为投资者提供了丰富的投资机会。需要注意的是，不同地区的基金市场受到当地经济、政治、文化等多种因素的影响，投资者在投资海外基金时需要充分了解市场情况，评估风险，并根据自身的投资目标和风险承受能力做出决策。同时，也需要关注各国监管政策的变化，以确保投资的合规性。

三、海外市场的监管体系与运作机制

海外市场的监管体系与运作机制因国家和地区而异，但通常都建立在保护投资者利益、维护市场公平和透明度的原则之上。

（一）美国市场监管体系与运作机制

1. 监管体系

美国拥有较为完善和严格的金融监管体系，主要由证券交易委员会（SEC）负责监管证券市场和基金市场。SEC 负责制定和执行相关法规，监督市场参与者的行为，确保市场的公平、透明和高效运作。

2. 运作机制

美国基金市场的运作机制高度市场化，以信息披露为核心。基金管理人需要向 SEC 提交详细的注册材料，并定期更新基金的运行情况和财务状况。投资者可以通过公开的渠道获取基金的相关信息，自主作出投资决策。

（二）欧洲市场监管体系与运作机制

1. 监管体系

欧洲市场的监管体系相对复杂，涉及多个国家和监管机构。欧洲证券和市场管理局（ESMA）在协调各成员国监管方面发挥着重要作用。此外，各成员国还有自己的金融监管机构，负责本国市场的监管工作。

2. 运作机制

欧洲基金市场的运作机制注重跨境合作和统一监管标准。ESMA 推动各成员国在基金监管方面的协调一致，促进跨境基金产品的流通。同时，欧洲市场也强调信息披露和投资者保护，确保市场的公平和透明。

（三）亚洲市场监管体系与运作机制

1. 监管体系

亚洲各国的监管体系差异较大，但普遍重视投资者保护和市场稳定。一些亚洲国家设立了专门的金融监管机构，如日本的金融厅、新加坡的金融管理局等，负责监管证券市场和基金市场。

2. 运作机制

亚洲市场的运作机制逐渐与国际接轨，注重市场化运作和监管创新。一些亚洲国家积极推动基金市场的开放和国际化，吸引外资进入本国市场。同时，也加强了对基金管理人的监管和处罚力度，确保市场的规范运作。

总的来说，海外市场的监管体系与运作机制在保护投资者利益、维护市场公平和透明度方面发挥着重要作用。然而，由于不同国家和地区的经济、政治和文化背景差异较大，其监管体系和运作机制也存在一定的差异和特色。因此，投资者在投资海外市场时，需要充分了解当地的监管政策和市场环境，以作出明智的投资决策。

四、海外市场中的基金产品与创新

海外市场中的基金产品种类丰富，涵盖了从传统的股票、债券基金到更为复杂的对冲基金、另类投资基金等多个领域。这些基金产品不仅满足了不同投资者的风险偏好和投资目标，也推动了金融市场的多元化发展。

在创新方面，海外市场中的基金产品呈现出以下几个趋势。

（一）投资策略创新

随着金融科技的进步和数据分析能力的提升，基金经理们能够运用更为复杂的投资策略来管理基金。例如，一些基金采用量化投资策略，利用大数据和算法来预测市场走势，实现精准投资。

（二）细分化投资

海外市场中的基金产品越来越注重细分化投资，以满足投资者对不同行业、不同地区、不同资产类别的投资需求。例如，有专门投资于新兴市场的基金，也有专注于清洁能源、医疗健康等特定行业的基金。

（三）ESG 投资

近年来，ESG（环境、社会和治理）投资在海外市场逐渐受到重视。越来越多的基金将 ESG 因素纳入投资决策中，以支持可持续发展和应对气候变化等全球性问题。

（四）被动投资与指数基金

随着被动投资理念的兴起，指数基金在海外市场中的地位日益重要。这些基金旨在复制特定指数的表现，为投资者提供了一种低成本、高效率的投资方式。

此外，海外市场中的基金产品还不断创新，以适应市场的变化和投资者的需求。例如，一些基金推出了定期定额投资计划，帮助投资者实现长期稳健的投资回报。还有一些基金利用区块链技术等新兴科技来提升交易的透明度和安全性。

总之，海外市场中的基金产品种类多样、创新不断，为投资者提供了丰富的选择。然而，投资者在选择基金产品时，也需要充分了解产品的投资策略、风险收益特征以及市场环境等因素，以作出明智的投资决策。

五、海外基金市场发展面临的挑战与机遇

（一）法规差异与合规风险

海外基金市场发展所面临的法规差异与合规风险是投资者在跨境投资时需要重点考虑的因素。

第一，不同国家和地区的法规体系存在显著差异。例如，美国的证券法规严格且详

尽，强调信息披露和投资者保护，而欧洲则更注重跨境监管合作和统一标准。亚洲市场的法规环境则更加多样化，既有像日本、新加坡这样法规成熟的市场，也有法规体系尚待完善的新兴市场。这些差异可能导致基金在运营、投资、信息披露等方面面临不同的要求，增加了合规的难度。

第二，合规风险是海外基金市场发展的重要挑战。由于法规差异，基金在投资过程中可能无意中违反当地法规，导致法律纠纷和财务损失。同时，不同市场的监管力度和执法标准也可能不同，使基金在不同市场的合规风险存在差异。此外，随着金融市场的不断发展和创新，新的法规也可能随时出台，要求基金及时适应和调整。

为了降低法规差异与合规风险，海外基金可以采取以下策略。

1. 深入了解目标市场的法规环境

基金在进入新市场前，应全面了解当地的法规体系、监管要求和市场环境，确保投资决策和运营活动符合当地法规。

2. 建立合规管理体系

基金应建立完善的合规管理体系，包括合规制度、流程、人员培训等方面，确保基金运营和投资活动的合规性。

3. 寻求专业咨询和合作

基金可以寻求当地专业律所、咨询机构等的帮助，获取专业的法规建议和合规支持。同时，与当地市场参与者建立合作关系，也有助于更好地了解市场规则和降低合规风险。

海外基金市场发展所面临的法规差异与合规风险是不可避免的，但通过深入了解目标市场、建立合规管理体系以及寻求专业咨询和合作，基金可以降低这些风险并实现稳健发展。

（二）汇率波动与资产管理风险

海外基金市场发展所面临的汇率波动与资产管理风险是投资者在跨境投资时必须予以关注的重要议题。

第一，汇率波动是海外基金市场面临的一个显著风险。由于海外基金投资于外国资产，其收益和回报会受到不同国家货币汇率变动的影响。当本国货币升值时，海外基金的报告收益可能会因外币资产换算成本国货币时的损失而减少；反之，当本国货币贬值时，报告收益则可能因外币资产换算时的收益而增加。这种汇率的频繁波动使得基金的投资回报变得不确定，增加了投资者的风险敞口。

第二，汇率波动还可能影响海外基金的资本流动。在国际金融市场中，投资者会根据汇率预期调整资金流向。当一国货币汇率较高时，可能吸引更多外国投资者将资金转移到该国，从而增加海外基金的投资规模；反之，当汇率较低时，资金可能会流出，影响基金的流动性和投资策略。

第三，资产管理风险也是海外基金市场不可忽视的一个方面。海外基金通常需要管理大量资金，并在不同的国家和地区进行投资，这就要求基金经理具备全球视野和专业的投资技能。然而，由于不同市场的投资环境、法规制度和文化差异等因素，基金经理在投资决策和资产配置上可能面临诸多挑战。一旦决策失误或配置不当，可能会导致基金资产的损失，甚至引发投资者的信任危机。

为了应对这些风险，海外基金可以采取一系列措施。例如，建立完善的风险管理体系，包括风险识别、评估、监控和报告等环节；采用多元化投资策略，降低单一资产或市场的风险敞口；加强与国际市场的沟通和合作，及时了解并应对市场变化；同时，提高基金经理的专业素质和全球视野，以更好地把握投资机会和管理风险。

因此，海外基金市场发展所面临的汇率波动与资产管理风险是投资者必须认真考虑和应对的重要问题。只有通过建立完善的风险管理体系、提高投资决策水平和加强国际合作等措施，海外基金才能更好地应对这些挑战，实现稳健和可持续的发展。

（三）国际化带来的市场扩张与投资机遇

海外基金市场发展所带来的市场扩张与投资机遇是显而易见的。随着全球化的加速和跨境投资的日益普及，海外基金市场为投资者提供了更广阔的投资空间和更多元化的投资机会。

第一，市场扩张为海外基金带来了更大的发展空间。随着新兴市场的崛起和全球经济的持续增长，海外基金市场的规模不断扩大。投资者可以通过投资海外基金，分享到全球经济增长的红利，实现资产的增值。同时，海外基金市场的竞争也日益激烈，这为投资者提供了更多的选择和更好的服务。

第二，海外基金市场的发展为投资者带来了丰富的投资机遇。海外基金通常投资于全球范围内的股票、债券、商品等多种资产类别，可以实现资产的多元化配置。这种多元化配置不仅可以降低投资风险，还可以提高投资回报。此外，海外基金还可以投资于新兴市场和高成长潜力的行业，为投资者带来更高的投资回报。

第三，海外基金市场的发展也促进了国际资本流动和金融市场互联互通。随着海外基金市场的不断开放和规范化，国际资本可以更加便捷地流动和配置，为各国经济发展提供更多的资金支持。同时，海外基金市场的发展也推动了各国金融市场的互联互通，促进了全球金融市场的一体化和协同发展。

然而，投资者在把握海外基金市场扩张和投资机遇的同时，也需要关注相关风险和挑战。例如，不同国家和地区的法规制度、市场环境、文化差异等都可能给海外基金的投资带来不确定性和风险。因此，投资者在选择海外基金时，需要充分了解基金的投资策略、风险收益特征以及市场环境等因素，作出明智的投资决策。总之，海外基金市场发展所带来的市场扩张与投资机遇为投资者提供了更广阔的投资空间和更多元化的投资机会。投资者可以通过深入了解海外基金市场、选择适合自己的投资产品并合理配置资产，实现资产的增值和风险的降低。

六、海外基金市场发展面临的战略与实践

（一）海外投资布局与资产配置

海外基金市场中的海外投资布局与资产配置是基金投资成功的关键要素。随着全球化的推进和跨境投资渠道的拓宽，越来越多的投资者开始关注海外基金市场，以寻求更广泛的投资机会和资产配置方式。

（1）在海外投资布局方面，基金管理者会根据全球经济形势、市场趋势以及各国政策环境等因素，综合评估不同国家和地区的投资潜力。一般来说，发达经济体如美国、欧洲等地，由于其成熟的市场体系和稳定的投资环境，往往是海外基金的重要投资目标。同时，新兴市场如亚洲、拉丁美洲等地，由于其高速增长的经济潜力和丰富的投资机会，也吸引了越来越多的海外基金关注。

（2）在资产配置方面，海外基金通常会采用多元化的投资策略，以分散投资风险并获取更稳定的收益。具体来说，基金会根据投资目标、风险承受能力以及市场环境等因素，合理配置股票、债券、商品等不同资产类别的比例。同时，基金还会关注不同资产类别之间的相关性，以确保在某一资产类别表现不佳时，其他资产类别能够提供一定的补偿效应。

（3）在海外投资布局与资产配置的过程中，基金管理者还会关注各国的汇率波动、税收政策、法律法规等因素，以确保投资活动的合规性和风险控制。此外，随着科技的进步和大数据的应用，越来越多的海外基金开始利用量化分析、人工智能等技术手段来优化投资策略和资产配置方案。

总之，海外基金市场中的海外投资布局与资产配置是一个复杂而精细的过程，需要基金管理者具备全球视野、专业知识和敏锐的市场洞察力。通过科学的布局和配置，海外基金可以为投资者提供更为广泛和稳定的投资回报。

（二）国际化人才的引进与培养

海外基金市场中的国际化人才引进与培养是一个关键且持续的过程，它对于提升基金公司的全球竞争力、优化投资决策以及适应不断变化的市场环境至关重要。

（1）国际化人才引进是海外基金市场发展的核心驱动力。基金公司积极在全球范围内寻找具备丰富经验和专业技能的国际化人才，他们通常具备深厚的金融知识、出色的投资眼光和跨文化沟通能力。这些人才能够为基金公司带来先进的投资理念、策略和技术，推动基金公司在海外市场取得更好的业绩。在引进国际化人才的过程中，基金公司注重与海外知名高校、研究机构以及金融机构建立合作关系，通过校园招聘、实习项目、人才交流等方式吸引优秀毕业生和业界精英。同时，基金公司还利用社交媒体、招聘网站等渠道广泛宣传自身品牌，提升在国际化人才市场的知名度。

（2）国际化人才培养是海外基金市场持续发展的关键。基金公司注重为引进的国际化人才提供持续的职业发展机会和培训资源。这包括定期举办内部培训、研讨会和分享会，邀请业内专家授课，帮助员工提升专业技能和知识水平。同时，基金公司还鼓励员工参与国际项目、跨境投资等实践活动，以积累实际经验并提升国际视野。

此外，在人才培养方面，基金公司还注重建立激励机制和晋升通道，为优秀员工提供晋升机会和薪酬奖励。这有助于激发员工的工作热情和创造力，促进人才的稳定和发展。

（3）海外基金市场中的国际化人才引进与培养还需要关注跨文化交流和团队建设。基金公司注重培养员工的跨文化沟通能力，帮助他们更好地适应不同国家和地区的市场环境。同时，基金公司还注重打造国际化团队，鼓励员工之间的合作与交流，共同推动海外基金市场的发展。

海外基金市场中的国际化人才引进与培养是一个长期且复杂的过程，需要基金公司在多个方面进行努力。通过引进优秀人才、提供培训资源、建立激励机制和注重跨文化交流等方式，基金公司可以不断提升自身的全球竞争力，为投资者创造更多价值。

（三）跨国合作与信息共享

海外基金市场中的跨国合作与信息共享是推动市场发展的重要驱动力，有助于提升基金公司的运营效率、优化投资策略，并增强市场的整体竞争力。

跨国合作在海外基金市场中扮演着至关重要的角色。基金公司通过与海外合作伙伴建立战略合作关系，共同开展投资研究、资产管理、产品开发等业务，实现资源共享和优势互补。这种合作不仅有助于基金公司拓展海外市场、获取更多的投资机会，还能降低运营成本、提高运营效率。

在跨国合作中，基金公司注重选择合适的合作伙伴，确保双方在业务、文化、价值观等方面具有高度的契合度。通过签署合作协议、建立联合工作小组等方式，双方共同推进合作项目，实现互利共赢。此外，基金公司还积极参与国际行业组织、交流会议等活动，与全球同行建立广泛的联系，分享经验、交流信息，推动海外基金市场的共同发展。

信息共享是跨国合作的重要支撑。基金公司通过与合作伙伴建立信息共享机制，实现投资数据、市场资讯、研究成果等信息的实时共享和互通有无。这有助于基金公司更加全面、准确地把握市场动态和投资机会，提高投资决策的准确性和效率。在信息共享的过程中，基金公司注重保护信息安全和隐私。通过建立严格的信息管理制度，强化加密技术手段，确保共享信息的安全性和保密性。同时，基金公司还加强与合作伙伴之间的沟通与信任，确保双方能够坦诚交流、共同维护信息共享机制的稳定运行。

跨国合作与信息共享的推进也促进了海外基金市场的规范化和透明化。通过加强与国际监管机构的沟通与合作，基金公司能够更好地遵守国际规则和标准，提高市场的整体规范水平。同时，信息共享也有助于减少市场中的信息不对称现象，提高市场的公平性和效率。

总之，海外基金市场中的跨国合作与信息共享是推动市场发展的重要手段。通过加强跨国合作、建立信息共享机制等方式，基金公司能够不断提升自身的竞争力和运营效率，为投资者创造更多价值。同时，这也有助于推动海外基金市场的规范化和透明化进程，促进市场的长期稳定发展。

第二节　中国基金国际化发展

基金国际化是当前基金行业发展的重要趋势，自 2008 年拉开序幕以来，中国公募基金“出海”已过十五载，设立境外子公司已然成为不少基金公司国际化战略的重要一环。中国证监会于 2022 年发布《关于加快推进公募基金行业高质量发展的意见》，明确支持符合条件的基金管理公司“走出去”，依法设立境外子公司，提升服务境外投资者及全球资产配置的能力，这既能够为国内投资者提供全球化投资服务，也有助于海外投资者发掘中国机遇，为中国资本市场引入长期资金。本节将通过对 QFII、QDII、RQFII、合资基金公司、基金互认和沪港通等业务的介绍，描述中国基金业国际化的发展。

一、合格境外机构投资者（QFII）

合格境外机构投资者是我国在资本项目未完全开放的背景下选择的一种过渡性资本市场开放制度。具体来说，其是我国通过制度安排允许符合条件的境外机构投资者汇入一定额度的外汇资金，转换为我国货币，通过境内专门机构严格监管的账户投资境内证券市场，其在境内的资本利得、股息红利等经相关机构审核后方可汇出境外的制度。这一过渡性安排旨在实现在利用外资的同时，又通过外汇管制和宏观调控的手段避免外资对国内证券市场冲击的目标。

我国对 QFII 主体资格的认定、投资额度、投资范围和持股比例、资金管制、托管人资格等几方面作出如下规定：

（1）QFII 主体资格的认定。申请合格境外投资者资格，应当具备下列条件：①申请人的财务稳健，资信良好，达到中国证监会规定的资产规模等条件；②申请人的从业人员符合所在国家或者地区的有关从业资格的要求；③申请人有健全的治理结构和完善的内控制度，经营行为规范，近 3 年未受到监管机构的重大处罚；④申请人所在国家或者地区有完善的法律和监管制度，其证券监管机构已与中国证监会签订监管合作谅解备忘录，并保持着有效的监管合作关系；⑤中国证监会根据审慎监管原则规定的其他条件。

（2）投资额度的规定。国家外汇管理局规定单个合格投资者申请投资额度每次不低于等值 5 000 万美元，累计不高于等值 10 亿美元。

（3）投资范围、持股比例的规定。合格境外机构投资者在经批准的投资额度内，可以投资于下列人民币金融工具：①在证券交易所交易或转让的股票、债券和权证；②在银行间债券市场交易的固定收益产品；③证券投资基金；④股指期货；⑤中国证监会允许的其他金融工具。

（4）资金管制的规定。国家外汇管理局设定禁止 QFII 资金汇出境外的期限，即“投资本金锁定期”。

（5）托管人资格的规定。QFII 基金托管人具有保管合格境外投资者托管的全部资产，办理有关结汇、售汇、收汇、付汇和人民币资金结算业务，监督投资者投资运作等职责。

2002 年 11 月 5 日，经国务院批准，中国证监会和中国人民银行发布了《合格境外机构投资者境内证券投资管理暂行办法》，并于当年 12 月 1 日正式实施。这标志着 QFII 制度在我国正式进入操作阶段。从我国 QFII 机制的内容设计上来看，具有以下特点：

（1）QFII 机制引入时的跳跃式发展；

（2）QFII 准入的主体范围扩大、要求提高；

（3）我国对 QFII 制度的设计内容进行局部调整，特别是针对国外发展比较蓬勃的各类养老基金、慈善基金、保险基金等作了政策上的倾斜，通过降低资格标准、加强资金流动性等方式吸引这类长期机构投资者。

二、合格境内机构投资者（QDII）

合格境内机构投资者是指在国内创立，经过该国相关部门同意从事境外证券市场的股票、债券等业务的投资基金。广义上讲，QDII 基金是在货币没有顺利地自由兑换或者资本项目尚未完全放开的情况下，有限地允许境内投资者去购买境外证券的一项过渡性的制度。

长期以来，出于多方面缘由的思索，我国关于境内投资者从事境外金融资产投资设有严厉的管制措施，因此投资者普遍不被允许也没有渠道停止境外金融资产投资。但考虑到国内市场同国际市场接轨和境内投资者的需求，我国有关部门于多年前开始发放 QDII 资质和额度，并允许有资历的公募基金在境内募集资金，其投资的资产主要有海外债券等。

2006 年 9 月 6 日，国家外汇管理局发布了《关于基金管理公司境外证券投资外汇管理有关问题的通知》，明确了符合规定条件的基金公司可以申请办理境外证券投资业务。2006 年 11 月 2 日，中国第一只试点债券型 QDII 基金——华安国际配置基金发行，初始额度为 5 亿美元。2007 年 6 月 18 日，中国证监会发布了《合格境内机构投资者境外证券投资管理试行办法》，对市场准入、审批程序、境外投资顾问设置、资产托管以及资金运作等方面作出了具体详细的规定。2007 年 9—10 月，首批股票型 QDII 基金发行，作为试点，南方、华夏、嘉实和上投摩根四家基金公司先后推出其首只 QDII 产品。我国的 QDII 基金正式开始投入运行。

我国 QDII 基金产品具有如下特点：（1）QDII 基金的投资范围较为广泛，包括了几乎所有发达国家和绝大部分新兴市场的股票和非对冲基金；（2）QDII 基金的投资组合较为丰富，QDII 基金持有 ETF、FOF、权证期权、股指期货等金融衍生产品；（3）在投资管理过程中，国内基金公司除了借助境外投资顾问的力量外，还可以组成专门的投资团队参与境外投资的整个过程，具有完全的主动决策权，体现出专业性强、投资更为积极主动的特点；（4）QDII 基金产品的门槛较低，大部分金融投资产品认购门槛为几万元甚至几十万元人民币。而 QDII 基金产品起点仅为 1,000 元人民币，适合更为广泛的投资者参与。

三、人民币合格境外机构投资者（RQFII）

RQFII 基金是指合格的人民币境外投资者，这种机制是一种外国专业投资机构到境内投资的资格认定制度。境外的机构投资者在经中国证监会批准之后，并取得我国外汇管理局额度批准，可以运用来自境外的人民币资金进行境内证券投资。RQFII 主要包括境内基金管理公司、证券公司、商业银行、保险公司等香港子公司，或者注册地及主要经营地在香港地区的金融机构，并且在香港证券监管部门取得资产管理业务资格，已经开展资产管理业务。人民币合格投资者可以参与新股发行、可转换债券发行、股票增发和配股的申购。

2011 年 8 月 17 日，时任国务院副总理李克强在港出席论坛时表示，将允许以人民币境外合格机构投资者方式（RQFII）投资境内证券市场，起步金额为 200 亿元人民币。2015 年 12 月 14 日，中国人民银行与阿联酋中央银行签署了在阿联酋建立人民币清算安排的合作备忘录，并同意将人民币合格境外机构投资者（RQFII）试点地区扩大到阿联酋，投资额度为 500 亿元人民币。

四、合资基金管理公司

2002 年 6 月，中国证监会颁布《外资参股基金管理公司设立规则》，正式允许外资参股基金管理公司。2002 年 10 月 16 日，国泰君安证券公司与德国安联集团申请设立的国联安基金管理公司获准筹建，2002 年 12 月 26 日，首家合资基金公司——招商基金管理公司成立。截至 2023 年 6 月底，中国境内共有基金管理公司 144 家。具体来看，外商投资基金管理公司 48 家（包括中外合资和外商独资），内资基金管理公司 96 家。取得公募基金管理资格的证券公司或证券公司资产管理子公司 12 家、保险资产管理公司 1 家。以上机构管理的公募基金资产净值合计 27.69 万亿元。

五、基金互认 沪港通 深港通 债券通

（一）基金互认

基金互认是指允许境外注册并受当地监管机构监管的基金向本地居民公开销售。境外的优秀基金有望在当地公开募集，同理，在当地注册监管的优秀基金也有望进入境外市场。在这种制度下，在一国（地区）监管体系下注册的资金，不需要在另一个国家或地区进行注册，或履行一定简便程序后就可以直接销售。

2015 年 5 月 22 日，中国证监会与香港证监会就正式开展内地与香港基金互认工作签署备忘录，同时发布《香港互认基金管理暂行规定》，标志着内地与香港基金互认工作正

式启动。该规定自2015年7月1日正式实施以来，已有39只香港基金获得中国证券监督管理委员会注册并发售，截至2023年，北上互认基金在内地销售的累计净汇出金额约达170亿元人民币。

（二）沪港通

沪港通指的是上海证券交易所和香港联合交易所允许两地投资者通过当地证券公司（或经纪商）买卖规定范围内的对方交易所上市的股票，是沪港股票市场交易互联互通机制。

沪港通由中国证监会在2014年4月10日正式批复开展互联互通机制试点。证监会指出，沪港通总额度为5,500亿元人民币，参与港股通个人投资者资金账户余额应不低于人民币50万元，港通正式启动需6个月准备时间。自2014年11月17日开通以来，沪港通已平稳运行3年多，交易、登记结算、换汇和公司行为等各项业务处理正常。

2022年5月27日，中国证券监督管理委员会和香港证券及期货事务监察委员会发布《中国证券监督管理委员会 香港证券及期货事务监察委员会 联合公告》，原则同意两地交易所将符合条件的交易型开放式基金（交易所买卖基金）（统一简称ETF）纳入互联互通。ETF被纳入互联互通后，内地和香港投资者可以通过当地证券公司或经纪商买卖规定范围内的对方交易所上市的股票和ETF基金份额。

（三）深港通

深港通是深港股票市场交易互联互通机制的简称，指的是深圳证券交易所和香港联合交易所有限公司建立技术连接，使内地和香港投资者可以通过当地证券公司或经纪商买卖规定范围内的对方交易所上市的股票。2016年12月5日，深港通正式启动。2021年“深港通”成立五年来累计交易金额近42万亿元人民币，年均增长超90%。

（四）债券通

债券通是内地与香港债券市场互联互通的创新合作机制，包括“北向通”和“南向通”。

债券通的概念是在2016年1月提出的。2017年4月11日，国务院总理李克强在会见新晋香港特区行政长官林郑月娥时表示，2017年，中央政府要研究制定粤港澳大湾区发展规划，将推出内地和香港之间的“债券通”，目的就是进一步密切内地与香港的交流合作，继续为香港发展注入新动能。2017年7月3日，“北向通”开通，境内外投资者通过“北向通”可实现在香港买卖内地债券。2021年9月24日，“南向通”上线。截至2023年年底，北向沪股通和深股通下的 ETF 及股票成交总额达 2.04 万亿元；而南向港股通下的 ETF 及股票成交总额为 5,498 亿港元，同时南向港股通净流入 78.93 亿港元。

名词解释

合格境外机构投资者（QFII）　合格境内机构投资者（QDII）　人民币合格境外机构投资者（RQFII）　沪港通　深港通　债券通

思考题

1. 基金国际化的重要性有哪些方面？
2. 海外市场中的基金产品呈现出什么样的趋势？
3. 海外基金市场发展面临的挑战与机遇分别是什么？
4. 我国 QFII 机制的内容设计具有什么样的特点？

第六章　权益投资

第一节　资本结构

资本结构是指企业长期资金的组成方式，它反映了企业各种长期资金来源的比重，主要包括股东权益和债务。股东权益包括普通股和优先股，是企业吸引股东投资的方式，代表了股东在企业中的所有权和权益。债务包括债券和贷款等，是企业吸收外部资金的方式，代表了企业向债权人承担的义务和责任。

一、资本结构的重要性

（1）融资成本：资本结构直接影响了企业的融资成本。一般来说，债务资本的成本通常低于股权资本，因为债务的利息支付可以在企业税前利润中扣除，而股权投资则要求分红等形式的回报。因此，合理配置资本结构可以降低企业的融资成本，提高企业的盈利能力。

（2）财务风险：资本结构直接影响了企业的财务风险水平。债务资本增加会增加企业的财务杠杆效应，加大了财务风险，尤其是在利率上升或经营不佳时，可能导致偿债能力不足，甚至破产。因此，合理控制债务比例，稳健经营是保证企业财务健康的关键。

（3）财务灵活性：资本结构决定了企业的财务灵活性。股东权益资本具有较高的灵活性，不需要定期支付固定利息或本金，有利于企业在经营过程中灵活调整资本结构，应对市场变化。而债务资本通常需要定期支付利息和本金，会限制企业的财务灵活性。

（4）企业价值：合理的资本结构有助于提高企业的价值。通过优化资本结构，降低融资成本、控制财务风险、提高财务灵活性，可以提高企业的盈利能力和竞争力，从而提高企业的价值，为股东创造更大的财富。

二、资本结构的类型

（一）权益资本

1. 普通股

普通股是企业向投资者发行的一种股权证券，代表了股东在企业中的所有权和权益。普通股持有人享有参与企业利润分配、公司治理、权利优先认购新股等权利。普通股的收益来源于股息和股价增长，风险较高，但也具有较高的回报潜力。

2. 优先股

优先股是一种特殊类型的股权证券，具有优先享有股息和资产分配的权利，但通常不具有表决权和转换成普通股的权利。优先股的风险相对较低，收益稳定，适合对稳定收益和风险敏感的投资者。

（二）债务资本

1. 债券

债券是企业向债权人发行的一种债权证券，代表了企业向债权人承诺的债务和偿付责任。债券持有人有权获得固定的利息收入，并在债券到期时收回本金。债券的风险较低，收益相对稳定，适合对收益稳定性要求较高的投资者。

2. 贷款

贷款是企业向银行或其他金融机构借款的一种方式，通常以利率支付利息，并在约定期限内还本。贷款的利率和期限由双方协商确定，可以根据企业的实际需要进行灵活调整。贷款的风险和成本相对较高，但具有较强的灵活性和适应性，适合短期资金需求或临时性融资。

（三）混合资本

除了纯粹的权益资本和债务资本外，企业还可以通过权益和债务的混合方式进行融资，形成混合资本结构。混合资本结构既可以充分利用权益资本和债务资本各自的优势，又可以平衡二者的风险和成本，提高企业的融资效率和灵活性。常见的混合资本形式包括优先股债券、可转换债券等。

（四）其他资本形式

除了上述常见的资本结构类型外，还存在一些其他形式的资本，如优先股权证、股票期权、可交换债券等。这些资本形式通常具有较高的创新性和灵活性，可以根据企业的特殊需要和市场条件进行定制和调整。

综上所述，企业可以根据自身的经营特点、行业环境和市场条件，选择合适的资本结构类型，以实现最佳的融资效果和财务目标。在确定资本结构时，需要综合考虑权益和债务资本的特点、风险和收益，并根据企业的发展阶段和财务状况进行科学合理的配置。

三、影响资本结构的因素

资本结构是企业长期资金的组成方式，影响着企业的财务风险、融资成本和财务灵活性。企业的资本结构不仅受到内部因素的影响，如公司规模、盈利能力等，还受到外部因素的影响，如行业特性、市场条件等。

（一）内部因素

1. 公司规模

公司规模是影响资本结构的重要因素之一。通常情况下，规模较大的企业在融资时更容易获得债务资本，因为它们具有更高的信用评级和更多的抵押物品，能够提供更多的担保，降低债务成本。而规模较小的企业通常更依赖于股权融资，因为它们的债务能力和信用评级相对较低。

2. 盈利能力

企业的盈利能力直接影响其融资能力和资本结构。盈利能力强的企业通常更倾向于使用内部融资或权益融资，因为它们有足够的盈利来支持未来的发展和扩张，不需要过多依赖债务融资。相反，盈利能力较弱的企业可能更依赖于外部融资，但需要承担较高的债务风险。

3. 成长性

企业的成长性对其资本结构选择有重要影响。处于快速成长阶段的企业通常更倾向于选择权益融资，以支持其扩张和投资，而不愿意承担过多的债务风险。相反，成熟期或衰退期的企业可能更倾向于选择债务融资，以优化资本结构和降低融资成本。

4. 现金流状况

企业的现金流状况直接影响其资本结构的选择和调整。现金流充足的企业通常更倾向于选择内部融资或权益融资，因为它们有能力通过自身资金支持经营和投资活动，不需要过度依赖外部融资。相反，现金流不足的企业可能更依赖于外部融资，但需要注意控制债务水平，以避免财务风险。

5. 税务影响

税务政策对企业的资本结构选择产生重要影响。在许多国家，债务融资具有税收优惠，因为利息支出可以在企业税前利润中扣除，而权益融资则需要缴纳股利税。因此，企业可能倾向于选择债务融资来降低税负，从而优化资本结构。

（二）外部因素

1. 行业特性

不同行业的特性对企业的资本结构选择产生重要影响。例如，资本密集型行业通常更倾向于选择债务融资，因为资本支出较大，债务融资可以降低融资成本和财务风险。相反，高科技行业通常更倾向于选择权益融资，因为其业务模式较为不稳定，不适合承担过多的债务风险。

2. 市场条件

市场条件对企业的资本结构选择产生直接影响。在经济繁荣时期，债务市场通常较为活跃，企业更容易获得廉价的债务资本，因此可能更倾向于选择债务融资。相反，在经济衰退时期，债务市场可能收紧，企业可能更倾向于选择权益融资或内部融资，以降低融资成本和财务风险。

3. 法律法规

法律法规对企业的资本结构选择产生重要影响。例如，一些国家可能规定企业必须保持一定比例的权益资本，以确保企业的财务稳健性，增强企业抵御风险的能力。此外，金融监管部门对债务资本的监管和限制也会影响企业的资本结构选择。

综上所述，影响资本结构的因素包括内部因素和外部因素两个方面。企业在选择和调整资本结构时，需要综合考虑这些因素的影响和相互关系，以实现最佳的融资效果和财务目标。

四、资本结构的优化和管理

资本结构的优化和管理是企业财务管理中的重要内容，涉及如何合理配置权益和债务资本，降低融资成本、财务风险，并提高财务灵活性。在这方面，企业需要考虑内外部因素，制定相应的策略和措施，以实现资本结构的最优化。

（一）资本结构的优化

1. 调整权益和债务比例

企业可以通过调整权益和债务比例来优化资本结构。通常情况下，债务资本的成本低于股权资本，但债务风险较高。企业可以根据自身的财务状况和市场条件，合理配置权益和债务资本，以降低融资成本和财务风险。例如，在经济景气时期，企业可以适度增加债务资本，利用低息率来降低融资成本；而在经济衰退时期，企业可能需要减少债务比例，以降低财务风险。

2. 优化债务结构

企业可以通过优化债务结构来降低融资成本和财务风险。债务结构的优化包括选择合适的债务工具、优化债务期限和利率结构等。例如，企业可以选择不同类型的债券，如长期债券、短期债券或可转换债券，以满足不同的融资需求和投资者偏好；同时，企业可以通过利率互换等金融工具来管理债务利率风险，降低融资成本。

3. 提高内部融资能力

企业可以通过提高内部融资能力来降低对外部融资的依赖，从而降低融资成本和财务风险。内部融资包括利润留存、资产处置、股权转让等方式。企业可以通过提高盈利能力、优化资产结构和加强资产管理，提高内部融资的规模和效率，从而降低对外部融资的需求。

4. 管理现金流

现金流管理对资本结构的优化至关重要。企业应该合理规划现金流，确保资金的充足和有效利用。例如，企业可以通过优化营运资本管理、改善资产负债结构、加强资金监控等方式，提高现金流的稳定性和灵活性，降低融资成本和财务风险。

（二）资本结构的管理

1. 设立明确的资本结构目标

企业应该设立明确的资本结构目标，包括债务比例、财务杠杆水平、融资成本等指标，以指导资本结构管理和优化。这些目标应该与企业的战略目标和风险偏好相一致，确保资本结构的稳健性和适应性。

2. 强化内外部沟通

资本结构管理需要内外部各方的密切合作和沟通。内部方面，企业管理层和财务部门应该与业务部门、投资者等部门密切合作，共同制定和执行资本结构管理策略。外部方面，企业应该与银行、投资机构、证券交易所等外部机构保持密切联系，获取最新的融资信息和市场动态，为资本结构管理提供支持和参考。

3. 定期评估和调整

企业应该定期评估资本结构的效益和风险，及时调整管理策略和措施。评估内容包括资本结构的稳定性、融资成本、财务灵活性等方面，评估方法包括财务分析、风险管理等。根据评估结果，企业可以及时调整债务比例、优化债务结构、提高内部融资能力等，以实现资本结构的持续优化和管理。

4. 风险管理和应对措施

资本结构管理需要注意风险管理和应对措施。企业应该识别、评估和管理各种资本结构风险，包括债务风险、利率风险、流动性风险等。针对不同的风险，企业可以采取多种应对措施，如设立风险管理委员会、购买风险管理工具、建立应急储备等，确保资本结构的稳健性和可持续性。

综上所述，资本结构的优化和管理是企业财务管理中的重要内容，涉及内外部因素的综合考虑和管理。企业应该根据自身的特点和市场条件，制定相应的资本结构管理策略和措施，以实现资本结构的最优化和长期稳健。通过优化资本结构，企业可以降低融资成本和财务风险，提高财务灵活性，从而增强其竞争力和盈利能力。

第二节　权益类证券

一、股票的基本概念和特征

（一）股票的基本概念

股票是公司为筹集资金而发行给公众的一种证券，代表了股东在公司中的所有权和权益。购买股票意味着成为公司的股东，享有相应的权利，包括参与公司治理、分享利润、权益优先认购等。

（1）股票的发行：公司通过公开发行或私募发行的方式向投资者发行股票，以筹集资金用于扩大生产、投资项目等目的。发行股票的公司称为上市公司，其股票可以在证券交易所或场外交易市场上进行买卖。

（2）股票的种类：股票可以根据其特点和权利分配方式分为普通股和优先股两种。普通股是公司发行的一种普通股权证券，股东享有一般的权利和义务；优先股是具有优先分红权和优先清偿权的一种特殊股权证券，股东享有优先权利，但通常不享有表决权。

（3）股票的交易：股票可以在证券交易所或场外交易市场上进行买卖交易，根据市场供求关系和投资者预期形成价格。股票交易的基本方式包括现货交易和衍生品交易，投资者可以根据自身需求和风险偏好选择合适的交易方式。

（二）股票的基本特征

股票具有一些独有的特征，这些特征反映了股票作为一种金融工具的基本属性和功能，对投资者和公司都具有重要意义。

（1）所有权证明：股票代表了投资者在公司中的所有权和权益，股东拥有公司的一部分所有权，并享有相应的权利。这些权利包括参与公司治理、分享利润、权益优先认购等。

（2）风险和收益共享：股票投资涉及一定的风险和收益。由于股票价格波动较大，投资者可能获得丰厚的回报，但也可能遭受损失。股票投资的收益取决于公司的经营状况和市场环境，具有不确定性。

（3）流动性强：股票具有较强的流动性，投资者可以随时买卖股票，根据市场情况和个人需要进行调整。这种流动性使得股票成为投资者首选的金融工具之一，也为投资者提供了灵活的投资选择。

（4）权益表决：普通股股东具有参与公司治理的权利，可以参加股东大会，并就重大事项进行表决。表决权是股东参与公司经营决策和监督的重要手段，反映了股东在公司治理中具有一定影响力。

（5）分红权和增值潜力：作为公司的股东，投资者有权分享公司的利润。公司根据盈利情况决定是否分配股利，股东可获得相应的分红收入。此外，股票投资还具有增值潜力，如果公司业绩持续增长，股票价格可能上涨，投资者可通过卖出股票获得资本收益。

综上所述，股票作为一种金融工具，具有重要的基本概念和特征。它代表了投资者在公司中的所有权和权益，具有风险和收益共享、流动性强、权益表决、分红权和增值潜力等特征。股票投资是投资者参与资本市场的重要方式之一，投资者可以通过股票投资获得丰厚的回报，同时也面临着一定的市场风险。因此，投资者在进行股票投资时需要认真分析公司的基本面和市场情况，制定合理的投资策略，以实现稳健的投资收益。

二、不同类型的股票及其特点

股票作为一种重要的金融工具，在资本市场中扮演着至关重要的角色。根据不同的特点和权利分配方式，股票可以分为多种类型，主要包括普通股、优先股、特种股等。

（一）普通股

普通股是公司发行的一种普通股权证券，代表了股东在公司中的普通所有权和权益。普通股股东享有一般的权利和义务，包括参与公司治理、分享利润、权益优先认购等。

（1）参与公司治理：普通股股东具有参与公司治理的权利，可以参加股东大会，并就重大事项进行表决。

（2）分享利润：普通股股东有权分享公司的利润，公司根据盈利情况决定是否分配股利，股东可获得相应的分红收入。

（3）增值潜力：普通股投资具有增值潜力，如果公司业绩持续增长，股票价格可能上涨，投资者可通过卖出股票获得资本收益。

（二）优先股

优先股是具有优先分红权和优先清偿权的一种特殊股权证券，相对于普通股具有更高的优先权利，但通常不享有表决权。

（1）优先分红权：优先股股东在分配股利时享有优先权，即在普通股股东之前优先分红，确保优先股股东能够在分红时获得一定的收益。

（2）优先清偿权：在公司清算时，优先股股东有权优先清偿其投资本金和应得的股利，优先于普通股股东。

（3）无表决权：通常情况下，优先股不享有表决权，即不能参与公司治理，其权利主要集中在分红和清偿方面。

（三）特种股

特种股是指具有特殊权利和约束条件的一种股权证券，其权利和义务与普通股和优先股有所不同，主要根据公司需求和投资者需求设计。

（1）特殊权利：特种股可以根据公司和投资者的需求，具有特殊权利，如转换权、优先认购权、优先清偿权等。

（2）灵活性：特种股的设计相对灵活，可以根据公司的融资需求和市场条件进行定制，满足不同的投资者需求和偏好。

（3）高度定制化：特种股的权利和约束条件可以根据公司和投资者的协商达成一致，具有较高的定制化程度，可以实现双方利益最大化。

（四）其他类型的股票

除了普通股、优先股和特种股外，还存在一些其他类型的股票，如可转换债券、优先股权证、股票期权等。这些股票类型具有较高的创新性和灵活性，可以根据企业的特殊需要和市场条件进行定制和调整。

综上所述，股票作为一种重要的金融工具，根据不同的特点和权利分配方式，可以分为多种类型，主要包括普通股、优先股、特种股等。每种类型的股票都具有独特的特点和优势，投资者可以根据自身需求和风险偏好选择合适的股票投资方式，实现长期稳健的投资收益。

三、可转换债券、存托凭证（ADR、GDR）等其他权益类证券

（一）可转换债券（convertible bonds）

可转换债券是一种具有债务和股权特征的混合性金融工具，它允许债券持有人在一定期限内将债券转换为发行公司的普通股。可转换债券的持有人在债券到期前可以选择将债券转换为公司的普通股，从而分享公司的未来增值和利润。可转换债券的特点包括：

（1）双重特性：可转换债券既具有债务特性，即债券持有人有权获得固定的利息收益和偿还本金，又具有股权特性，即债券持有人有权将债券转换为公司的普通股。

（2）弹性转换：可转换债券持有人在一定期限内可以根据市场条件和个人需求选择是否转换债券为普通股，具有一定的弹性和选择性。

（3）风险与收益：可转换债券的持有人可以享受固定的利息收益，同时也有机会分享公司的增值潜力，但在转换为普通股后也可能会面临股票价格波动的风险。

（二）存托凭证（ADR、GDR）

存托凭证（american depositary receipt，ADR）和全球存托凭证（global depositary receipt，GDR）是在境外市场上交易的外国公司股票的代表证券，为投资者提供了便利的境外投资渠道。存托凭证的特点包括：

（1）跨境投资：ADR 和 GDR 允许投资者在境外市场上交易外国公司的股票，无须直

接参与境外交易所，为投资者提供了便利的境外投资渠道。

（2）结构简单：ADR 和 GDR 的结构相对简单，通常由境外托管银行发行，代表了一定数量的外国公司股票，方便投资者进行交易和结算。

（3）不同类型：ADR 和 GDR 根据发行地点和交易市场的不同，可以分为不同类型，如 Level Ⅰ ADR、Level Ⅱ ADR、Level Ⅲ ADR 等，投资者可以根据自身需求和投资偏好选择合适的类型进行投资。

（三）其他权益类证券

除了可转换债券和存托凭证外，还存在一些其他类型的权益类证券，如优先股权证、股票期权、战略配售证券等。这些证券具有多样化的特点和功能，为投资者提供了更广泛的投资选择。

综上所述，可转换债券、存托凭证（ADR、GDR）等其他权益类证券是在金融市场中常见的一种重要金融工具，它们具有独特的特点和功能，为投资者提供了多样化的投资选择。投资者可以根据自身的需求和风险偏好选择合适的证券进行投资，实现长期稳健的投资收益。

四、风险与收益评估

投资权益类证券是金融市场中常见的一种重要投资方式，包括股票、可转换债券、存托凭证等。在投资权益类证券时，投资者需要认识到其潜在的风险与收益，并进行评估和把握。

（一）风险评估

1. 市场风险

（1）观经济因素：宏观经济因素对股票市场有重要影响，如经济增长、通货膨胀率、利率政策等。经济不稳定或政策调整可能导致股票市场波动，增加投资风险。

（2）行业因素：不同行业面临的市场竞争、技术变革等因素不同，行业发展不确定性也会影响相关股票的价格波动。

（3）公司因素：公司的经营状况、财务状况、管理水平等因素会直接影响股票价格。不良的公司业绩或管理团队可能导致股票价格大幅下跌，增加投资风险。

2. 单一股票风险

（1）个别股票风险：投资单只股票时，面临着该公司特有的风险，如经营风险、财务风险、法律风险等。公司业绩不佳、财务造假、法律诉讼等因素可能导致该股票价格大幅下跌，增加投资风险。

（2）行业集中风险：投资者过度集中在某个行业或板块的股票时，可能受到该行业或板块整体市场波动的影响，增加投资风险。

3. 市场流动性风险

某些股票或市场可能存在流动性较差的情况，即买卖双方难以迅速成交，可能导致投资者无法及时买卖股票，增加投资风险。

4. 汇率风险（针对存托凭证等跨境投资工具）

存托凭证等跨境投资工具面临着汇率波动风险，即外币资产价值受到本国货币汇率变化的影响，可能导致投资者的本币价值损失，增加投资风险。

（二）收益评估

1. 股票投资收益

（1）股价增长：股票投资的主要收益来源之一是股价的增长。投资者购买股票后，如果公司业绩持续增长，市场预期积极，股票价格可能上涨，投资者可通过卖出股票获得资本收益。

（2）股息收益：除了股价增长外，股票投资的另一种收益来源是股息收益。部分公司会定期向股东分配利润，投资者可以获得相应的股息收益。

2. 可转换债券投资收益

（1）利息收入：可转换债券持有人可以获得固定的利息收入，即使债券未转换为股票，也可以享受固定的利息收益。

（2）转换收益：如果公司股价上涨，可转换债券持有人可以选择将债券转换为股票，享受未来股价上涨所带来的增值收益。

3. 存托凭证投资收益

（1）股票价值收益：存托凭证代表的是外国公司的股票，投资者可以通过存托凭证的交易获得外国公司股票的价值增值收益。

（2）分红收益：一些外国公司向存托凭证持有人定期支付股息，投资者可以获得相应的分红收益。

（三）评估方法与策略

（1）多元化投资：通过投资不同行业、不同地区、不同类型的股票和权益类证券，分散投资风险，提高投资组合的稳健性和收益水平。

（2）定期复查和调整：定期审查投资组合的配置，根据市场情况和个人风险偏好调整投资组合，及时应对投资风险。

（3）深入研究和分析：对公司基本面、行业前景、市场趋势等因素进行深入研究和分析，通过量化和定性分析评估投资目标的风险与收益，制定相应的投资策略和决策。

（4）使用投资工具：利用金融衍生品如期权、期货等进行对冲，降低投资风险。同时，可以利用指数基金、交易所交易基金（ETF）等投资工具快速分散投资，降低单一股票风险。

（5）控制杠杆和仓位：谨慎使用杠杆，控制投资仓位，避免因过度杠杆或过大仓位而带来的巨大风险。合理规划仓位分配，确保投资组合的风险和收益平衡。

（6）保持冷静和理性：在投资过程中，保持冷静和理性，避免受到市场情绪和短期波动的影响，不盲目跟风操作，坚持长期价值投资理念，以实现长期稳健的投资收益。

（7）风险管理与资产配置：根据个人的风险承受能力和投资目标，合理配置资产，平衡投资组合中不同类型资产的比例，降低整体投资组合的风险水平。

（8）寻求专业建议：对于不确定的投资决策或市场情况，可以寻求专业投资顾问或金融专家的建议，获取专业的投资意见和策略，提高投资决策的准确性和效率。

通过以上评估方法和策略，投资者可以更加全面地了解投资权益类证券的风险与收益，作出合理的投资决策，实现长期稳健的投资收益。同时，投资者应该始终保持谨慎和理性的态度，根据市场情况和个人风险偏好进行灵活调整，以应对不断变化的投资环境，最大限度地实现投资目标。

第三节　股票分析方法

一、基本面分析

基本面分析是股票投资中常用的一种分析方法，通过研究公司的财务状况、经营业绩等基本面指标来评估其价值和未来发展潜力，帮助投资者作出投资决策。基本面分析通常包括公司财务分析、经营业绩分析、行业比较分析、评估方法与策略等内容。

（一）公司财务分析

1. 财务报表分析

（1）资产负债表：分析公司资产负债表可以了解公司的资产结构和负债情况，包括现金流、固定资产、长期负债等，评估公司的财务稳定性和偿债能力。

（2）损益表：分析公司损益表可以了解公司的营业收入、成本、利润等情况，评估公司的盈利能力和经营状况。

（3）现金流量表：分析公司现金流量表可以了解公司的现金流入流出情况，评估公司的经营活动、投资活动和筹资活动情况，判断公司的现金流动性和偿债能力。

2. 财务比率分析

（1）资本结构比率：包括负债比率、资产负债率等，评估公司资本结构的合理性和稳健性。

（2）盈利能力比率：包括毛利率、净利率、净资产收益率（ROE）等，评估公司的盈利水平和经营效益。

（3）偿债能力比率：包括流动比率、速动比率、利息保障倍数等，评估公司的偿债能力和债务风险。

（二）经营业绩分析

（1）营收增长：分析公司营业收入的增长情况，了解公司的市场竞争力和产品销售情况。

（2）利润增长：分析公司净利润的增长情况，了解公司的盈利能力和经营效益。

（3）现金流量情况：分析公司的现金流入流出情况，了解公司的盈利质量和现金管理能力。

（三）行业比较分析

（1）行业地位：比较公司与行业内其他企业的地位和规模，了解公司在行业内的竞争优势和市场地位。

（2）行业增长：分析行业的整体发展趋势和增长前景，评估公司所处行业的市场机会和竞争挑战。

（3）行业风险：评估行业内的各种风险因素，包括政策风险、技术风险、市场风险等，了解行业的整体风险水平。

（四）评估方法与策略

（1）综合评估：综合考虑公司财务状况、经营业绩和行业比较等多方面因素，评估公司的综合实力和投资价值。

（2）长期视角：基本面分析注重长期投资价值，对公司的财务状况和经营业绩进行深入分析，寻找具有长期增长潜力的优质股票。

（3）风险控制：基本面分析也需要关注公司的风险因素，如财务风险、经营风险、行业风险等，制定相应的风险控制策略，降低投资风险。

（4）定期复查：定期审查公司的财务报表和经营业绩，及时更新分析结果，根据市场情况和个人风险偏好调整投资策略。

通过以上基本面分析的内容和方法，投资者可以全面了解公司的财务状况、经营业绩和行业地位，从而作出科学合理的投资决策，实现长期稳健的投资收益。

二、技术分析

技术分析是股票市场中常用的一种分析方法，通过对股价走势、成交量等图表数据的分析，预测股票未来的价格走势和市场趋势，帮助投资者作出投资决策。技术分析主要包括趋势分析、形态分析、量价分析、技术指标分析等内容。

（一）趋势分析

（1）趋势线：趋势线是技术分析中常用的工具之一，通过连接股价走势中的高点或低点，可以形成上升趋势线和下降趋势线，帮助投资者识别股票的主要趋势方向。

（2）趋势判断：根据趋势线的走势和斜率，可以判断股票的主要趋势是上升、下降还是横盘，从而帮助投资者把握市场的主要走势。

（3）趋势转折：当趋势线出现突破或反转时，可能预示着市场趋势的转折，投资者可以根据趋势线的突破和反转情况调整投资策略。

（二）形态分析

（1）图表形态：技术分析中常用的图表形态包括头肩顶、头肩底、双顶、双底等，这些形态反映了市场情绪和供需关系的变化，帮助投资者判断股票价格的未来走势。

（2）形态识别：通过观察股价走势图表，识别出各种图表形态的出现情况，可以判断市场的买卖力量和市场情绪，从而作出投资决策。

（三）量价分析

（1）成交量分析：成交量分析是技术分析中重要的一部分，成交量反映了市场交易的活跃程度和买卖力量，通过观察成交量的变化，可以判断市场趋势的强弱和转折。

（2）量价关系：股价与成交量之间存在着一定的关系，当股价上涨时成交量也应该相应增加，反之亦然。如果股价上涨而成交量下降，可能预示着市场力量不足，股价可能出现反转。

（四）技术指标分析

（1）移动平均线：移动平均线是技术分析中常用的指标之一，通过计算股价的平均值，可以平滑股价走势图表，帮助投资者识别股票的主要趋势方向和支撑压力位。

（2）相对强弱指标（RSI）：RSI 指标是一种衡量股票买卖力量的指标，通过计算股价涨跌幅度的比率，可以判断市场的超买超卖情况，帮助投资者把握市场的买卖时机。

（五）评估方法与策略

（1）综合分析：综合考虑趋势分析、形态分析、量价分析和技术指标分析等多方面因素，评估股票的走势和市场趋势，制定相应的投资策略。

（2）长短结合：技术分析既可以用于短期交易，也可以用于长期投资。投资者可以根据自身的投资目标和风险偏好，灵活运用技术分析方法，制定适合自己的投资策略。

（3）风险控制：在进行技术分析时，投资者应注意控制风险，设置止损点和止盈点，合理规划仓位，避免因过度交易或过度杠杆而带来的风险。

通过以上技术分析的内容和方法，投资者可以更加全面地了解股票的走势和市场趋势，从而作出科学合理的投资决策，实现长期稳健的投资收益。

三、宏观经济分析

宏观经济分析在股票投资中起着至关重要的作用，它研究宏观经济环境对股票市场的影响，帮助投资者理解宏观经济状况和趋势，预测股票市场的走势，制定相应的投资策略。宏观经济分析主要包括经济周期、货币政策、财政政策、国际贸易和地缘政治等方面的内容。

（一）经济周期

（1）扩张期：在经济扩张期，经济增长强劲，企业盈利增长，股票市场通常表现良好，投资者可加大股票配置。

（2）景气顶峰：当经济达到顶峰时，可能出现经济增长放缓和通货膨胀上升的迹象，股票市场可能出现震荡或下跌，投资者应警惕市场风险。

（3）收缩期：在经济衰退期，经济增长停滞或下降，企业盈利下降，股票市场通常表现疲软，投资者可以减少股票配置，加大防御性资产配置。

（4）恢复期：当经济开始复苏时，股票市场可能迎来反弹行情，投资者可以逐步增加股票配置，把握市场机会。

（二）货币政策

（1）利率政策：中央银行通过调整利率政策来影响货币供应量和信贷环境，进而影响经济活动和股票市场。降低利率通常刺激经济增长和提振股票市场，而提高利率则可能抑制经济和股票市场。

（2）货币供应：货币政策还包括对货币供应量的调控，如量化宽松和紧缩政策。货币供应量的增加通常会提振股票市场，而货币供应的紧缩可能会打压股票市场。

（三）财政政策

（1）政府支出：政府通过财政政策来调整税收和支出，影响国民经济总体需求和投资环境。扩张性财政政策通常会刺激经济增长和股票市场，而紧缩性财政政策可能会抑制经济和股票市场。

（2）财政赤字：政府财政赤字可能会导致债务水平上升和通货膨胀风险增加，对股票市场造成负面影响。

（四）国际贸易

（1）外贸政策：国际贸易政策的调整可能会影响国际贸易环境和跨国公司的业绩，进而影响股票市场。贸易保护主义可能会导致贸易摩擦和供应链中断，对股票市场造成不利影响。

（2）汇率变动：汇率的波动可能会影响跨国公司的盈利和竞争力，对股票市场造成影响。汇率贬值可能会提振出口企业盈利和股票市场，而汇率升值可能会打压出口企业盈利和股票市场。

（五）地缘政治

（1）政治稳定：地缘政治的不稳定因素可能会引发市场恐慌和投资者情绪波动，影响股票市场。地缘政治的紧张局势可能会导致市场风险偏好下降，股票市场可能表现疲软。

（2）地缘冲突：地缘冲突可能会导致供应链中断、资源价格上涨等不利影响，对股票市场造成负面影响。

（六）评估方法与策略

（1）综合分析：综合考虑宏观经济环境的各种因素，如经济周期、货币政策、财政政策、国际贸易和地缘政治等，评估股票市场的整体走势和风险水平。

（2）长期视角：宏观经济分析注重长期投资价值，投资者应该从长期的角度来看待宏观经济环境对股票市场的影响，避免因短期波动而盲目操作。

（3）风险控制：在进行宏观经济分析时，投资者应注意控制风险，合理配置资产，分散投资，避免因市场波动而造成巨额损失。

通过以上宏观经济分析的内容和方法，投资者可以更好地理解宏观经济环境对股票市场的影响，把握市场走势，制定相应的投资策略，实现长期稳健的投资收益。

四、行业分析

行业分析在股票投资中扮演着重要的角色，它帮助投资者深入了解特定行业的发展趋势、竞争格局和投资机会，从而制定相应的投资策略。行业分析主要包括行业发展趋势、市场规模与结构、竞争格局与关键成功因素、投资机会与风险、评估方法与策略等方面的内容。

（一）行业发展趋势

（1）市场增长率：分析行业的市场增长率，了解行业的整体发展趋势和市场规模。高增长率可能意味着市场潜力大，但也可能伴随着激烈的竞争和风险。

（2）技术创新：关注行业内的技术创新和发展趋势，了解行业的技术水平和未来发展方向。技术创新可能会带来新的增长点和竞争优势，影响行业的竞争格局和市场地位。

（3）政策环境：关注政府政策对行业的影响，包括行业准入门槛、监管政策等。政策的变化可能会对行业的发展和竞争格局产生重大影响。

（二）市场规模与结构

（1）行业市场规模：了解行业的市场规模和增长趋势，判断行业的发展潜力和市场竞争程度。大市场规模可能意味着更多的机会，但也可能伴随着更激烈的竞争。

（2）行业结构：分析行业内各个参与者的市场份额和地位，了解行业的竞争格局和主要参与者。行业结构的变化可能会影响行业的盈利能力和竞争优势。

（三）竞争格局与关键成功因素

（1）竞争者分析：分析行业内各个竞争者的实力和策略，了解行业的竞争格局和市场地位。竞争者的实力和行为可能会对行业的发展和市场份额产生重大影响。

（2）关键成功因素：确定影响行业竞争力和成功的关键因素，包括技术创新、品牌知名度、渠道网络等。了解关键成功因素可以帮助投资者评估企业的竞争优势和投资价值。

（四）投资机会与风险

（1）投资机会：根据行业分析的结果，发现行业内的投资机会和潜在增长点，选择具有潜力的优质企业进行投资。投资者可以关注行业内的领军企业和成长型企业，把握行业的发展机遇。

（2）风险因素：了解行业内存在的风险因素，包括市场竞争、技术变革、政策风险等。投资者应审慎评估行业的风险水平，避免因行业风险而造成损失。

（五）评估方法与策略

（1）综合分析：综合考虑行业发展趋势、市场规模、竞争格局和投资机会等多方面因素，评估行业的整体情况和投资价值。

（2）行业周期：了解行业的周期性特征，选择适合行业发展阶段的投资策略。投资者可以根据行业的周期性特征，灵活调整投资组合，把握不同阶段的投资机会。

（3）深入研究：对特定行业进行深入研究和分析，了解行业内的发展动态和关键变化，发现投资机会和风险点。投资者应该持续关注行业的动态，及时调整投资策略，应对市场变化。

通过以上行业分析的内容和方法，投资者可以更好地理解特定行业的发展趋势和竞争格局，把握行业内的投资机会，制定相应的投资策略，实现长期稳健的投资收益。

第四节　股票估值方法

一、相对估值法

相对估值法是股票投资中常用的一种估值方法，通过比较公司的市盈率、市净率等指标与同行业或整个市场的平均水平，来评估股票的估值水平和投资价值。相对估值法主要包括市盈率法、市净率法等。

（一）市盈率法

市盈率（P/E ratio）是指股票的市场价格与每股盈利（即每股收益）之比，它是衡量股票估值水平的重要指标之一。市盈率法通过比较公司的市盈率与同行业或整个市场的平均水平，来评估股票的估值情况。

（1）市盈率计算：市盈率可分为静态市盈率和动态市盈率。静态市盈率是指当前股价与最近一期的每股收益之比，而动态市盈率则是指当前股价与未来一段时间内的预期每股收益之比。

（2）市盈率分析：投资者可以将公司的市盈率与同行业或整个市场的平均水平进行比较，判断股票的估值水平。如果公司的市盈率低于行业或市场平均水平，可能意味着股票被低估，具有投资价值；反之，如果市盈率高于行业或市场平均水平，可能意味着股票被高估，投资风险较大。

（二）市净率法

市净率（P/B ratio）是指股票的市场价格与每股净资产之比，它也是一种常用的估值指标。市净率法通过比较公司的市净率与同行业或整个市场的平均水平，来评估股票的估值情况。

（1）市净率计算：市净率是指公司的市值（市场价格乘以总股本）与净资产之比。净资产是指公司的资产减去负债，也称为股东权益。

（2）市净率分析：投资者可以将公司的市净率与同行业或整个市场的平均水平进行比较，判断股票的估值水平。如果公司的市净率低于行业或市场平均水平，可能意味着股票被低估，具有投资价值；反之，如果市净率高于行业或市场平均水平，可能意味着股票被高估，投资风险较大。

（三）其他相对估值指标

除了市盈率和市净率外，还有一些其他相对估值指标，如市销率（P/S ratio）、股息率（dividend yield）等，它们也可以用于评估股票的估值水平。

（1）市销率：市销率是指股票的市场价格与每股销售收入之比，它可以用于评估公司的营业收入和市值之间的关系。

（2）股息率：股息率是指公司的年度股息与股票市价之比，它可以反映公司向股东分配利润的程度。

(四) 相对估值法的优缺点

(1) 相对估值法的优点：相对估值法简单易懂，能够快速评估股票的估值水平和投资价值；能够比较不同行业或不同公司之间的估值差异，发现投资机会。

(2) 相对估值法的缺点：相对估值法忽略了公司的具体业务和财务状况，可能会忽略一些重要的信息和风险因素；受市场情绪和波动影响较大，可能存在一定的误差。

通过以上相对估值法的内容和方法，投资者可以更好地评估股票的估值水平和投资价值，辅助自己作出科学合理的投资决策，实现长期稳健的投资收益。

二、投资者预期法

(一) 概述

投资者预期法是一种基于未来现金流的估值方法，它假设资产的价值取决于其未来所产生的现金流量。该方法要求投资者对资产未来的现金流做出合理的预测，并将这些未来现金流折现到现值，以计算资产的当前价值。

(二) 核心原理

(1) 未来现金流预测：投资者首先需要对资产未来的现金流进行合理的预测。这包括对未来收入、成本、税收等因素进行分析，以确定资产在未来时期内所产生的现金流量。

(2) 折现率确定：确定合适的折现率非常重要，因为它直接影响到现值的计算结果。折现率通常由资产的风险水平和市场利率等因素决定，投资者可以根据资产的特性和市场情况来确定折现率。

(3) 现值计算：将预测的未来现金流量按照折现率进行折现，得到每个时间点上的现值，然后将所有现值加总，即可得到资产的当前价值。

(三) 步骤与方法

(1) 确定未来现金流：投资者首先需要分析资产的经营情况、行业前景等因素，以确定未来现金流的大小和持续时间。这通常需要建立一个预测模型，考虑各种可能的情景和假设。

(2) 确定折现率：确定资产的适当折现率是投资者预期法中的关键步骤之一。折现率应该考虑到资产的风险水平、市场利率、通货膨胀率等因素，并根据具体情况进行调整。

（3）计算现值：将预测的未来现金流按照折现率进行折现，得到每个时间点上的现值，然后将所有现值加总，即可得到资产的当前价值。

（四）优缺点分析

（1）投资者预期法的优点：考虑了资产未来现金流的全部信息，能够提供相对准确的估值结果；能够灵活应对不同情景和假设；具有较高的灵活性和适应性，可以根据具体情况调整折现率和预测假设，更加贴近实际情况。

（2）投资者预期法的缺点：对未来现金流的预测需要大量的信息和分析，存在一定的不确定性和风险；对折现率的确定较为敏感，不同的折现率可能导致不同的估值结果，需要投资者具有较强的分析能力和经验，以保证预测的准确性和可靠性。

（五）实例

假设投资者希望估算一家公司未来 5 年的现金流，并以此计算其当前价值。该公司的预期现金流分别为：第一年 100 万元，第二年 120 万元，第三年 140 万元，第四年 160 万元，第五年 180 万元。假设折现率为 10%，根据投资者预期法，可以按照以下步骤进行计算：

（1）计算现值：

第一年现值 $=100/(1+0.10)=90.91$（万元）

第二年现值 $=120/(1+0.10)^2=99.17$（万元）

第三年现值 $=140/(1+0.10)^3=107.57$（万元）

第四年现值 $=160/(1+0.10)^4=116.13$（万元）

第五年现值 $=180/(1+0.10)^5=124.85$（万元）

（2）将所有现值加总：

$90.91+99.17+107.57+116.13+124.85=538.63$（万元）

根据以上计算，该公司的未来现金流的现值总计为 538.63 万元。这就是该公司的当前价值，投资者可以将这一估值结果与市场价格进行比较，以判断是否值得投资。

通过以上对投资者预期法的详细介绍，投资者可以更好地了解这一估值方法的原理、步骤和应用，从而在实际投资中更加准确地评估资产的价值和投资机会，作出更加理性的投资决策。

三、市场定价模型

（一）市场定价模型概述

市场定价模型是一种用于估值的数学模型，它基于市场上的风险与回报之间存在的关系，通过对资产的风险进行量化分析，来估算资产的合理价格。市场定价模型通常包括对资产收益率的预测和对风险因素的考虑。

（二）资本资产定价模型（CAPM）

资本资产定价模型（capital asset pricing model，CAPM）是市场定价模型中的一种经典模型，它是由马科维茨（Markowitz）、雪球（Sharpe）、莫森尼（Lintner）等在20世纪60年代提出的。CAPM模型通过建立资产收益率与市场风险的线性关系，来估算资产的合理期望收益率。

1. CAPM模型的基本假设

（1）投资者具有理性预期，追求最大化效益；

（2）资本市场是完全有效的，投资者可以充分获取市场信息；

（3）投资者之间不存在税收和交易成本；

（4）投资者可以进行无风险借贷和无限制的短卖。

2. CAPM模型的数学表达式为：

$$E(R_i) = R_f + \beta_i \times [(E(R_m) - R_f] \quad (6-1)$$

其中，$E(R_i)$表示资产（i）的期望收益率；R_f表示无风险利率；$E(R_m)$表示市场组合的期望收益率；β_i表示资产（i）的贝塔系数，衡量资产相对于市场组合的风险敞口。

3. CAPM模型的应用

（1）估算资产的期望收益率：通过CAPM模型可以估算资产的合理期望收益率，作为投资决策的参考依据。

（2）评估投资组合的风险与回报：投资者可以利用CAPM模型对投资组合的风险和预期回报进行评估和优化，以实现风险与回报的最优平衡。

（3）评估投资项目的风险调整后回报率：CAPM模型可以用于评估投资项目的风险调整后回报率，帮助投资者判断投资项目的吸引力和可行性。

（三）优缺点分析

1. CAPM 模型的优点

（1）简单易用：CAPM 模型的计算方法简单明了，便于投资者快速进行估值分析和决策。

（2）考虑了风险因素：CAPM 模型通过贝塔系数的引入，能够较为准确地衡量资产的风险敞口，考虑了风险对资产收益率的影响。

（3）可比性强：CAPM 模型适用于各种类型的资产，具有较强的普适性和可比性。

2. CAPM 模型的缺点

（1）假设限制：CAPM 模型基于一系列理想化的假设，如完全有效的市场和无限制的短卖，与实际情况存在一定差距。

（2）风险调整：CAPM 模型只考虑了市场风险对资产收益率的影响，未考虑非系统风险的影响，可能存在一定的偏差。

（3）数据要求高：CAPM 模型对数据的要求较高，需要准确的历史数据和市场信息，对于新兴行业或少数数据的资产，可能难以适用。

除了 CAPM 模型外，市场定价模型还包括其他一些常用的模型，如股票评估模型（stock valuation models）、企业估值模型（enterprise valuation models）等。这些模型根据资产的特点和市场情况，可以选择合适的模型进行估值分析和决策支持。

在实际应用中，投资者需要根据具体情况选择合适的市场定价模型，并结合其他估值方法进行综合分析，以准确评估资产的价值和投资机会，作出科学合理的投资决策。

四、混合估值方法

混合估值方法是一种综合运用多种估值方法进行股票估值的策略。它通过结合不同的估值方法，利用各自的优势和补充性，以及相互之间的交叉验证，从而提高对股票价值的准确性和可靠性。

（一）混合估值方法的应用

（1）综合分析：将基本面分析、技术分析和市场定价模型等多种估值方法进行综合分析，综合考虑股票的内在价值、市场情况和投资者预期，从而提高估值的准确性和可靠性。

（2）交叉验证：通过不同估值方法的交叉验证，比较各自的估值结果和差异，找出估值结果的一致性和偏差，进一步提高估值的可信度。

（3）动态调整：随着市场情况和投资者预期的变化，及时调整混合估值方法的权重和参数，以适应不同的市场环境和投资策略。

（二）混合估值方法的优势

（1）综合性：能够充分利用多种估值方法的优势和补充性，全面考虑股票的内在价值和市场情况。

（2）可靠性：通过交叉验证和动态调整，能够提高估值结果的准确性和可信度，降低估值的偏差和风险。

（3）灵活性：能够根据不同的市场情况和投资需求，灵活调整估值方法的组合和权重，实现更好的投资效果。

（三）混合估值方法的实践

（1）研究公司和行业基本面，进行财务分析和行业分析，了解公司的内在价值和成长潜力。

（2）结合技术分析，研究股票价格走势和交易量等技术指标，捕捉市场短期波动和投资机会。

（3）使用市场定价模型，分析资产的风险敞口和预期收益率，评估股票的合理价值和投资机会。

（4）结合实际情况和投资目标，动态调整混合估值方法的权重和参数，优化投资组合，实现长期稳健的投资收益。

通过以上混合估值方法的应用和实践，投资者可以更全面地评估股票的价值和投资机会，制定科学合理的投资策略，实现长期稳健的投资收益。

名词解释

资本结构　普通股　优先股　可转换债券　存托凭证　基本面分析　技术分析　宏观经济分析　行业分析　相对估值法　市盈率　市净率　投资者预期法　市场定价模型　混合估值方法

思考题

1. 资本结构的重要性体现在哪些方面?
2. 资本结构的类型包括哪些?
3. 影响资本结构的因素有哪些?
4. 股票的基本特征是什么?
5. 普通股与优先股有什么区别与联系?
6. 投资权益类证券的评估方法与策略是什么?
7. 基本面分析包括哪些内容?
8. 技术分析包括哪些内容?
9. 宏观经济分析包括哪些内容?
10. 行业分析包括哪些内容?
11. 相对估值法的优缺点。
12. 投资者预期法的优缺点。
13. 市场定价模型的优缺点。

第七章　固定收益投资

第一节　债券与债券市场

一、债券

债券是由政府和公司等社会经济主体发行的债务凭证。债券发行者有义务以一定利率定期支付利息，并在到期日偿还本金。如果债券的发行者不能按规定还款，那么债券的持有者（投资者）就可以对债券发行者的资产行使索偿权。只有债券的预期收益足以补偿其风险时，投资者才会选择购买该债券。

债券的价格反映了投资者对债券未来收益的现值预期。影响债券价格的因素主要有利率、信用水平、流动性等。由各种期限债券的交易价格所形成的收益率曲线是社会经济中一般金融产品收益水平的基准。

从债券的定义可以看出，债券规定的资金借贷双方的权责关系主要有以下三个方面：所借贷货币资金的数额、借贷的时间、在借贷时间内的资金成本或应有的补偿。债券作为证明债权债务关系的凭证，一般以有一定格式的票面形式来表现，在通常情况下，债券的票面形式包含以下四个要素。

（1）票面价值。债券的票面价值是债券票面标明的货币价值，是债券发行者承诺在债券到期日偿还给债券持有人的金额。票面价值的大小不但会产生不同的发行成本，也会影响相应的投资对象，例如，票面金额太小，虽然可以降低投资者参与的门槛，但债券的发行成本较大；而如果票面金额太大，虽然降低了发行成本，但投资者的参与门槛较高，对投资者的资产要求较高。因此，需要根据债券的发行对象、资金供给情况及债券发行费用等因素综合考虑。

（2）到期期限。到期期限是指债券从发行日起至偿清本息之日止的时间，也是债券发行者承诺履行合同义务的全部时间。发行者在确定债券期限时，要考虑多种因素的影响包括资金使用方向、市场利率变化、债券的变现能力等。

（3）票面利率。票面利率也称名义利率，是债券年利息与债券票面价值的比率，通常年利率用百分比表示。票面利率是债券票面要素中不可缺少的内容，主要与借贷资金市场利率水平、筹资者的资信水平、债券的期限等因素有关，并且票面利率在债券的约定期限内是固定的。需要注意的是，票面利率与市场利率可能不同，但是，票面利率一般设定在市场利率附近或和市场上已存的债券票面利率相当。

（4）发行者名称。该要素明确了债券的债务主体，既明确了债券发行者应履行对债权人偿还本息的义务，又为债权人到期追溯本金和利息提供了依据。

当然，上述四个要素虽然是债券票面的基本要素，但在发行时并不一定全部在票面上印制出来。例如，在很多情况下，债券发行者是以公告或条例形式向社会公布债券的期限和利率。此外，一些债券还包含有其他要素，如还本付息方式。债券的付息方式是指发行者在债券有效期内，一次或按一定的时间间隔分次向债券持有人支付利息的方式。债券按付息方式划分，主要有贴现债券、零息债券、附息债券、固定利率债券和浮动利率债券。

贴现债券指债券券面上不附有息票，发行时按规定的折扣率，以低于债券面值的价格发行，到期按面值支付本息的债券。贴现债券的发行价格与其面值的差额即为债券的利息。零息债券指债券到期时和本金一起一次性付息、利随本清，也可称为到期附息债券。付息有两个特点：一是利息一次性支付，二是债券到期时支付。我国发行的无记名国债一般属于零息国债。附息债券指债券券面上附有息票的债券，是按照债券票面载明的利率及支付方式支付利息的债券。息票上标有利息额、支付利息的期限和债券号码等内容。持有人可从债券上剪下息票，并据此领取利息。记账式无纸化附息债券无息票，可凭证券账户在分期付息的付息日期内领取利息。附息国债的利息支付方式一般是在偿还期内按期付息，如每半年或一年付息一次。固定利率债券就是在偿还期内利率固定的债券。浮动利率债券是指利率可以变动的债券，其利率通常根据市场基准利率加上一定的利差来确定。债券市场是指债券发行、认购与交易的活动的总称。

债券是投资者向政府、公司或金融机构提供资金的债权债务合同，该合同载明发行者在指定日期支付利息并在到期日偿还本金的承诺，其要素包括期限、面值与利息、税前支付利息、求偿等级、限制性条款，抵押与担保及选择权（如赎回与转换条款），这些要素使得债券具有与股票不同的特征。

（1）股票一般是永久性的，因而是无须偿还的；而债券是有期限的，到期日必须偿还本金，且每半年或一年支付一次利息，因而对于公司来说若发行过多的债券就可能资不抵债而破产，而公司发行越多的股票，其破产的可能性就越小。

（2）股东从公司税后利润中分享股利，而且股票本身增值或贬值的可能性较大；债券持有者则从公司税前利润中得到固定利息收入，而且债券面值本身增值或贬值的可能性不大。

（3）在求偿等级上，股东的排列次序在债权人之后，当公司由于经营不善等原因破产时，债权人有优先取得公司财产的权利，其次是优先股股东，最后才是普通股股东。但通常，破产意味着债权人要蒙受损失，因为剩余资产不足以清偿所有债务，这时债权人实际上成了剩余索取者。尽管如此，债权人无权追究股东个人资产。同时，债券按索取权的排列次序也区分为不同等级，高级债券是指具有优先索取权的债券，而低级或次级债券是指索取权排名于一般债权人之后的债券，一旦公司破产清算时，先偿还高级债券，然后才偿还次级债券。

（4）限制性条款涉及控制权问题，如第一节所说，一方面股东可以通过投票来行使剩余控制权，而债权人一般没有投票权，但他可能要求对大的投资决策有一定的发言权，这主要表现在债务合同常常包括限制经理及股东职责的条款，如在公司进行重大的资产调整时要征求债权人的意见；另一方面在公司破产的情况下，剩余控制权将由股东转移到债权人手中，债权人有权决定是清算公司还是重组公司。

（5）权益资本是一种风险资本，不涉及抵押担保问题；而债务资本可要求以某一或某些特定资产作为保证偿还的抵押，可以提供超出发行人通常信用地位之外的担保，这实际上降低了债务人无法按期还本付息的风险，即违约风险或称信用风险。

（6）在选择权方面，股票主要表现为可转换优先股和可赎回优先股，而债券则更为普遍。一方面多数公司在公开发行债券时都附有赎回条款，在某一预定条件下，由公司决定是否按预定价格（一般比债券面值高）提前从债券持有者手中购回债券；另一方面，许多债券附有可转换性，这些可转换债券在到期日或到期日之前的某一期限内可以按预先确定的比例（称为转换比率）或预先确定的价格（称为转换价格）转换成股票。

二、债券的分类

债券的种类繁多，按发行主体不同可分为政府债券、公司债券和金融债券三大类，而各类债券根据其要素组合的不同又可细分为不同的种类。

（一）政府债券

政府债券是指中央政府、政府机构和地方政府发行的债券，它以政府的信誉作保证，因而通常无须抵押品，其风险在各种投资工具中是最小的。

1. 中央政府债券

中央政府债券是财政部发行的以国家财政收入为保证的债券，也称为国家公债。其特点首先表现为一般不存在违约风险，故又称为“金边债券”；其次是可享受税收优惠，其利息收入可豁免所得税。在美国，国债按期限可分为1年以内的短期国库券、1—10年的中期国债和10—30年的长期国债，前者属货币市场工具，是一种贴现证券，后者属资本市场工具，是一种票息证券，通常是每6个月付息，到期偿还本金。此外，按是否与物价挂钩，国债可分为固定利率公债和保值公债。前者在发行时就确定名义利率，投资者得到的真实利率取决于投资期的通货膨胀率，而后者的本金则随通货膨胀指数作调整，利息是根据调整后的本金支付的，因而不受通货膨胀影响，可以保护债券的价值。

2. 政府机构债券

在美国、日本等不少国家，除了财政部外，一些政府机构也可发行债券。这些债券的收支偿付均不列入政府预算，而是由发行单位自行负责。有权发行债券的政府机构有两种：一种是政府部门机构和直属企事业单位，如美国联邦住宅和城市发展部下属的政府全国抵押协会（GNMA）；另一种是虽然由政府主办却属于私营的机构，如联邦全国抵押贷款协会（FNMA）和联邦住宅抵押贷款公司（FHLMC）。这些政府有关机构或资助企业具有某些社会功能，它们通过发行债券的经济部门增加信贷资金以及降低融资成本，其债券最终由中央政府做后盾，因而信誉也很高。

3. 地方政府债券

在多数国家，地方政府都可以发行债券，这些债券也是由政府担保，其信用风险仅次于国债及政府机构债券，同时也具有税收减免特征。若按偿还的资金来源可分为普通债券和收益债券两大类。普通债券是以发行人的无限征税能力为保证来筹集资金用于提供基本的政府服务，如教育、治安、防火、抗灾等，其偿还列入地方政府的财政预算。收益债券则是为了给某一特定的营利建设项目（如公用电力事业、自来水设施、收费公路等）筹资而发行的，其偿付依靠这些项目建成后的营运收入。

（二）公司债券

公司债券是公司为筹措营运资本而发行的债券，这类债券要求不管公司业绩如何都应优先偿还其固定收益，否则将在相应破产法的裁决下寻求解决，因而其风险小于股票，但比政府债券高。公司债券的种类很多，按不同的标准可分为不同的种类：按抵押担保状况分为信用债券、抵押债券、担保信托债券和设备信托证。

（1）信用债券是完全凭公司信誉，不提供任何抵押品而发行的债券。其持有者的求偿权排名在有抵押债权人对抵押物的求偿权之后，对未抵押的公司资产有一般求偿权，即和其他债权人排名相同。发行这种债券的公司必须有较好的声誉，一般只有大公司才能发行而且期限较短，利率较高。

（2）抵押债券也称固定抵押公司债，是以土地、房屋等不动产为抵押品而发行的一种公司债。如果公司不能按期还本付息，债权人有权处理抵押品，以资抵偿。在以同一不动产为抵押品多次发行债券时，应按发行顺序分为第一抵押债券和第二抵押债券，前者对抵押品有第一置留权，首先得到清偿；后者只有第二置留权，只能待前者清偿后，用抵押品的剩余款偿还本息。

（3）担保信托债券是以公司特有的各种动产或有价证券为抵押品而发行的公司债券，也称流动抵押公司债。用作抵押品的证券必须交由受托人保管，但公司仍保留股票表决及接受股息的权利。

（4）设备信托证是指公司为了筹资购买设备并以该设备为抵押品而发行的公司债券。发行公司购买设备后，即将设备所有权转交给受托人，再由受托人以出租人的身份将设备租赁给发行公司，发行公司则以承租人的身份分期支付租金，由受托人代为保管及还本付息，到债券本息全部还清后，该设备的所有权才转交给发行公司。这种债券常用于铁路、航空或其他运输部门。

三、债券市场

债券市场是一国金融体系中不可或缺的部分。债券市场有助于将个人、公司和政府部门的闲置资金转移给那些需要进行债务融资的公司和政府部门。成熟的债券市场是一个国家金融市场的基石，能为金融体系提供巨大的流动性，为政府、金融机构、工商企业等机构提供筹措资金的便利渠道，为全社会投资者提供低风险的投资工具，同时是传导中央银行货币政策的重要载体。根据不同的分类标准，债券市场可分为不同的类别，最常见的分类有以下几种。

（1）根据债券的运行过程和市场的基本功能，可将债券市场分为发行市场和流通市场。

债券发行市场又称一级市场，是发行单位初次出售新债券的市场。发行市场是整个债券市场的源头，是债券流通市场的前提和基础。

债券流通市场又称二级市场，指已发行债券买卖转让的市场。债券一经认购，即确立了一定期限的债权债务关系，但通过债券流通市场，投资者可以转让债权，把债券变现。债券发行市场和流通市场相辅相成，是互相依存的整体。

（2）根据市场组织形式，债券流通市场又可进一步分为场内交易市场和场外交易市场。

场内交易市场是在证券交易所内买卖债券所形成的市场。证券交易所是专门进行证券买卖的场所，如我国的上海证券交易所和深圳证券交易所。这种市场组织形式是债券流通市场中较为规范的形式，交易所作为债券交易的组织者，本身不参加债券的买卖和价格的决定，只是为债券买卖双方创造条件，提供服务，并进行监管。

场外交易市场是在证券交易所以外进行证券交易的场所。柜台市场为场外交易市场的主要形式。许多证券经营机构都设有专门的证券柜台，通过柜台进行债券买卖。此外，场外交易市场还包括银行间交易市场，以及一些机构投资者通过电话、电脑等通信手段形成的市场等。目前，我国债券流通市场由三部分组成，即沪深证券交易所市场、银行间交易市场和证券经营机构柜台交易市场。

（3）根据债券发行地点的不同，债券市场可以划分为国内债券市场和国际债券市场。国内债券市场的发行者和发行地点同属一个国家，而国际债券市场的发行者和发行地点不属于同一个国家。

（4）根据发行债券所用货币与发行地点的不同，国际债券又可分为外国债券和欧洲债券。

外国债券是指借款人在其本国以外的某一个国家发行的、以发行地所在国的货币为面值的债券。例如，在美国发行的外国债券（美元）称为扬基债券；在日本发行的外国债券（日元）称为武士债券。

欧洲债券是借款人在债券票面货币发行国以外的国家或在该国的离岸国际金融市场发行的债券，即债券发行者、发行地以及面值货币分别属于三个不同的国家。例如，法国一家机构在英国债券市场上发行的以美元为面值的债券即欧洲债券。

第二节　债券价值分析

如果投资的对象是债券，估计未来现金流的工作相对简单一些。因为多数债券的票面利率是固定的，只需要按照固定的利率计算定期支付的利息即可。如果买进债券以后一直持有到债券期满，最后一期的现金流就是利息加上债券面值。需要费些时间的是确定适当的贴现率。一般债券的贴现率根据债券的信用等级确定。因此，信用评级在债券价值确定的过程中尤为重要。如果知道了债券的未来现金流、债券的贴现率以及持有期限，就有了计算债券价值的公式。

根据未来现金流的不同，债券价值的计算公式有以下几种。

第一，到期一次性支付本息的债券。其价值计算公式为：

$$P_B = \frac{A}{(1+r)^n} \tag{7-1}$$

其中，P_B 为债券的价格；A 为债券到期时的本利和；r 为贴现率；n 为债券到期前的剩余期限。需要注意的是，在这里，我们采用的是复利计息的方式。

第二，定期付息、到期还本的债券。这是一种最常见的债券形式，其价值计算公式为：

$$P_B = \sum_{t=1}^{n} \frac{C}{(1+r)^t} + \frac{M}{(1+r)^n} \tag{7-2}$$

其中，C 为定期支付的利息；M 为债券的面值。例如，现在发行票面额为 100 元，每年按年率 8% 付息，每年付息 1 次，10 年还本的债券。假如市场利率升到 9%，那么这张债券的价格应当只有 93.5 元；或者说，若按面值推销，则无人愿意购买。

如果投资人在债券尚未到期时出售债券，则上述公式需要改写为：

$$P_B = \sum_{t=1}^{n} \frac{C}{(1+r)^t} + \frac{P}{(1+r)^n} \tag{7-3}$$

其中，P 为出售债券时的价格。在使用这个公式时，困难在于估计未来出售债券时的价格。

第三，定期付息、没有到期日的债券，这种债券又称永续债。对持有人来说，这类债券意味着永久性的定期收入。在票面利率固定的情况下，每期的现金流是同样的。其价值计算公式可以写为：

$$p_B = \frac{C}{r} \tag{7-4}$$

从债券价值的计算公式中可以看到，影响债券价格波动的因素主要是贴现率，也就是利率的变化。当然，不同的期限、不同的票面利率也会对债券价格变化产生影响。例如，期限越长、票面利率越低的债券，其价格变化对利率变动越敏感。如果其他因素不变，债券的价格也会随到期日的临近逐渐地接近面值。

关于期限对于债券价格利率敏感性的影响，可以举例看一下。假定有三张面值为

1,000 元，年收入为 60 元（即利率相当于 6%）的债券，分别是 1 年期到期还本付息的债券、10 年期每年付息到期还本的债券和无期限的永续债，在市场利率为 4%、6%、8%时，它们的市场价格如表 7－1 所示。

表 7－1　　依据利率形成的债券市价　　单位：元

债券种类	按下列市场利率计算的债券市场价格		
	6%	4%	8%
1 年期债券	1,000.00	1,019.23	941.48
10 年期债券	1,000.00	1,162.22	865.80
永续债	1,000.00	1,500.00	750.00

在表 7－1 中，当市场利率与债券名义利率相等时，市场价格与面值一致；当市场利率下降时，债券市价的上升幅度依偿还期限的短长依次增大；当市场利率上升时，债券市价的下降幅度依偿还期限的短长也依次增大。这表明证券的期限越长，其价格的利率敏感度就越大。因此，投资于长期的证券，其价格变动风险大于投资于短期证券。相应地，长期债券的利率就要高一些，以补偿投资者所承担的风险。这体现了风险与收益相匹配的道理。

第三节　货币市场工具

一、货币市场概念

货币市场是一年期及一年期以内的短期金融工具交易所形成的供求关系及其运行机制的总和。货币市场的活动主要是为了保持资金的流动性，以便随时可以获得现实的货币。短期金融工具的交易，一方面满足了资金需求者短期资金的需要，另一方面也为资金盈余者暂时闲置的资金提供获取盈利机会的出路。同时，短期金融工具还为中央银行实施货币政策提供操作手段。这些短期金融工具一般期限较短，最短的只有一天，最长的也不超过一年，较为普遍的是 3—6 个月。正因为这些工具期限短，可随时变现，有较强的货币性，所以短期金融工具又有“准货币”之称。

相对于其他类型的金融市场，货币市场主要有以下三个方面的特征。首先，货币市场没有固定、统一的集中交易场所，是一个无形市场。货币市场是一个通过电话和计算机进行交易的市场，市场参与者通过遍及全国和全球的计算机、电话等通信工具安排交易。例如，在我国同业拆借市场，中国人民银行制定的《同业拆借管理办法》规定，所有拆借交易必须在全国统一的同业拆借网络中进行。其次，货币市场中的大多数交易在机构之间进行，资金借贷数额都很大，动辄就会有数百万元至上千万元的交易产生，因此货币市场经常被称为货币“批发市场”。例如，我国银行间债券市场的交易额一般都在1,000万元以上。由于货币市场的参与者需要借取巨额资金，因此，其交易费用比所支付的利息相对低廉。巨大的初始交易面值使得众多的个人投资者无法直接投资于货币市场金融产品。但是，个人投资者可以通过购买货币市场基金的方式间接参与货币市场。最后，货币市场的金融产品流动性强、风险小、收益低。金融产品的流动性是指金融产品以合理的价格在市场上流通转让及变现的能力。货币市场中的金融产品一般都存在较发达的二级市场，投资者可以通过二级市场进行迅速快捷的买卖交易，有些金融产品甚至还可以在其未到期之前通过贴现等方式实现提前兑现。与此同时，由于货币市场产品都是短期的，影响货币市场产品价格发生变化的因素在短期内一般不会发生太大的波动，因此短期金融产品价格波动的风险非常小。另外，参与货币市场交易的大多是信誉较高的机构，违约风险也较低。也正是由于货币市场期限短、风险小，所以对应的收益率也相对较低。

二、货币市场参与主体

货币市场的参与者主要包括政府、中央银行、企业、商业银行及其他金融机构等。政府可以通过发行货币市场产品（如短期国债、中央银行票据等）进行预算赤字融资；公司通过发行货币市场产品来筹集短期资金，用于其目前的经营或扩大经营；金融机构发行货币市场产品并打包贷款给家庭或者公司，从而成为家庭购买汽车、住房，企业投资厂房、机器设备的融资桥梁；政府和企业还可以通过发行新的货币市场产品用于到期货币市场产品的支付。这样，虽然货币市场产品的期限短，但也能作为长期融资使用。总之，货币市场产品促进了家庭、企业和政府支出，从而为经济增长融通了资金。一般情况下，个人无法直接参与到货币市场的交易中，但却可以通过货币市场基金等渠道间接进行货币市场产品的交易。

三、货币市场工具

（一）票据和票据市场

在货币市场中使用的票据有商业票据和银行承兑票据两类。银行承兑票据是在商业票据的基础上产生的。票据交易的市场称为票据市场。

商业票据，是一种最古老的金融工具，源于商业信用。它是工商业者之间由于信用关系形成的短期无担保债务凭证的总称。典型的商业票据产生于商品交易中的延期支付，有商品交易的背景。但商业票据只反映由此产生的货币债权债务关系，并不反映交易的内容。因为交易行为已经完结，商品已经过户，这叫作商业票据的抽象性或无因性。相应的特征则是不可争辩性，即只要证实票据不是伪造的，付款人就应该根据票据所载条件付款，无权以任何借口拒绝履行义务。此外，商业票据的签发不需要提供其他保证，只靠签发人的信用。因此，商业票据能否进入金融市场，要视签发人的资信度而定。但在商业票据中，除了具有交易背景的票据外，还有大量并无交易背景而只是单纯以融资为目的发出的票据，通常叫作融通票据。相对于融通票据，有商品交易背景的票据称为真实票据。

在西方，18 世纪后期到 19 世纪前期，曾围绕银行对这两种票据所应采取的态度展开过长期的争论。后面讲到银行业务和货币创造问题时均会涉及这一问题。与真实票据不同的是，当今的融通票据，金额多为大额整数，以方便交易。融通票据的发行者多为大型工商业公司及金融公司。在发达市场经济国家的商业票据市场上，目前大量流通的是融通票据。非金融机构的公司发行期限在 1 年以内的商业票据，其购买者多为商业银行、投资银行等金融机构，也有非金融机构类企业。融通票据的票面金额已经标准化。

在商业票据的基础上，由银行允诺在票据到期时由银行履行支付义务的行为，是银行承兑票据。票据由银行承兑，信用风险相对较小。银行承兑须由付款人申请，并应于到期前把应付款项交给银行。对于这项业务，银行收取手续费。需要注意的是，在发达市场经济国家，银行承兑汇票的发行人大多是银行自身。由于一些国家（如美国）规定银行出售银行承兑汇票的收入无须缴纳存款准备金，这就鼓励了大量银行及其他金融机构进行银行承兑汇票的买卖。

（二）央行票据

中央银行票据（central bank bill）简称央行票据或者央票，是中央银行向商业银行发行的短期债务凭证，其目的是调节商业银行的超额准备金。中央银行票据其实是一种中央银行债券，之所以称作中央银行票据，是为了突出其短期性特征。

中央银行票据与金融市场上其他类型的债券有着显著区别：发行各类债券的目的是筹集资金，而中央银行票据则是中央银行调节基础货币的一项货币政策工具，其目的是减少商业银行的可贷资金规模。商业银行在认购中央银行票据的同时，其可贷资金规模将会相应减少。

中央银行票据主要采用回购交易方式，回购交易分为正回购和逆回购两种。正回购为中央银行向一级交易商卖出有价证券，并约定在未来特定日期买回有价证券的交易行为，正回购意味着中央银行从市场收回流动性；逆回购为中央银行向一级交易商购买有价证券，并约定在未来特定日期将有价证券卖给一级交易商的交易行为，逆回购意味着中央银行向市场上投放流动性。

在我国，中央银行票据的发行始于20世纪90年代初。1993年，中国人民银行发布《中国人民银行融资券管理暂行办法实施细则》，当年就发行了总金额为200亿元的两期融资券，其主要目的是调节地区和金融机构间的资金不平衡。2003年4月22日，中国人民银行正式通过公开市场操作发行了中央银行票据。此后，作为调控基础货币的新形式，中国人民银行在公开市场上连续滚动发行3个月、6个月及1年期央行票据。2004年12月29日，中国人民银行首次发行远期票据。2005年1月4日首次公布全年票据发行时间表，中央银行票据被确定为常规性货币政策工具。

自2006年以来，中国人民银行通过发行定向票据来控制商业银行的信贷增长，被发行对象往往是信贷增长过快的商业银行。2008年12月13日，根据国务院公布的“国家三十条”，停发3年期中央银行票据，降低1年期和3个月期央行票据发行频率。自2009年6月以来，为了控制银行信贷的快速增长，中国人民银行在银行间市场重新启动正回购操作，随后也重启发行1年期央行票据，同时还向部分商业银行发行惩罚性的定向央行票据。2015年10月，为了丰富离岸市场人民币金融产品，中国人民银行首次在海外（英国伦敦）发行以人民币计价的央行票据。2019年6月26日，在香港发行两期人民币央行票据。2019年1月24日，为了提升银行永续债的流动性，支持银行通过发行永续债补充资本，中国人民银行决定创设央行票据互换工具（central bank bills swap，CBS），并分别于2月20日和6月27日开展了两次操作。

（三）回购协议

回购（repurchase 或 repo）指的是交易的一方在出售证券的同时，和证券的购买方签订协议，承诺在一定期限后按原定价格或约定价格购回所卖证券，从而获取即时可用资金的一种交易行为。从本质上说，回购协议是一种以证券为抵押物的抵押贷款。因此，相对于无担保信用方式的拆借交易，回购协议风险更低。

逆回购（reverse repurchase）是指交易的一方从对方购入证券时承诺在将来某一天将所购证券卖给对方。由于所有的回购协议交易双方都是相互对应的，因此一项交易既可以称为回购协议，也可以称为逆回购协议。一项既定的交易，从证券卖出者的角度看是回购协议，而从证券买入方的角度则称为逆回购协议。一项交易是回购交易还是逆回购交易，一般取决于交易由哪一方发起。

中国银行间市场交易商协会于2013年1月21日对外发布《中国银行间市场债券回购交易主协议（2013年版）》，树立了债券回购市场的“中国标准”。其在核心机制安排上，通过建立买断式回购单一协议和终止净额等机制，为有效防范金融市场区域性、系统性风险进行了制度探索。

与2000年和2004年发布的协议相比，2013年版的回购交易主协议具有如下特点：

首先，合并原有两份回购主协议，为市场成员的签署和使用提供了便利。银行间市场的两种回购机制——质押式回购与买断式回购具有共同的交易目的和类似的交易结构，由一份主协议管辖更有利于市场成员防范交易对手风险。

其次，多边加双边的签署方式，保证回购交易的平稳过渡。目前，我国回购市场的参与主体涵盖了我国绝大多数金融机构类型，包括银行、信用社、证券公司、基金、保险和非金融机构等，参与者数量超过2200家。为保证交易的平稳过渡，同时赋予市场成员自主谈判的空间，新回购主协议采用了多边加双边的签署方式。

再次，完善违约事件认定与处理机制，切实保障交易成员的合法权益。随着银行间市场发展的逐渐深入，市场化程度大幅提升，市场参与者信用差距不断拉大，市场环境逐渐复杂。在此背景下，债券回购市场呈现信用风险不断累积的趋势。原来两份主协议中对违约事件和终止事件的认定处理较为简单，仅限于支付和交付义务的违约，且对于违约事件的认定和处理缺乏详细的规定，市场成员在操作过程中缺少明确指导。

最后，引入国际通行的核心机制，丰富对手方信用风险管理手段。新版回购主协议参考NAFMII（中国银行间市场交易商协会）主协议和国际通行回购主协议的做法，根据中国法律制度和回购市场发展的实际特点，在买断式回购中引入单一协议和终止净额制度。这些核心机制除了提高支付效率外，还赋予了守约方在违约方发生破产等违约情形后提前终止全部买断式回购交易，并按照净风险敞口进行轧差后支付相关款项的权利。另外，核心机制还具有降低金融交易的风险，特别是破产情况下因破产管理人的条件履行权等引起的相关风险的功能，是金融交易领域一项重要的风险防范机制。

（四）同业拆借市场

同业拆借市场是货币市场的主要子市场，也是中央银行制定和实施货币政策的重要载体，该市场起源于存款准备金制度的建立。在存款准备金制度下，为保证商业银行的存款支付能力和控制商业银行的信用扩张能力，所有接受存款的商业银行都必须按存款余额计提一定比例的存款准备金，作为不生息的支付准备金存入中央银行，以确保资产具有足够的流动性。然而，商业银行在日常经营活动中，存款余额随时都在发生变动，不可能要求商业银行时时刻刻保持在中央银行存款准备金账户上的余额恰好等于法定准备金。一部分商业银行的实际准备金超过法定存款准备金，造成银行资金闲置和相应的利息收入的损失；而另一部分商业银行的实际准备金又低于法定存款准备金的要求，在出现有利的投资机会而银行又无法筹集到所需资金时，银行就不得不放弃投资机会，或出售资产、收回贷款等。因此，准备金不足的银行需要资金立刻进行弥补，而准备金过剩的银行也愿意出借资金以得到一定的利息，于是双方可以针对准备金进行拆借。通过同业拆借市场，就可以使金融机构最充分、最有效地运用资金头寸，尽可能减少资金的闲置和浪费。所以，金融机构追求安全性、流动性和盈利性相统一的目标是同业拆借市场形成和发展的内在动力。

目前，拆借已不仅限于补足存款准备金，金融机构如在经营过程中出现暂时的、临时性的资金短缺，也可进行拆借。同业拆借已成为银行实施资产负债管理的有效工具。由于同业拆借的期限较短，风险较小，许多银行都把短期闲置资金投放于该市场，以利于及时调整资产负债结构，保持资产的流动性。特别是那些市场份额有限，承受经营风险能力脆弱的中小银行，更是把同业拆借市场作为短期资金经常性运用的场所，力图通过这种做法提高资产质量，降低经营风险，增加利息收入。

（五）大额可转让定期存单

大额存单（certificates of deposit，CDs）是由商业银行发行的一种金融产品，是存款人在银行的存款证明。可转让大额存单与一般存单不同的是，其期限不低于 7 天，金额为整数，并且在到期之前可以转让。

可转让存单最早产生于 20 世纪 60 年代的美国。1961 年，花旗银行发行了全球第一张大额存单，面额为 10 万美元。由于美国政府对银行支付的存款利率规定了上限，因而商业银行的存款利率往往低于市场利率，其中短期存款的利率（如 1 个月存款利率）尤其低。为了吸引客户，商业银行推出可转让大额存单。存单的期限相对较长，如 3 个月、6 个月、1 年等。购买存单的客户可以随时将存单在市场上售出变现。这样，客户能够以实际上的短期存款取得按长期存款利率计算的利息收入。可转让大额存单的出现，帮助商业银行提高了竞争能力，同时也提高了存款的稳定程度，因为存单可以流通，对于发行存单的银行来说，在存单到期之前，不会发生提前提取存款的问题。可转让大额存单是半个世纪以来商业银行的一项重要金融创新。

存单市场分为发行市场和二级市场。在发行市场上发行的可转让大额存单，在未到期之前，可以在二级市场上交易。存单市场的主要参与者为货币市场基金、商业银行、政府和其他非金融机构。市场对可转让大额存单也进行信用评级。高质量银行发行的存单有相对高的信用等级，因而可取得较高的发行价格。与国库券相比，银行存单的收益率相对高一些，这主要是因为银行存单比国库券有更高的信用风险。

1986 年，交通银行、中国银行以及中国工商银行相继发行过大额存单。中国人民银行曾于 1989 年首次颁布《关于大额可转让定期存单管理办法》（后于 1996 年修订），允许最高利率上浮幅度为同类存款利率的 10%，致使存款出现“大搬家”情况。1997 年 4 月，我国决定暂停大额可转让定期存单的发行。2015 年 6 月 2 日，中国人民银行发布《大额存单管理暂行办法》，决定恢复大额存单发行；6 月 15 日，首批大额存单在工、农、中、建、交 5 大国有银行在内共 9 家银行发行。

（六）国库券市场

此处的国库券特指由政府发行的短期国库券，期限品种有 3 个月、6 个月、9 个月和 12 个月。国库券的期限短，有政府信誉作支持，因而可以当作无风险的投资工具。20 世纪 80 年代初，我们开始发行国家中长期公债，并把公债券命名为“国库券”。

国库券也是一种贴现式证券，发行时按照一定的利率贴现发行。但在许多国家，国库券是定期发行的，如确定每季度一次或每月一次。美国 3 个月和 6 个月的国库券是每周一发行，一般采取拍卖的方式，以竞争性报价方式确定发行价格。

国库券市场的流动性在货币市场中是最高的，几乎所有的金融机构都参与这个市场的交易。另外，也包括一些非金融的公司、企业。在众多参与者中，中央银行公开参与市场交易，以实现货币政策的调控目标。许多国家的中央银行之所以愿意选择国库券市场开展公开市场业务，主要是因为这个市场有相对大的规模和很好的流动性。

在我国，典型意义上的国库券数量很少，只是在 1994 年、1996 年分别发行过三次记账式短期国债。这些国债的期限为 3 个月和 6 个月，总金额为 417 亿元人民币，以贴现方式发行。由于国库券的发行没有采用连续方式，基本不能形成有规模的交易市场。

四、中国货币市场创新——利率市场化

利率市场化是指金融机构在货币市场融资的利率水平由市场供求来决定，包括利率决定、利率传导、利率结构和利率管理的市场化。实际上，它就是将利率的决策权交给金融机构，由金融机构自己根据资金状况和对金融市场动向的判断来自主调节利率水平，最终形成以中央银行基准利率为基础，以货币市场利率为中介，由市场供求决定金融机构存贷款利率的市场利率体系和利率形成机制。

（一）利率市场化的提出

1993 年，党的十四大《关于金融体制改革的决定》提出，我国利率改革的长远目标是：建立以市场资金供求为基础，以中央银行基准利率为调控核心，由市场资金供求决定各种利率水平的市场利率体系的市场利率管理体系。党的十四届三中全会《中共中央关于建立社会主义市场经济体制若干问题的决定》中提出，中央银行按照资金供求状况及时调整基准利率，并允许商业银行存贷款利率在规定幅度内自由浮动。2003 年，党的十六大报告提出：稳步推进利率市场化改革，优化金融资源配置。党的十六届三中全会《中共中央关于完善社会主义市场经济体制若干问题的决定》中进一步明确“稳步推进利率市场化，建立健全由市场供求决定的利率形成机制，中央银行通过运用货币政策工具引导市场利率。”

（二）利率市场化的基本思路

根据党的十六届三中全会精神，结合我国经济金融发展和加入世界贸易组织后开放金融市场的需要，人民银行将按照先外币、后本币，先贷款、后存款，存款先大额长期、后小额短期的基本步骤，逐步建立由市场供求决定金融机构存贷款利率水平的利率形成机制，中央银行调控和引导市场利率，使市场机制在金融资源配置中发挥主导作用。

（三）利率市场化进程

自 1996 年我国利率市场化进程正式启动以来，利率市场化改革稳步推进，并取得了阶段性进展。1996 年 6 月 1 日人民银行放开了银行间同业拆借利率，1997 年 6 月放开银行间债券回购利率。1998 年 8 月，国家开发银行在银行间债券市场首次进行了市场化发债，1999 年 10 月，国债发行也开始采用市场招标形式，从而实现了银行间市场利率、国债和政策性金融债发行利率的市场化。

1998 年，人民银行改革了贴现利率生成机制，贴现利率和转贴现利率在再贴现利率的基础上加点生成，在不超过同期贷款利率（含浮动）的前提下由商业银行自定。再贴现利率成为中央银行一项独立的货币政策工具，服务于货币政策需要。1998—1999 年人民银行连续三次扩大金融机构贷款利率浮动幅度。

2004 年 1 月 1 日，人民银行再次扩大金融机构贷款利率浮动区间。商业银行、城市信用社贷款利率浮动区间扩大到［0.9，1.7］，农村信用社贷款利率浮动区间扩大到［0.9，2］，贷款利率浮动区间不再根据企业所有制性质、规模大小分别制定。扩大商业银行自主定价权，提高贷款利率市场化程度，企业贷款利率最高上浮幅度扩大到 70%，下浮幅度保持 10% 不变。在扩大金融机构人民币贷款利率浮动区间的同时，推出放开人民币各项贷款的计算、结息方式和 5 年期以上贷款利率的上限等其他配套措施。

进行大额长期存款利率市场化的尝试。1999 年 10 月，人民银行批准中资商业银行法人对中资保险公司法人试办由双方协商确定利率的大额定期存款（最低起存金额 3,000 万元，期限在 5 年以上不含 5 年），进行了存款利率改革的初步尝试。2003 年 11 月，商业银行农村信用社可以开办邮政储蓄协议存款（最低起存金额 3,000 万元，期限降为 3 年以上不含 3 年）。

积极推进境内外币利率市场化。2000 年 9 月，放开外币贷款利率和 300 万元（含 300 万元）以上的大额外币存款利率；300 万元以下的小额外币存款利率仍由人民银行统一管理。2002 年 3 月，人民银行统一了中、外资金融机构外币利率管理政策。2003 年 7 月，放开了英镑、瑞士法郎和加拿大元的外币小额存款利率管理，由商业银行自主确定 2003 年 11 月，对人民币、日元、港币、欧元小额存款利率实行上限管理，商业银行可根据国际金融市场利率变化，在不超过上限的前提下自主确定。2004 年贷款上浮范围扩大到基准利率的 1.7 倍，且贷款上浮取消封顶，下浮的幅度为基准利率的 0.9 倍。与此同时，允许银行的存款利率都可以下浮，下不设底，但不可较基准利率上浮。随着各种票据、公司类债券的发展，特别是 TC 市场和二级市场交易不断扩大使价格更为市场化，很多企业，特别是质量比较好的企业，可以选择发行票据和企业债来进行融资，其价格已经完全不受贷款基准利率的限制。

2006 年 8 月人民银行进一步扩大商业性个人住房贷款的利率浮动范围，浮动范围扩大至基准利率的 0.85 倍。2008 年 5 月汶川特大地震发生后，为支持灾后重建，人民银行于当年 10 月进一步提升了金融机构住房抵押贷款的自主定价权，将商业性个人住房贷款利率下限扩大到基准利率的 0.7 倍。2012 年 6 月，其进一步扩大利率浮动区间。存款利率浮动区间的上限调整为基准利率的 1.1 倍，贷款利率浮动区间的下限调整为基准利率的 0.8 倍。随着金融机构改革和利率市场化的稳步推进，人民银行将不断扩大金融机构的利率定价自主权，完善利率管理，并通过中央银行的间接调控，引导利率进一步发挥优化金融资源配置和调控宏观经济运行的作用。

五、国际货币市场现状

（一）美国货币市场

美国货币市场发展迅速，在市场规模、市场结构、市场自由度、信用工具创新、货币政策传导等方面都较其他国家更为成熟和完善，因而美国货币市场成为世界上最发达的货币市场。美国货币市场包括国库券市场、联邦基金市场、商业票据市场、银行承兑票据市场、大额可转让定期存单市场、回购协议市场、联邦政府机构短期证券市场、市政短期证券市场等。

在货币市场的这些子市场中，美国的国库券市场十分发达，交易量也很大。国库券的期限有 3 个月、6 个月、1 年三种，前两种每周发行一次，1 年期的每月发行一次。联邦基金市场就是存款机构为了补足每天的准备金而进行短期资金借贷活动的市场，交易的金额一般在百万美元以上，期限为 1 天至 1 周，如有必要还可以延长。联邦基金利率的波动十分剧烈，是联储推行货币政策的重要参考指标。美国的商业票据是由信誉良好的公司签发的短期、无担保票据，发行者主要有金融公司、非金融公司和银行持股公司等。商业票据的期限通常为 30—270 天，最常见的是 60—180 天。由于超过 270 天的证券必须向美国证券交易委员会登记注册，费用较高，因而 270 天以上的商业票据发行很少。商业票据的面值一般为 10 万美元。商业票据的发行是采用贴现方式进行的，发行方式有两种，一种是直接发行，这种方式多由设有分支网络的金融公司或设有自己的附属金融机构的公司采用，以节省费用；另一种是间接发行，即通过交易商进行转售，发行者须向交易商支付手续费。商业票据的发行程序比较简便，发行者可以在需要资金的当天早晨通知商业票据交易商发行，在当天下午即可完成发行和交割，其清算和支付也在同一天完成。商业票据的购买者多是机构投资者，而且在投资者要求转让时，发行者一般都在到期前赎回票据，因此商业票据的二级市场很少。

就银行承兑票据市场而言，美国的银行承兑汇票主要有四种：一是银行承兑的进出口贸易汇票；二是银行承兑的国内运输汇票；三是银行承兑的国内外仓储汇票；四是银行承兑的外国银行签发的美元汇票。期限一般为 30— 90 天，最多不超过 270 天。20 多家证券公司积极地创造银行承兑汇票的二级市场。

在大额可转让定期存单市场（CDs）中，CDs 的期限一般为 1 个月、2 个月、3 个月和

6个月，期限最短仅为14天，但以3个月和6个月期为主。面额最小为10万美元，通常为上百万美元。CDs有活跃的二级市场，因而流动性较高。回购协议实际是一种以证券做担保的资金融通方式，即出售一种短期证券（通常是国库券）为担保，然后在一天或几天后再以协议中规定的价格将证券买回。回购协议的期限最短只有1天，长者可达6个月。

联邦政府机构短期证券市场主要交易一些联邦政府机构定期发行的短期证券。如农业信贷性的联邦政府机构每个月发行6个月和9个月期的短期证券，联邦住房贷款银行和联邦国民抵押协会一般每季发行一次证券。这些短期证券的期限多为30—60天，最短的只有5天。由于其发行者是联邦政府机构，因而其信誉仅次于国库券，流动性也很强。州及地方政府通常发行一年及一年以下的市政债券筹措短期资金，这类短期债券主要包括税金预缴债券和项目债券，二者的利息收入都免缴联邦所得税，项目债券还免缴州所得税。市政短期证券的发行也多采用竞争性投标方式，持有人多为商业银行、保险公司和高收入的个人。他们一般都将债券持有至到期，目的是调整应税收入。因此市政短期证券的二级市场不发达。

（二）欧洲货币市场

欧洲货币市场就是经营欧洲美元和欧洲一些主要国家境外货币交易的国际资金借贷市场。这里所谓的“欧洲”一词，实际上是“非国内的”“境外的”“离岸的”或“化外的”意思。欧洲美元，是指存放在美国境外各银行（主要是欧洲银行和美国、日本等银行在欧洲的分行）内的美元存款，或者从这些银行借到的美元贷款。这与美国国内流通的美元是同一货币，具有同等价值，两者的区别只是在于账务上的处理不同。例如，一家公司在欧洲的一家银行存进一笔美元，实际上只是把它原来存在美国银行的一笔美元转存到这家欧洲银行的账户上。

所谓欧洲其他货币，有欧洲英镑、欧洲德国马克、欧洲法国法郎、欧洲瑞士法郎、欧洲荷兰盾等。它们的性质也与欧洲美元的性质相同，都是指在本国境外的该国货币资金。例如，日本银行存放在法国银行的英镑存款或德国银行对瑞士公司提供的英镑贷款，就叫作欧洲英镑。欧洲美元起源于欧洲，欧洲英镑、欧洲德国马克、欧洲法国法郎以及其他同样性质的欧洲国家的货币的借贷也集中在欧洲，因此，这些国家的境外货币，一般统称为欧洲货币。欧洲货币市场是一个有很大吸引力的市场，这个市场与西方国家的国内金融市场以及传统的国际金融市场有很大的不同，关键在于这是一个完全自由的国际金融市场，主要有如下特点：

第一，欧洲货币市场经营非常自由。由于欧洲货币市场是一个不受任何国家政府管制和税收限制的市场，所以经营非常自由。例如，借款条件灵活，借款不限制用途等，因此这个市场不仅符合跨国公司和进出口商的需要，而且也符合许多西方国家和发展中国家的需要。

第二，欧洲货币市场资金规模极其庞大。欧洲货币市场的资金来自世界各地，数额极其庞大，各种主要可兑换货币应有尽有，故能满足各种不同类型的国家及其银行、企业对于不同期限与不同用途的资金需要。

第三，欧洲货币市场资金调度灵活、手续简便，有很强的竞争力。欧洲货币市场资金周转极快，调度十分灵便，因为这些资金不受任何管辖。这个市场与西方国家的国内市场及传统的国际金融市场相比，有很强的竞争力。

第四，欧洲货币市场有独特的利率体系，其存款利率相对较高，放款利率相对较低，存放款利率的差额很小，这是因为它不受法定准备金和存款利率最高额限制。因此，欧洲货币市场对存款人和借款人都更具吸引力。

第五，欧洲货币市场是一个“批发市场”。欧洲货币市场的经营以银行间交易为主，银行同业间的资金拆借占欧洲货币市场业务总量的很大比重。同时，它也是一个批发市场，由于大部分借款人和存款都是一些大客户，所以每笔交易数额很大，一般少则数万美元，多则可达到数亿甚至数十亿美元。

欧洲货币市场由一个世界性的广泛的国际银行网所组成。这些银行被泛称为“欧洲银行”。“欧洲银行”以伦敦为中心，散布在世界各大金融中心。它们之间通过信函、电话、电报和电传联系。伦敦有许多金融机构，它们同世界各国有千丝万缕的联系，形成了伦敦特有的金融地位。这些机构由三类银行组成：一是英国商业银行在伦敦开设的总分行；二是其他各国商业银行和金融机构在伦敦开设的分行、金融公司或投资银行；三是由不同国家大商业银行组成的联合银行集团。欧洲货币市场的业务由两部分组成：一部分是银行同业拆借；另一部分是非银行之间的交易。

名词解释

固定收益证券　债券　贴现债券　政府债券　场内交易　场外交易　债券价值　贴现率　货币市场　货币市场工具　流动性　回购协议　大额可转让存单　利率市场化　国际货币市场

思考题

1. 债券的票面形式应该包含哪些因素？

2. 债券与股票的不同特征有哪些？

3. 债券的种类有哪些？

4. 债券市场的功能是什么？

5. 发行票面额为 100 元，每年按年率 4.8% 付息，5 年还本的债券，发行价格为 90 元，计算债券的贴现率。

6. 某公司准备发行票面额为 1,000 元的债券，每年付息 1 次，年度利率为 6%，期限为 10 年，贴现率为 8%。为了债券顺利发行，债券发行价格应该设定为多少？

7. 货币市场有哪些特征？

8. 阐述央行票据在货币政策执行过程中发挥的作用。

9. 我国金融监管部门为什么要推进利率市场化？

10. 你如何看待中国金融机构持有大量的美债？

第八章　衍生工具

第一节　衍生工具概述

一、金融衍生工具的定义

金融衍生工具（financial derivatives，derivatives）在国内的叫法并不统一，常见的译称有金融衍生产品、金融衍生工具、衍生金融工具和金融派生品等。

一般可以把金融衍生工具定义为：金融衍生工具是给予交易对手的一方，在未来的某个时间点，对某种基础资产拥有一定债权和相应义务的合约。广义上把金融衍生工具理解为一种双边合约或付款交换协议，其价值取自于或派生于相关基础资产的价格及其变化。

对金融衍生工具含义的理解包含三点：

一是金融衍生工具是从基础金融工具衍生出来的各种金融合约及其各种组合形式。所谓基础金融工具主要包括：货币、外汇、利率（如债券、商业票据、存单等）以及股票等。在基础金融工具的基础上，借助各种衍生技术，可以设计出品种繁多、特性各异的金融衍生工具来。由于金融衍生工具是在基础金融工具上派生出来的产品，因此其价值主要受基础金融工具价值变动的影响；股票指数的变动影响股指期货的价格，认股权证跟随股价波动等。

二是金融衍生工具是对未来的交易。金融衍生工具是在现时对基础工具未来可能产生的结果进行的交易。交易盈亏结果要在未来时刻才能确定。这些基础金融工具在未来某种条件下处置的权利和义务以契约形式存在。

三是金融衍生工具具有杠杆效应。金融衍生工具是通过预测基础金融工具的市场行情走势，以支付少量保证金签订远期合约或互换不同金融商品的衍生交易合约。市场参与者利用少量资金就可以进行几十倍金额的金融衍生工具交易，参与交易的各方讲求信用，具有以小搏大的高杠杆效应。如果运用于套期保值，可在一定程度上分散和转移风险；如果运用于投机，可能带来数十倍于保证金的收益，也可能产生巨额的亏损。

二、金融衍生工具的特点

（一）金融衍生工具构造具有复杂性

对期货、期权和互换等基本金融衍生工具的理解和运用已经不易，而国际金融市场的“再衍生工具”进一步把期货、期权和互换进行组合，形成了构造更为复杂的衍生金融工具。这种复杂多变的特性，导致衍生金融产品的设计要求较高的数学方法，同时大量采用现代决策科学方法和计算机科学技术，仿真模拟金融市场运作，在开发、设计金融衍生工具时，采用人工智能和自动化技术。这使金融衍生工具一方面更具有充分的弹性，能够满足使用者的特定需要；另一方面导致复杂的衍生工具组合，难以为一般投资者理解、掌握和驾驭。

（二）金融衍生工具的交易成本较低

金融衍生工具能够得到保值者、投机者青睐，并迅速发展的重要原因之一，就是金融衍生工具可以用较低的交易成本来达到规避金融风险和投机获利的目的。金融衍生工具的成本优势在股指期货和利率期货的投资中表现尤为明显。例如，交易者不必逐一购买单只股票，只需购买股票指数期货，便可用少量的资本投入、低廉的交易成本实现其对冲风险或投机获利的目的。又如，拥有浮动利率市场借款优势的借款人可与拥有固定利率借款优势的借款人进行利率互换，从而达到降低双方借款成本的目的。

（三）金融衍生工具设计具有灵活性

交易者参与金融衍生工具市场的目的主要有：一是实现套期保值；二是利用金融市场的价格波动进行投机牟利；三是利用市场供求关系的暂时失衡套取无风险利润等。为适应不同市场参与者的需要，金融衍生工具可根据交易者所要求的时间、杠杆比率、风险等级、价格参数的不同进行设计、组合和拆分，从而创造出大量特性各异的金融衍生产品。

（四）金融衍生工具具有虚拟性

虚拟性是指信用制度膨胀下，金融活动与实体经济偏离或完全独立的那一部分经济形态。它以金融系统为主要依托，其行为主要体现在虚拟资本（包括有价证券、产权、物权、金融衍生工具、资本证券化等）的循环运动上。虚拟经济是以信息技术为工具的经济活动，是一种涉及权益的经济。虚拟经济的运作需要以大量的衍生工具为媒介，交易者的交易对象正是虚拟化了的产权、信用和风险，交易的目的在于赚取差价。金融衍生工具独立于现实资本运动，是一种收益获取权的凭证，它本身没有价值，具有虚拟性，但却能给交易者带来收益。

三、金融衍生工具的分类

随着金融创新的发展，金融衍生工具经过衍生再衍生，组合再组合的螺旋式发展，种类繁多。目前，国际金融市场衍生工具已经发展到“量身定做”的地步。

（一）按照金融衍生工具自身交易方法分类

1. 金融远期（financial forwards）

金融远期是指合约双方同意在未来日期按照协定价格交换金融资产的合约。金融远期合约规定了将来交换资产的类别、交换的日期、价格和数量，合约条款因合约双方的需要不同而不同。主要包括：远期利率协议、远期外汇合约、远期股票合约三种。

2. 金融期货（financial futures）

金融期货是指买卖双方在有组织的交易所内以公开竞价的形式达成的，在将来某一特定时间交收标准数量特定金融工具的协议。主要包括：货币期货、利率期货和股票指数期货三种。

3. 金融期权（financial options）

金融期权是指合约双方按约定价格，在约定日期内就是否买卖某种金融工具所达成的契约。主要包括：现货期权和期货期权两大类，每类又可分为多种。

4. 金融互换（financial swaps）

金融互换是指两个或两个以上的当事人按共同商定的条件，在约定的时间内，交换一定支付款项的金融交易，主要包括：货币互换和利率互换两类。

（二）按照基础工具种类的不同分类

1. 股权式衍生工具（equity derivatives）

股权式衍生工具是指以股票或股票指数为基础工具的金融衍生工具。主要包括：股票期货、股票期权、股票指数期货、股票指数期权以及上述合约的混合交易合约。

2. 货币衍生工具（currency derivatives）

货币衍生工具是指以各种货币作为基础工具的金融衍生工具。主要包括：远期外汇合约、货币期货、货币期权、货币互换以及上述合约的混合交易合约。

3. 利率衍生工具（interest derivatives）

利率衍生工具是指以利率或利率的载体为基础工具的金融衍生工具。主要包括：远期利率协议、利率期货、利率期权、利率互换及上述合约的混合交易合约。

（三）按照金融衍生工具交易性质的不同分类

1. 远期类工具（forward-based derivatives）

在这类交易中，交易双方均负有在将来某一日期按一定条件进行交易的权利与义务，双方的风险收益是对称的。属于这一类的有：远期合约（包括：远期外汇合约、远期利率协议等）、期货合约（包括：货币期货、利率期货、股票指数期货等）、互换（包括：货币互换、利率互换等）。

2. 选择权类工具（option-based derivatives）

在这类交易中，合约的买方有权根据市场情况选择是否履行合约。换而言之，就是合约的买方拥有不执行合约的权利，而合约的卖方则负有在买方履行合约时执行合约的义务。因此，双方的权利义务以及风险收益是不对称的。属于这一类的有期权合约（包括：货币期权、利率期权、股票期权、股票指数期权等）和另有期权的变通形式——认股权证（warrants，包括：非抵押认股权证和备兑认股权证）、可转换债券（convertibles）、利率上限（caps）、利率下限（floors）、利率上下限（collars）等。

四、金融衍生工具的构件

（一）金融衍生工具市场的参与者

金融衍生工具市场的参与者主要有：保值者、投机者、套利者和经纪人。

1. 保值者

保值者（hedgers）参与金融衍生工具市场的目的是降低甚至消除他们已经面临的金融风险。保值行为一般不会带来利润，保值者的目的在于减少未来的不确定性，而不是增加未来的盈利。如果保值的同时又带来盈利，那是一种很幸运的结果。

2. 投机者

与保值者相反，投机者（speculators）希望增加未来的不确定性，他们在基础市场上并没有净头寸，或需要保值的资产，他们参与金融衍生工具市场的目的在于赚取远期价格与未来实际价格之间的差额。金融衍生工具市场投机与基础金融工具市场投机有一个很重要的区别：即金融衍生工具市场的杠杆作用。同样一笔投机资本，在衍生市场上可周转好几倍的金额，金融衍生工具市场给投机者“以小搏大”的机会，这就是衍生市场更被投机者青睐的原因。

3. 套利者

套利一般可分为跨市套利、跨期套利和跨品种套利。跨市套利是指在不同市场上的套作；跨期套利是指在不同的现时、远期市场上的套作；跨品种套利是指在不同交易品种间的套利。套利者（arbitrageurs）通过同时在两个或多个市场进行交易而获得无风险的利润。

4. 经纪人

经纪人（broker）作为交易者和客户的中间人，主要以促成交易收取佣金为目的。经纪人分为佣金经纪人和场内经纪人两种。佣金经纪人是经纪公司在交易所场内的代理人，接受经纪公司客户的指令，并且负责在交易所内执行这些指令，同时也可以对自己账户进行交易，起到交易商的作用。

（二）金融衍生工具市场交易方式

1. 场内交易

场内交易又称交易所交易，指所有的供求方集中在交易所进行竞价交易的交易方式。这种交易方式具有交易所向交易参与者收取保证金、同时负责进行清算和承担履约担保责任的特点。此外，由于每个投资者都有不同的需求，交易所事先设计出标准化的金融合同，由投资者选择与自身需求最接近的合同和数量进行交易。

所有的交易者集中在一个场所进行交易，这就增加了交易的密度，一般可以形成流动性较高的市场。期货交易和部分标准化期权合同交易都属于这种交易方式。可见，场内衍生品交易市场管理更为严格，是衍生品市场稳步发展的重要基石。

2. 场外交易

场外交易（OTC）又称“店头交易”或“柜台交易”，是指具有如下特征的市场：一是无固定的场所；二是较少的交易约束规则；三是交易由交易者和委托人通过电话或电脑网络直接进行，而不是在交易大厅中进行。

随着全球电子交易网络和自动清算系统的铺设，场外交易凭借较低的交易成本、较快的成交效率、可转让非上市证券等优点，发展速度大大快于交易所交易，并成为衍生品交易的主要场所。然而，次级债危机爆发后，国际场外金融衍生品市场透明度极低、流动性不足和监管缺失的痼疾愈发明显，使得越来越多的国际金融机构将业务风险管理工具的使用由 OTC 市场转向了透明度更高、流动性更强，监管更加有力的交易所交易的场内金融衍生品市场。

3. 自动配对系统

许多交易所采用自动配对系统来扩展它们的交易时间。这种系统或由多方联合投资建成，如由路透集团、法国国际期货市场和新加坡国际金融交易所共同投资；或者为某一家交易所拥有，如伦敦国际金融期货期权交易所的自动交易系统。自动配对系统的运作遵循与交易大厅相同的交易规则。其优点还在于交易匿名进行，因而有时也被称为电子经纪人。自动配对系统有三个特征：一是使用者将他们的叫买价和叫卖价输入中心配对系统；二是将收到的叫买价和叫卖价传达给所有其他的市场参与者；三是系统以价格、规格、信用和与市场有关的其他规则确认可能的交易。

交易所交易的迅速电子化将对市场产生重大的影响：第一，这将大大提高交易的效率和透明度，降低交易成本，从而增强交易所对 OTC 市场的竞争力；第二，交易所推行这种电子交易，将极大地吸引小型投资者，从而可能改变市场参与者的结构；第三，电子交易无疑也会给交易所带来交易系统脆弱性增大的风险；第四，交易所之间的界限将进一步模糊，竞争也会更加激烈。

五、金融衍生工具的功能

（一）转化功能

转化功能是金融衍生工具最主要的功能，也是金融衍生工具一切功能得以存在的基础。通过金融衍生工具，可以实现外部资金向内部资金的转化、短期流动资金向长期稳定资金的转化、零散小资金向巨额大资金的转化、消费资金向生产经营资金的转化。

（二）定价功能

定价功能是市场经济运行的客观要求。在金融衍生工具交易中，市场参与者根据自己了解的市场信息和对价格走势的预期，反复进行金融衍生产品的交易，在这种交易活动中，通过平衡供求关系，能够较为准确地为金融产品形成统一的市场价格。

以远期交易和期货交易为例。远期价格和期货价格反映了市场上的供求者对将来价格的预期。因此，人们可以直接通过远期价格和期货价格来分析现货价格的走势，从而节省了对未来价格的预测成本。

再看期权市场。尽管期权并不直接反映人们对未来价格的预期，但是期权价格的变化，反映了人们对将来价格波动率的预期，即人们对现货资产价格风险的预期。

（三）避险功能

传统的证券投资组合理论以分散非系统风险为目的，对于占市场风险50%以上的系统性风险无能为力。金融衍生工具恰是一种系统性风险转移市场，主要通过套期保值业务发挥转移风险的功能。同时，从宏观角度看，金融衍生工具能够通过降低国家的金融风险、经济风险，进而起到降低国家政治风险的作用。

（四）盈利功能

金融衍生工具的盈利包括投资人进行交易的收入和经纪人提供服务的收入。对于投资人来说，只要操作正确，衍生市场的价格变化在杠杆效应的明显作用下会给投资者带来很高的利润；对经纪人来说，衍生交易具有很强的技术性，经纪人可凭借自身的优势，为一般投资者提供咨询、经纪服务，获取手续费和佣金收入。

（五）资源配置功能

金融衍生工具价格发现机制有利于全社会资源的合理配置。因为社会资金总是从利润低的部门向利润高的部门转移，以实现其保值增值。而金融衍生工具能够将社会各方面的零散资金集中起来，把有限的社会资源分配到最需要和能够有效使用资源者的手里，从而提高资源利用效率，这是金融衍生工具的一项主要功能。

第二节　远期合约和期货合约

一、远期合约概述

（一）金融远期合约的定义

金融远期合约（forward contracts）是指交易双方约定在未来的某一确定时点，按照事先商定的价格（如汇率、利率或股票价格等），以预先确定的方式买卖一定数量的某种金融资产的合约。

合约中规定在将来买入标的物的一方称为多方（long position），在未来卖出标的物的一方称为空方（short position）。合约中规定的未来买卖标的物的价格称为交割价格（delivery price）。如果信息是对称的，而且合约双方对未来的预期相同，那么合约双方所选择的交割价格应使合约的价值在签署合约时等于零。这意味着无须成本就可处于远期合约的多头或空头状态。

我们把使得远期合约价值为零的交割价格称为远期价格（forward price）。这个远期价格显然是理论价格，它与远期合约在实际交易中形成的价格（即双方签约时所确定的交割价格）并不一定相等。但是，一旦远期价格与交割价格不相等，就会出现套利（arbitrage）机会。若交割价格高于远期价格，套利者就可以通过买入标的资产现货、卖出远期合约并等待交割来获取无风险利润，从而促使现货价格上升、交割价格下降，直至套利机会消失；同理，若交割价格低于远期价格，套利者就可以通过卖出标的资产现货、买入远期合约来获取无风险利润，从而促使现货价格下降，交割价格上升，直至套利机会消失。此时，远期价格等于交割价格。

一般来讲，价格总是围绕着价值波动的，而远期价格与远期价值却相差很大。例如，当远期价格等于交割价格时，远期价值为零。其原因在于远期价格指的是远期合约中标的物的交割价格，它是跟标的物的现货价格紧密相连的，而远期价值则是指远期合约本身的价格，它是由远期价格与交割价格的差距决定的。在合约签署时，若交割价格等于远期价格，则此时合约价值为零。但随着时间推移，远期价格有可能改变，而原有合约的交割价格则不可能改变，因此原有合约的价值就可能不再为零。

（二）金融远期合约的种类

1. 远期利率协议（forward rate agreement）

远期利率协议是买卖双方同意在未来一定时点（清算日），以商定的名义本金和期限为基础，由一方将协议合同利率与参照利率之间差额的贴现额度付给另一方的协议。

2. 远期外汇合约（forward exchange contracts）

远期外汇合约是指双方约定在将来某一时间按约定的远期汇率买卖一定金额的某种外汇的合约。

3. 远期股票合约（equity forwards）

远期股票合约是指在将来某一特定日期按特定价格交付一定数量单只股票或一揽子股票的协议。

（三）金融远期合约的特征

（1）金融远期合约是通过现代化通信方式在场外进行的，由银行给出双向标价，直接在银行与银行之间、银行与客户之间进行。

（2）金融远期合约交易双方互相认识，而且每一笔交易都是双方直接见面，交易意味着接受参与者的对应风险。

（3）金融远期合约交易不需要保证金，双方通过变化的远期价格差异来承担风险。金融远期合约大部分交易都导致交割。

（4）金融远期合约的金额和到期日都是灵活的，有时只对合约金额最小额度作出规定，到期日经常超过期货的到期日。

二、期货合约概述

（一）期货合约的定义

期货合约（futures contract）是指买卖双方签订的在将来一个确定时间按确定的价格购买或出售某项资产的协议。

期货交易中的头寸（position）是指多头或空头。当合约的一方同意在将来某个确定的日期以某个确定的价格购买标的资产时，就称这一方为多头（long position）。另一方同意在同样的日期以同样的价格出售该标的资产，就称这一方为空头（short position）。投资者在持仓的过程中，会根据市场价格发生的波动决定是否有必要将持仓合约在合约到期以前转让给其他交易者，若持仓者在到期日之前改变他已有的头寸，在市场上买卖与自己合约品种、数量相同但方向相反的期货，就称这一交易行为是期货合约的对冲交易（reversing transition）。

期货合约的对冲是期货交易平仓（closing out a position）方式中的一种，平仓的另一种方式是期货合约到期时进行实物的交割（delivery）。

（二）期货合约的标准化

1. 商品品质的标准化

商品的品质不同，则价格各异。由于同类产品的产地或生产厂家不同，其产品的品质也不一定相同。为了使期货合约的买卖和转让能正常进行，首先必须对相关商品的品质进行标准化，制定相关商品品质的统一标准，以避免交易中产生品质纠纷。同时，还制定了非标准品的质量贴水规定，使得所有交易者进行买卖的对象完全是统一的标准合约，没有品质差异，进一步促进合约的转让买卖，增大交易市场的流动性。

2. 商品计量的标准化

在一份期货合约中，商品的计量单位和交易数量都有其标准化规定，以避免由于合约的买卖和转让交易频繁且交易量大所带来的结算和统计的不便。

3. 交割月份的标准化

期货合约按交割月份来划分。交易所必须指定在交割月份中可以进行交割的确切日期。对于许多期货合约来说，交割时期是整个交割月。交割月份随合约的不同而不同，由交易所根据客户的需要进行选择。在任何给定的时间，交易的合约包括有最近交割月的合约和一系列随后交割月的合约。由交易所指定特定月份合约开始交易的时刻，交易所同时也对给定合约的最后交易日作了规定。最后交易日通常是最后交割日的前几天。

4. 交割地点的标准化

交易所必须指定商品交割的地点。这对可能存在较大的运输费用的商品期货尤为重要。当指定几个交割地点时，空头方收取的价款有时会根据他选择的交割地点进行调整。

（三）期货交易的种类和区别

1. 商品期货

在期货市场上进行交易的商品应具有以下几个特征：

（1）价格多变，波动频繁。由于期货交易的目的是转移价格或从中获利，所以没有价格风险的商品也就不必进行期货交易。越是价格波动频繁，就越适合于期货交易。对价格任何人为的控制，都将限制期货交易市场的作用。

（2）期货交易的商品必须是可长期储存和易于运输的商品。尽管期货交易的目的主要不在于实物交割，但是实物交割毕竟是交易的一个主要环节。从期货合约签订到实物交割要经过一定时期，所以期货商品必须是能够长期保存，不易变质同时适于运输的商品。由于现代储藏技术的发展和流通条件的改善，一些易腐的生鲜食品，已具备了成为期货商品的可能性。

（3）可以进行大量的买卖交易。期货上市要求有众多的买主和卖主，以便交易所能提供大量的买卖机会，形成具有竞争性的市场。若市场上只有少数买主或卖主，则价格的主动权只能被一方掌握，难以形成公正的价格。

（4）商品的质量、等级、规格等可以明确划分。为了使到期交割的实物商品符合期货合约中的等级质量规定，避免在期货标准方面发生纠纷，提高交割效率和透明度，要求进入期货市场交易的期货商品必须容易划分出质量等级。那些品种复杂、技术指标繁多、等级划分困难而且专业性很强的商品不宜做期货商品，如煤炭等。

2. 金融期货

根据标的物的性质不同，金融期货也可分为三大类：外汇期货、利率期货和股票价格指数期货。

（1）外汇期货（foreign exchange futures），也被称为外币期货（foreign curency futures）或货币期货（cureney futures）。外汇期货是指交易双方约定在未来特定的时期进行外汇交割，并限定了标准币种、数量、交割月份及交割地点的标准化合约。

（2）利率期货（interest rate futures）。利率期货是继外汇期货之后产生的又一个金融期货类别，它是指标的资产价格依赖于利率水平的期货合约，如长期国债期货、短期国债期货和欧洲美元期货。利率期货是有利息的有价证券期货，进行利率期货交易主要是为了固定资金的价格，即得到预先确定的利率或收益。

（3）股票价格指数期货（share price index futures，SPIF）。股票价格指数期货指期货交易所同期货买卖者签订的、约定在将来某个特定的时期，买卖者向交易所结算公司收付等于股价指数若干倍金额的合约。股票指数期货是所有期货交易中最复杂和技巧性最强的一种交易形式，其交易标的物不是商品，而是一种数字，可谓买空卖空之最高表现形式。

3. 商品期货和金融期货的区别

第一，金融期货没有实际的标的资产（如股指期货等），而商品期货交易的对象是具有实物形态的商品，如农产品、金属等。

第二，金融期货的交割具有极大的便利性。商品期货的交割比较复杂，除了对交割时间、地点、交割方式都有严格的规定以外，对交割等级也要进行严格划分。而金融期货的交割一般采取现金结算，因此要简便得多。此外，即使有些金融期货（如外汇期货和债券期货）发生实物交割，但由于这些产品具有同质性且基本上不存在运输成本，其交割也比商品期货便利很多。

第三，有些金融期货适用的到期日比商品期货要长，美国政府长期国库券的期货合约有效期限可长达数年。商品期货价格，尤其是农产品期货价格受季节性因素的影响非常显著。

第四，持有成本不同。将期货合约持有到期满日所需的成本费用即持有成本，包括三项：储存成本、运输成本和融资成本。各种商品需要仓储存放和仓储费用，而金融期货合约不需要储存费用。如果金融期货的标的物存放在金融机构，则还有利息，如股票的股利、债券与外汇的利息等，有时这些利息会超出存放成本，产生持有收益（负持有成本）。

第五，金融期货的交割价格盲区大大缩小了。在商品期货中，由于存在较大的交割成本，这些交割成本给多空双方均会带来一定的损耗。在金融期货中，由于不存在运输成本和入库出库费，这种价格盲区就大大缩小了。因此，投资者进入商品期货市场时，必须考虑价格盲区这一客观事实，以防止投资亏损。而对于金融期货则不必考虑价格盲区。

第六，金融期货中逼仓行情难以发生。在商品期货中，有时会出现逼仓行情，它通常表现为期现价格存在较大的差异，并且超过了合理的范围，随着交割期的临近，期价仍不收敛于现货价格。而金融期货中逼仓行情之所以难以发生，首先是因为金融现货市场是一个庞大的市场，庄家操纵不了；其次是因为强大的现期套利力量的存在，将会埋葬那些企图发动逼仓行情的庄家；最后，一些实行现金交割的金融期货，期货合约最后的交割价就是当时的现货价，这等于是建立了一个强制收敛的保证制度，杜绝了逼仓行情产生的可能。

第三节　期权合约

一、期权的定义

期权（option）又称选择权，实质上是一种权利的有偿使用，当期权购买者支付给期权出售者一定的期权费后，购买者就拥有在规定期限内按双方约定的价格［称为协议价格

（agreement price）、敲定价格（striking price）或执行价格（exercise price）］购买或出售一定数量某种金融资产［称为基础金融资产或标的资产（underlying financial assets）］的权利的合约。

从期权交易的定义中可以看出，它包含三层含义：

（1）选择权的内涵是一定时间、一定价格和一定数量的选择权，超过了这些限度就超出了期权的交易范围。

（2）选择权实质上是权利而不是义务，一旦期权购买者购买了某项期权合约，他就拥有了该合约所规定的权利。就是说，他既可以执行也可以放弃，并不承担必须买进或卖出的义务。

（3）期权交易成立的媒介是期权费。只有买方愿意让渡的期权费与卖方所能接受的期权价格相等时，交易才能成立。

二、期权交易合约的要素

（一）期权的买方

期权的买方即购买期权，支付期权费，获得权利的一方，也称期权的多头方。在金融期权交易中，期权购买者可以在期权合约所规定的某一特定的时间，以事先确定的价格向期权卖方买进或卖出一定数量的某种金融商品或金融期货合约。在期权合约所规定的时间之内或期权合约所规定的某一特定的履约日，期权的买方既可以执行他所拥有的这一权利，也可以放弃这一权利。

（二）期权的卖方

期权的卖方也称为期权的空头方，即出售期权，获得期权费的一方，其承担着在规定的时间内履行该期权合约的义务。在金融期权交易中，期权的卖方应在期权合约所规定的时间内或期权合约所规定的某一特定履约日，无条件地履行期权买方要求执行的期权合约所规定的义务。

（三）协定价格

协定价格也称敲定价格或执行价格，是指期权合约所规定的期权买方在行使权利时所实际执行的价格。在金融期权交易中，协定价格是指期权购买者买卖事先确定的标的资产（或期货合约）的交易价格。执行价格一旦确定，则在期权有效期内，无论期权标的物的市场价格上升到什么程度或下降到什么程度，只要期权购买者要求执行期权，期权出售者就必须以协定价格履行他必须履行的义务。

在金融期权交易中，场内交易的协定价格由交易所根据标的物（或期货合约）的价格变化趋势确定；场外交易的协定价格则由交易双方协商确定。

（四）期权费

期权费又称为权利金、期权价格或保险费，是指期权买方为获取期权合约所赋予的权利而向期权卖方支付的费用。这个费用一旦支付，则不管期权购买者是否执行期权均不予退回。它是期权合约中唯一的变量，其大小取决于期权合约的性质、到期月份及协定价格等各种因素。

（五）通知日

当期权买方要求履行标的物（或期货合约）的交货时，他必须在预先确定的交货和提运日之前的某一天通知卖方，以便卖方做好准备，这一天就是通知日。

（六）到期日

到期日也称履行日，在这一天，一个预先进行了声明的期权合约必须履行交割。通常，对于期货期权来说，期权的到期日应先于其标的资产——期货合约的最后交易日。期权到期日一般无须指明特定的日期，因为其永远是到期日当月的第三个星期五之后的那个星期六。

三、期权交易的特点

（一）期权合约标准化

每份期权合约具有统一、标准的规格，按国际惯例进行设计，例如，交易单位、最小变动价位、每日价格最大波动限制、合约月份、交易时间等都是固定的，以便对其进行估价和转让。

（二）期权交易规范化

期权交易是集中交易，为此建立了专门的固定期权交易场所。期权交易组织机构的设立，为实行集中交易、清算和履约、监督和检查提供了基本的前提条件。同时，现代期权交易市场大多采用了由计算机网络组成的交易系统、信息管理系统、结算系统、审计监测跟踪系统等，处理日常交易业务。计算机网络系统可把交易过程中的交易者的姓名、交易合约的种类、合约的交易数量、成交合约的价格、履约时间等立即显示出来，使期权管理现代化、科学化。此外，为适应现代法制市场经济的要求，期权交易正在走向法制阶段，建立健全期权交易法规，创造一个公开、公平、公正的竞争环境，使期权交易沿着法治轨道稳步前进，已成为现代期权交易规范化的重要标志。

（三）期权交易范围和品种扩大化

现代期权交易范围和品种呈现出不断扩大的趋势。从布局来看，由美国扩展到英国、法国、澳大利亚等国家，几乎覆盖了西方市场经济所有的发达国家。可以预见，发展中国家在建立和发展期货市场的基础上，也必将进行期权交易，这是现代市场经济、现代期货市场发展的必然趋势。从交易品种来看，期权交易已由金融证券发展到农产品、能源化工产品等。

四、期权的类型

（一）看涨期权、看跌期权和双向期权

按期权购买者的权利划分，期权可分为看涨期权（call option）、看跌期权（put option）和双向期权（double option）。

1. 看涨期权

看涨期权是指赋予期权的购买者在预先规定的时间以协定价格从期权出售者手中买入一定数量标的物的权利。为取得这种权利，期权购买者需要在购买期权时支付给期权出售者一定的期权费。因为它是投资者预期某种标的物的未来价格上涨时购买的期权，所以被称为看涨期权。

2. 看跌期权

看跌期权是指赋予期权购买者在预先规定的时间以协定价格向期权出售者卖出一定数量标的物的权利。为取得这种权利，期权购买者需要在购买期权时支付给期权出售者一定的期权费。因为它是投资者预期某种标的物的未来价格下跌时购买的期权，所以被称为看跌期权。

3. 双向期权

双向期权又称为双重期权，是指期权购买方向期权出售方支付了一定的期权费之后，在期权合约有效期之内，按事先商定的协定价格，向期权出售方既购买了某种期货合约的

看涨期权，又购买了该标的物的看跌期权。简言之，就是期权买方同时以等价购买等量的同一标的物的看涨期权和看跌期权。

（二）欧式期权和美式期权

按期权购买者执行期权的时限划分，期权可分为欧式期权和美式期权。

（1）欧式期权是指期权的购买者只能在期权到期日才能执行期权（即行使买进或卖出标的物的权利），既不能提前也不能推迟。若提前，期权出售者可以拒绝履约；若推迟，期权将被作废。

（2）美式期权则允许期权购买者在期权到期前的任何时间执行期权。美式期权的购买者既可以在期权到期日这一天行使期权，也可以在期权到期日之前的任何一个营业日执行期权。当然，超过到期日，美式期权也同样被作废。

（三）实值期权、平值期权和虚值期权

按协定价格与标的物市场价格的关系不同划分，期权可以分为实值期权、平值期权和虚值期权。

（1）实值期权是指如果期权立即执行，买方具有正的现金流。

（2）平值期权是指如果期权立即执行，买方的现金流为零。

（3）虚值期权是指如果期权立即执行，买方具有负的现金流。

（四）交易所交易期权和柜台式期权

按交易场所的不同划分，期权可以分为交易所交易期权和柜台式期权。

1. 交易所交易期权

交易所交易期权是指一种标准化的期权，它有正式规定的数量，在交易所大厅中以正规的方式进行交易。

2. 柜台式期权

柜台式期权是期权的出售者为满足某一购买者的特定需求而产生的，它并不在交易大厅中进行，因此也被称为场外交易市场。场外交易市场的交易规模非常大。

（五）现货期权和期货期权

根据标的物的性质，期权可以分为现货期权和期货期权两类。

（1）现货期权是指以各种金融工具本身作为期权合约之标的物的期权，如各种股票期权、股价指数期权、外汇期权、债券期权等。

（2）期货期权是指以各种金融期货合约作为期权合约之标的物的期权，如各种外汇期货期权、利率期货期权及股票价格指数期货期权等。

五、期权的功能

（一）期权交易的保值功能

风险是由价格的不确定性变动引起的。所谓价格的不确定性变动，是指在未来某一时间，价格既可能发生有利的变化，也可能发生不利的变化。如果价格发生有利的变化，人们将获得意外的收益；反之，将会遭受损失。因此，所谓风险较大，是指人们获得意外收益的可能性与遭受意外损失的可能性都较大。这种风险，我们称为“对称性风险”。当标的物面临价格风险时，可以通过在期权市场上支付一定的期权费购买一种期权进行套期保值。这实际上是将“对称性风险”转化为“不对称性风险”。也就是说，在利用期权进行套期保值时，若价格发生不利的变化，则套期保值者可以通过执行期权来避免损失；若价格发生有利的变化时，套期保值者又可以通过放弃期权来保护利益。因此，人们通过期权交易，既可避免价格的不利变动所造成的损失，又可在相当的程度上保住价格的有利变化所带来的收益。

（二）期权交易的投机功能

一般而言，交易客户只有在与其相关标的物的价格出现小幅度波动或略有下降的情况下才会卖出看涨期权；只有在与其相关标的物的价格保持平稳或略有上升的情况下才会卖出看跌期权。卖出看涨期权和看跌期权的目的都只有一个，就是赚取期权费。

对于看涨期权的卖方来讲，其最怕出现的情况是：相关标的物价格上涨至足以使期权合约买方行使履约权利的水平，或者说相关标的物价格的上涨足以吞没掉所得到的期权费。

对于看跌期权的卖方来讲，其最怕出现这样的情况：相关标的物价格下降至足以使期权合约买方行使履约权利的水平，或者说相关标的物价格的下降足以吞没掉所得到的期权费。

（三）期权的价格发现功能

同期货一样，期权也具有价格发现的功能。原因在于期权价格的形成具有以下的特点：

（1）期权交易的透明度高；

（2）期权交易的市场流动性强；

（3）期权交易的信息质量高；

（4）期权价格的公开性；

（5）期权价格的预期性和连续性。

六、期权和期货的比较

（一）期权和期货的联系

（1）它们都是在有组织的场所——期货交易所和期权交易所内进行的。由交易所制定有关的交易规则、合约内容，由交易所对交易时间、过程进行规范化管理。

（2）场内交易都采用标准化合约的形式。由交易所统一制定交易规模、最小交易变动价位、涨跌停板、合约规格、合约月份等标准。期权合约的月份与交易规模大多参照相应的期货规模，以方便交易。

（3）它们都由统一的清算机构负责清算。清算机构对交易起担保的作用，清算所都是会员制，清算体系采用分级清算的方式，即清算所只负责对会员名下的交易进行清算，而由会员负责对其客户进行清算。

（4）它们都具有杠杆作用。交易时只需要交纳相当于合约总额很小比例的资金（保证金和权利金），能使投资者以小搏大，因而成为投机和风险管理的有效工具。

（二）期权与期货的区别

1. 权利和义务

期货合约的双方都被赋予相应的权利和义务，除非用相反的合约抵消，这种权利和义务在到期日必须行使，也只能在到期日行使，期货的空方甚至还拥有在交割月选择在哪一天交割的权利。而期权合约只赋予买方权利，卖方则无任何权利，卖方只有在对方履约时进行对应买卖标的物的义务。特别是美式期权的买者可在约定期限内的任何时间执行权利，也可以不行使这种权利；期权的卖者则须准备随时履行相应的义务。

2. 标准化

期货合约都是标准化的，因为它都是在交易所中交易的，而期权合约则不一定。在美国，场外交易的现货期权是非标准化的，但在交易所交易的现货期权和所有的期货期权则是标准化的。

3. 盈亏风险

期货交易双方所承担的盈亏风险都是无限的。而期权交易卖方的亏损风险可能是无限的（看涨期权），也可能是有限的（看跌期权），盈利风险是有限的（以期权费为限）；期权交易买方的亏损风险是有限的（以期权费为限），盈利风险可能是无限的（看涨期权），也可能是有限的（看跌期权）。

4. 保证金

期货交易的买卖双方都须交纳保证金。期权的买者则无须交纳保证金，因为买方的亏损不会超过其已支付的期权费，而在交易所交易的期权卖方则要交纳保证金，这跟期货交易一样。场外交易的期权卖者是否需要交纳保证金则取决于当事人的意见。

5. 买卖匹配

期货合约的买方到期必须买入标的物，而期权合约的买方在到期日或到期日之前则有买入（看涨期权）或卖出（看跌期权）标的物的权利。期货合约的卖方到期必须卖出标的物，而期权合约的卖方在到期日或到期之前则有根据买方意愿相应卖出（看涨期权）或买入（看跌期权）标的物的义务。

6. 套期保值

运用期货进行的套期保值，在把不利风险转移出去的同时，也把有利风险转移出去。而运用期权进行套期保值时，只把不利风险转移出去而把有利风险留给自己。

七、期权与远期的比较

（一）期权交易与远期交易的标的物不同

期权交易的标的物是一种合约选择权的买卖，它代表一种标的物选择买卖权利的形成和转移；远期交易的标的物则代表了一定数量的具体商品（如外汇、证券、黄金、商品等）的具体交割。

（二）期权交易与远期交易的履约责任在交易双方中的分担有差距

在交易所内进行交易的期权，期权购买者通过支付一笔期权费，并与出售方签订了期权交易合约后，购买方相应地就得到了一种可以随时根据市场行情或其他条件的变化自由决定履行或不履行期货合约或商品实物买进或卖出的权利，而不必承担义务；与之相反的是，在远期交易中，一旦签订合约，即使是市场价格发生了巨大的变化，参与交易的任何一方都不得在合约的有效期内按其自己的意愿，对事先已经签订的合约进行修改、放弃或立即执行，而必须在到期日的时候享有和履行买卖双方各自应承担的权利和义务。远期交易的最后双方必须提供商品实物交割。

（三）期权交易与远期交易的合约条款有极为明显的区别

在交易所内进行的期货、期权交易均以交易所制定的标准化、规范化的合约为对象。期货、期权合约为基础，这些标准化的合约一般对商品的品质、规格、数量、交货时间、交易最小涨跌幅、交割方式和交割地点等都作了具体、统一的规定，交易双方只需就价格和合约数量进行商谈确认即可；但是在远期合约交易中，远期合约属于交易双方为固定购销关系、减少价格风险而由双方签订的合约，且合约非标准化、非规范化，转让困难。

（四）期权交易与远期交易的风险责任和利益收益极为不同

在期权交易中，期权的买方只承担有限的风险，其所承担的风险仅限于缴纳给期权卖方的期权费，一旦损失超过期权费时，买方即放弃其所拥有的期权，而期权的卖方也只有比较有限的利润收益。因为无论价格走势是多么的不利，期权的买方至多丧失其所支付的期权费，而卖方则完全相反，无论价格走势对期权卖方是否有利，其所能获得的最大的收益仅是从期权买方得到的期权费，这笔期权费也就是卖方因承担的风险所得到的报酬或风险补偿。与此情况截然相反的是，在远期交易中，买卖双方的风险和收益是相当大的。理论上的合理演绎是：在价格走势出现剧烈的波动时，买卖双方的风险和收益都是不可估量和加以限制的。

第四节　互换合约

一、金融互换的定义

按照国际清算银行（BIS）的定义，金融互换是买卖双方在一定时间内，交换一系列现金流的合约。具体说，金融互换是指两个（或两个以上）当事人按照商定的条件，在约定的时间内，交换不同金融工具一系列支付款项或收入款项的合约。

互换是一种按需要定制的交易方式。互换的双方既可以选择交易额的大小，也可以选择期限的长短。只要互换双方愿意，从互换内容到互换形式都可以完全按需要来设计，由此而形成的互换交易可以完全满足客户的特定需求。

金融互换最基本的形式包括：（1）一种货币与另一种货币之间的互换；（2）同一货币的浮动利率与固定利率互换；（3）不同货币的固定利率与固定利率互换；（4）不同货币固定利率与浮动利率互换；（5）不同货币的浮动利率与浮动利率互换；（6）同一货币的浮动利率与浮动利率互换等。

二、金融互换的功能

（一）降低融资成本，提高资产收益

互换交易是基于比较优势而成立的，融资者通过互换交易，可充分利用双方的比较优势，大幅度降低融资成本。同理，投资者也可通过资产互换来提高资产收益。互换交易双方进行交易的主要动机是最终分配比较优势产生的全部利益。当一家企业或机构在某一市场具有融资优势，而该市场与该企业或机构的所需不符时，通过互换可以利用具有优势的市场进行筹措而得到在另一个市场上的所需。

（二）优化资产负债结构，转移和防范利率风险和外汇风险

互换交易使企业和银行能够根据需要筹措到任何期限、面值、利率的资金。同时可根据市场行情的变化，灵活地调整其资产负债的市场结构和期限结构，以实现资产负债的最佳搭配。由于互换是以名义本金为基础进行的，利率互换在对资产和负债利率暴露头寸进行有效操作中，具有比利用货币市场和资本市场进行操作的优势，它可以不经过真实资金运动而对资产负债额及其利率期限结构进行表外重组。在负债的利率互换中，支付固定利率相当于借入一笔名义固定利率债务，会延长负债的利率期限；而支付浮动利率相当于借入一笔名义浮动利率债务，会缩短负债的利率期限。在资产的利率互换中，收入固定利率相当于占有一笔名义固定利率债权，会延长资产的利率期限；而收入浮动利率相当于占有一笔名义浮动利率债权，会缩短资产的利率期限。

从防范风险方面看，如果某交易者所需求的货币币值极不稳定，通过货币互换可以换得币值相对稳定的需求货币，同时避免了因币值易变风险而带来的损失。由于交易者们对币值变动预测不同，且有甘愿承担风险的投机者参与，因此这种为保值、规避风险而进行的互换是能够完成的。在利率互换中，为避免利率上升带来的损失，有浮动利率负债的交易者就与负债数额相同的名义本金的固定利率的交易者进行互换，所收的浮动利率与原负

债相抵，而仅支出固定利率，从而避免利率上升的风险。

（三）空间填充功能

从利率上讲，空间填充功能是指金融机构依靠衍生工具提供金融中介，以弥合总体空间中存在的缺口和消除在此范围内的不连续性，形成一个理想的各种工具的不同组合，创造一个平滑连续的融资空间。从本质上讲，互换就是对不同融资工具的各种特征进行交换，它就像融资空间中的一架梭机，有人称为金融交易中的“集成电路”。货币互换以把一种通货负债换为另一种通货负债，从而弥合了两种通货负债间的缺口；利率互换将浮动利率负债换为固定利率负债，等于在浮动利率债券市场上筹措资金，而得到固定利率债券市场的效益。受到进入某一特定市场限制的机构或信用级别较低的机构可以通过互换，得到与进入受限制或信用级别要求较高的市场的同样机会，从而消除了业务限制和信用级别差异而引起的市场阻隔。互换交易具有明显的对融资工具不同特征“重新组合”的功能。

三、金融互换的种类

（一）利率互换

利率互换（interest rate swaps）是指双方同意在未来的一定期限内，根据同种货币的同样的名义本金交换现金流，其中一方的现金流根据浮动利率计算，另一方的现金流根据固定利率计算。互换的期限通常在 2 年以上，在浮动利率市场上具有比较优势。由于利率互换只交换利息差额，因此信用风险很小。

（二）货币互换

货币互换（currency swaps）是将一种货币的本金和固定利息与另一货币的等价本金和固定利息进行交换。货币互换的主要原因是双方在各自国家的金融市场上具有比较优势。由于货币互换涉及本金交换，因此当汇率变动很大时，双方将面临一定的信用风险。当然这种风险比单纯的贷款风险小得多。

（三）其他互换

从最普遍的意义来说，互换实际上是现金流的交换。由于计算或确定现金流的方法有很多，因此互换的种类也很多。除了上述最常见的利率互换和货币互换外，其他主要的互换品种有交叉货币利率互换、增长型互换、减少型互换和滑道型互换、基础互换、议价互换、零息互换与后期确定互换、边际互换、差额互换、远期启动互换、互换期权、股票互换。

四、金融互换的交易机制

（一）货币互换交易机制

1. 货币互换的基本原理

现代货币互换（currency swap）是从传统货币互换基础上发展起来的，它根据交易双方的互补需要，将持有的不同种类的货币，以商定的筹资本金和利率为基础，进行货币本金的交换并结算利息。货币互换交易一般有三个基本步骤：

（1）本金的初期互换，指互换交易之初，双方按协定的汇率交换两种不同货币的本金，以便将来计算应支付的利息再换回本金。初期交换一般以即期汇率为基础，也可按交易双方协定的远期汇率为准；

（2）利率的互换，指交易双方按协定利率，以未偿还本金为基础，进行互换交易的利率支付；

（3）到期日本金的再次互换，即在合约到期日，交易双方通过互换，换回期初交换的本金。

货币互换中的三个基本步骤，能够把一种货币的债务有效地转变为另一种货币而得到充分保值。货币互换交易实际上是一种互利互补的交换，通过互换，不仅可以降低双方的融资成本，还可使有关企业集团、政府机构等利用外国资本市场，获得本来不易获得的某种资金，而且有助于避免外汇风险。由于货币互换牵涉到一系列的不同货币本金与利息的互换，货币互换协议的达成往往需要更长的时间，文件制作方面也比较复杂。

2. 货币互换的作用

货币互换的作用主要表现在以下几个方面。

（1）降低融资成本。借款人可以利用某些有利条件，举借另一种利率较低的货币，通过货币互换，换成所需要资金的货币，来降低所需货币的融资成本。

（2）调整资产和负债的货币结构。借款人可以根据外汇汇率和各种货币的利率变化情况，通过货币互换，不断调整资产和负债的货币结构，使其更加合理，从而避免外汇汇率和利率变化带来的风险。

（3）借款人可以间接进入某些优惠市场。如果借款人直接进入某些优惠市场有困难，或者受到资信等级方面的限制，又或是费用太昂贵，借款人可以通过借入某一种货币取得较有利的利率，经过互换调换成另一种货币。这种方法相当于借款人间接地进入某些优惠市场。

（二）利率互换交易机制

1. 利率互换的基本原理

（1）利率互换的含义。

利率互换（interest rate swap，IRS）指两笔债务以利率方式相互调换，一般期初或到期日都没有实际本金的互换，而是把它当作名义本金，交换的只是双方不同特征的利息。对一项标准的利率互换的定义至少包括以下五项内容：①由互换双方签订一份协议；②根据协议双方各向对方定期支付利息，并预先确定付息日期；③付息金额由名义本金额确定，以同种货币支付利息；④互换一方是固定利率支付者，固定利率在互换之初商定；⑤互换另一方是浮动利率支付者，浮动利率参照互换期内某种特定的市场利率加以确定。双方互换利息，不涉及本金的互换。

利率互换可以使一些市场参与者进入在正常情况下由于信用级别等原因不能进入的市场。市场参与者越来越多地使用利率互换主要出于两个原因：一是对冲利率风险；二是在互换市场上投机，以从固定（浮动）利率交易中获利。利率互换对公司和银行还有如下好处：一是协议双方可在一较长时间内把原始利率由固定转为浮动，或者相反；二是可以降低双方融资成本。

（2）利率互换的基本形式。

利率互换的最普遍、最基本的形式是浮动利率与固定利率之间的单纯利率互换（plain vanilla swap），其实质就是将未来两组利息的现金流（浮动利率部分和固定利率部分）进行交换。在交换中，双方当事人最为关心的就是利率互换的价格。一方想用固定利率债务换取浮动利率债务，支付浮动利率；另一方想用浮动利率债务换取固定利率债务，支付固定利率。一般说，高信用评级的机构借入固定利率款项较容易，而低信用评级的机构容易借入浮动利率贷款。

2. 利率互换的作用

利率互换无论在锁定投资收益以规避利率风险方面，还是在利用相对优势套取利差，或是在尽可能降低利息负担方面都具有积极的作用，其在金融界和企业界均有十分广泛的运用，已成为一种管理利率风险的最为基本和非常有效的金融工具。

（1）获得低于市场利率的贷款，降低融资成本。

通过利率互换，客户能够获得低于市场上得到的固定利率贷款或浮动利率贷款，降低融资成本。

（2）操作方便。

利率互换创新金融工具自问世以来，便为公司财务人员和金融机构广泛使用，作为资产和负债管理的新颖工具，将资产或债务的浮动利率转换为固定利率，或将固定利率转换为浮动利率，安排手续简便，操作极为方便。利率互换协议无特别限制条款，一般只需较少的契约内容，很多条款都是标准化的。

从企业方面看，企业是汇率风险和利率风险的最终承受者，因此企业对汇率和利率风险是十分敏感的，企业运用利率互换既可以为其债务进行保值，也可以将其资产（收入部分）进行锁定，更可以作为弥补利率结构和货币分布缺口的风险管理工具，还可以动态且直观地判断出其保值的成本和选择保值时机。

从银行的角度看，银行可运用利率互换锁定其自身融资成本或投资收益，解决资产负债利率结构上的缺口。同时，银行进行利率互换为其客户提供风险保值的服务，从中赚取一定的收益（手续费收入），且该部分收益既可以反映在今后的现金流量中（将来值），也可以反映在当前价值（现值）上。

名词解释

场内交易　场外交易　金融远期合约　期货　期权　欧式期权　美式期权　金融互换　套期保值

思考题

1. 金融衍生工具有哪些类型？
2. 金融衍生工具的功能主要体现在哪些方面？
3. 期货合约进行标准化的目的是什么？
4. 期货合约有哪些类型？
5. 期货合约和期权合约之间有什么联系与区别？
6. 金融互换是如何交易的？

第九章　另类投资

第一节　另类投资概述

一、另类投资

（一）另类投资的定义

另类投资（alternative investment）又称替代投资或非主流投资，它所代表的是有别于股票、债券及期货等传统以公开方式进行交易的一类资本或实物资产。其主要的投资方式包括投资基金、不动产、私募股权、对冲基金、大宗商品交易、衍生品投资等。

（二）另类投资的回报

另类投资回报较高不是什么秘密。自1987年成立以来，黑石旗舰私人股权基金平均年回报为30.8%，税后并扣除管理费后为22.8%，远高过“非另类”基金的平均回报。黑石披露的文件显示，其管理的787亿美元资产，2006年投资净赚76亿美元，净收入高达26亿美元。767名员工（其中335名专业人员）平均每人创造财富330万美元，比在投资银行业执牛耳的高盛高出3倍有余，可见利润之丰厚。

（三）另类投资的运作

陶冬（2007）指出，另类投资运作的一个根本理念是：市场未必一定有效率，许多企业、项目的价格没有体现其内在价值，因而离公共交易平台越远，价格与价值之间的偏差可能越大。另类投资的重点便放在没有上市但具有包装潜力的企业和项目上，通过购买、重组、包装、套现，将收购的企业或项目的价值体现出来。

另类投资没有传统投资中的头寸限制，多采用杠杆操作，因为另类投资中包含了许多只需交纳少量保证金或权利金的衍生产品交易，这既增加了它的杀伤力，又带来了巨大的风险，对所投资的标的价格造成巨大影响，同时也放大了盈亏。加之另类投资的透明度一般较低，所以，另类投资是一种风险性极高的投资方式。

（四）另类投资的发展趋势

1. 全球化

经济全球化促进了金融全球化，这不仅体现在传统证券市场中，也体现在蓬勃发展的另类投资领域。

在全球私募股权中，一半以上的资金来源和去向是北美，欧洲占25%，但越来越多的私募股权投资公司开始把目光投向发展中的东亚市场，如2006年，在我国私募股权投资基金市场，国外私募占据了大部分市场份额，筹资比例达到86.3%，而我国仅有4只私募，筹资规模也相对较小。

2. 专业化

另类投资对于投资管理人的要求逐步提高。由于市场中存在大量资金寻求投资机会，因而对于缺少技术壁垒的投资机会，超额收益会在后续资金的进入下迅速消失。另类投资之所以能够长时间地保持较高的收益水平，正是由于投资管理人具备专业技术，能够在专业化的领域获得投资收益。

3. 平民化

很多另类投资方式，不仅由于对专业知识的要求较高，普通投资者难以进入，而且另类投资的总额大、流通性较弱，使这些投资方式成为富人的游戏，平民很难进入。但是随着另类投资进一步发展，特别是引入基金这一组织形式之后，使得很多个人投资者可以投入其中，扩大了另类投资的资金来源和投资者群体，投资趋势逐渐呈现平民化。

（五）全球另类投资发展现状

1. 从募资规模看

2020年以来，全球另类投资基金整体募资规模达1.08万亿美元。受新冠疫情影响，近十年来首次出现负增长，较2019年下降了近10%。进入2021年，前5月的募资规模为5050亿美元，已达到2020年整体规模的46%，如果这一规模增长态势得以持续，今年另类投资基金的整体募资规模将有望继续回到过去十年来的增长轨道。

其实，自2016年以来，募资增长规模已经出现明显放缓，2016—2019年平均年度增长6%。而从2001—2016年，平均年增长率达17%；最高的年份，如2013年和2016年，增长分别高达30.5%和25.9%。从基金性质构成来看，影响整体规模的增长或下降的主要动因来自私募股权基金，相比较其他几种另类基金而言，私募股权基金在过去十年来的表现最为显著。

此外，2020年无论是基础设施、不动产、自然资源，还是私募股权基金，都出现了一定程度的下滑，但是私募债的规模却出现了小幅增长。可见在受疫情影响全球经济增速放缓的背景下，投资人对资金安全性的需求增加。

2. 从不同资产类别的收益率情况看

另类资产中的直接借贷和全球交通的收益率分别为9.6%和9.5%，明显高于其他资产类别，包括美国的高收益债券（4.2%）、国际股票市场（2.2%）以及美国股票市场（1.4%）等。

3. 从资产组合的多样化看

从1989年以来的数据看，在不同投资组合中，持有30%的另类投资（包括对称基金、不动产和私募股权基金）的组合，相比篮子中只有股票和债券的组合，其整体的年化投资回报率要高，投资波动率明显下降。显而易见，另类投资不但会给投资组合带来较高回报，也可降低组合的投资收益的波动性。

二、另类投资的特点及其与传统投资的区别

（一）进行另类投资的原因

1. 多元化以降低风险

另类投资产品可以帮助降低风险，因为投资可分散于各个种类的投资工具。相对于共同基金而言，另类投资基金大多数持有领域更广阔的潜力投资产品。以对冲基金为例，它可以买入低流通仓盘、受限制股票和债务、衍生期权以及卖空股票。

Schneeweis Thomas和Richard Spurgin（1997）认为与传统的投资股票和债券的共同基金经理相比，对冲基金及商品交易顾问拥有不同的交易模式或风格（如进行长短仓或杠杆买卖）和交易机会（如商品和货币市场）。他们分析可能影响价格走势（上涨或下跌）的

因素并掌握相对回报变动从而获益。

2. 相关关系

很多另类投资与大市和传统模式投资走向有极弱的相关性，甚至呈反方向的关联。Schneeweis Thomas 和 Richard Spurgin（1997）指出对冲基金投资与股票、债券类投资组合的总体相关性低于其与风险基金和杠杆买断交易的相关性。这种低相关性使其在股票、债券组合表现最差的月份里获得优势。

（二）另类投资面临的风险

1. 锁定期（lock-up period）

投资者可能需要在一段时间内持续持有资产，或遵守标准的流通条款才能将投资赎回，锁定期通常有 6 个月至 5 年不等。

2. 流动性低

Nicholas Joseph G.（1999）指出投资者每月或每季度只能有一次机会要求赎回投资，有限合伙人数目有限制的基金也会要求投资者提前 30—90 天（不包括有关流动性限制）通知基金其欲在流动性窗口开放之前赎回投资。所以，投资者不能够及时地将基金赎回。

3. 缺乏信息

Nicholas Joseph G.（1999）在书中还写道，由于大部分另类投资的经理人不会公开推广其基金，所以投资者可能取得的有关基金的信息相对有限，而且经理人无须每日计算基金的表现和资产净值变动，通常只是每月或每季度汇报一次。

（三）另类投资与传统投资的区别

1. 投资工具不同

另类投资的投资市场并不是股票或债券，而是商品，例如能源、黄金、矿产等，房地产（REITS 类基金）、气候型衍生产品（如巨灾期权），乃至于艺术投资及私募型基金皆可视为另类投资的工具。

2. 投资理念不同

另类投资运作的根本理念相较传统投资有较大变化：根据有效市场假设（EMH），传统投资理念认为市场是有效的，投资取得市场平均收益，然而另类投资的根本理念是市场未必有效（陶冬，1997）。如在股权投资方面，许多企业项目的价格没有体现其内在价值，因而离公共交易平台越远，价格与价值之间的偏差可能越大。正是基于此，另类投资的重点是在没有上市但是具有包装潜力的企业和项目上，通过购买、重组、包装、套现，将收购的企业或项目的价值体现出来。房地产、艺术品、葡萄酒等市场因存在广泛的信息不对称，市场亦被认为是非有效的。

3. 收益率与风险不同

另类投资的收益与风险都要高于传统投资。同时，在同一投资水平下，另类资产的收益波动区间远远大于传统资产，即另类投资的风险高于传统投资，传统资产波动区间不超过5%，固定收益产品只有0.5%，而另类资产的波动区间普遍在10%左右。另类投资的收益与风险都加大，对投资者的专业化程度以及风险控制方面提出更高的要求。

4. 流动性不同

由于不在公共交易平台上运作，另类投资还有一个重要的特点就是流动性较低。一个项目从购入到套现通常需要几年的时间，使得另类投资基金一般设有5—10年的锁定期，中途赎回较为困难。

5. 投资门槛

传统投资通常具有较低的投资门槛，普通投资者可以通过证券账户购买股票或基金。而另类投资通常对投资者的要求较高，例如，私募股权投资可能需要投资者具备一定的财富和专业知识，并符合特定的合格投资者标准。另类投资作为金融市场的新兴领域，为投资者提供了多样化和创新的投资机会。与传统投资相比，另类投资在投资对象、风险回报特征、投资风格、投资周期、流动性和投资门槛等方面存在显著差异。

6. 投资周期

传统投资通常具有较短的投资周期，例如，股票投资可以随时进行买卖。相比之下，另类投资通常需要更长的投资周期，例如，艺术品或房地产投资可能需要数年甚至更长时间来实现回报。

三、另类投资的主要方式

（一）不动产投资

1. 定义

不动产（real-estate，又称房地产）是相对于动产而言的，它强调财产和权利载体在地理位置上的相对固定性，是指土地、建筑物及固定在土地、建筑物上不可分离的部分。由于不动产具有消费、保值、增值和获取高收益等功能，不动产投资已成为投资领域的一个热点，房地产业也成为当今世界各国经济发展的重要支柱产业之一。

2. 不动产投资的特点

在市场经济下，投资领域和投资工具都很多，但不动产投资具有特别的诱惑力，吸引着越来越多的投资者。归根结底是因为房地产投资是一项收益大而风险相对较小的投资活动。与其他投资项目相比，不动产投资具有以下特点：

（1）土地位置相对固定，土地资源稀缺且不可替代，供给有限，供给弹性趋近于零，而土地的需求却具有不断增加的趋势。所以，不动产价格具有不断提高的趋势。

（2）收益多样性。不动产投资除了可以获得增值收益外，还可以获得多重收益：①不动产租金收益；②不动产销售收益；③纳税扣除收益；④运用房地产抵押贷款负债经营。

（3）投资和消费的双重性。不动产既是一种必需品，又是一种奢侈品；既是一种消费品，又是一种投资品。

（4）社会地位的象征。不动产不仅可以获得较高的盈利，而且可以获得一些非经济收益——名声、地位和心理的满足等。一套宽敞、舒适的房屋可以给人们带来身心的愉悦，有时甚至成为经济实力和社会地位的一种标志。

（5）不动产投资风险相对较小，具有保值增值的作用。与股票、债券和银行储蓄相比，不动产能够更好地规避通货膨胀的风险。

（二）私募股权

1. 定义

狭义的私募股权投资主要是指对已经形成一定规模并产生稳定现金流的成熟企业在首次公开发行股票之前进行的私募股权投资部分，即创业后期的私募股权投资。从事私募股权投资的主体是私募股权投资基金（private equity fund），私募股权投资基金一般是指专门成立的基金管理公司，向具有高增长潜力的未上市企业进行股权或准股权融资，继而参与到被投资企业的经营管理活动中去，等到企业发育成熟后再通过转让股本的方式实现资本增值。由于私募基金的销售和赎回都是通过基金管理人与投资者私下协商来进行的，因此它又被称为向特定对象募集的基金。

2. 私募股权基金的形式

（1）契约形态：私募基金可以采取与我国公募基金相同的契约形式。存在着私募基金投资人及其组成的持有人大会、私募基金管理机构、托管机构三方关系。

（2）公司形态：基于共同出资入股成立股份公司的公司型集合投资基金。投资人认购基金份额后，成为基金的股东，基金的重大事项和投资决策由公司董事会决定。

（3）有限合伙：这是国外最常见的形态。由发起人担任一般合伙人（GP），投资人担任有限合伙人（LP）。

3. 私募股权基金的特点

（1）私募基金通过非公开方式募集资金；

（2）在募集对象上，私募基金的对象只是少数特定的投资者，圈子虽小门槛却不低；

（3）私募基金的投资更具隐蔽性。

（三）风险投资

1. 定义

风险投资（venture capital）广义上指用于私人权益投资的资金，狭义上讲，主要投资于企业的创业阶段或产业化早期，为企业提供研发或营运资金。

风险投资一般涉及 5 个阶段：种子期（seedstage）、初创期（start-up stage）、成长期（expansion stage）、扩张期（later stage）和成熟期（mezzanine stage）。

2. 风险投资的特点

（1）高风险、高收益性。风险投资主要用于支持刚刚起步或尚未起步的高技术企业或高技术产品。这些企业或产品技术成功的把握相对较小，可能出现因技术失误而导致生产的延迟甚至企业的夭折。

（2）长期性。风险投资的投资周期一般要经过研发、创业投资、扩大生产和盈利进一步扩大等几个阶段，直至最后上市转让股权、收回投资，投资者才能获得资本收益。这个过程一般持续 3—7 年。

（3）权益性。风险投资不是一种借贷资本，其目的不在于获取传统贷款的利息收益，也不为获得一般股权投资的分红派息。风险投资是一种权益资本，通过辅导风险企业的发展上市并转让股权，投资者得到资本收益。

（4）管理性。风险投资者与企业的经营有着持续的联系，为企业提供思路、见解和发展空间。

（四）对冲基金

1. 定义

对冲基金（hedgefund）与普通的基金类似，运用适度的杠杆，从事股票的买空和卖空交易。对冲基金本质上是集体性质的投资工具，具有法人地位。

2. 对冲基金的特征

（1）投资活动的复杂性。近年来，结构日趋复杂、花样不断翻新的各类金融衍生产品，如期货、期权、掉期等，逐渐成为对冲基金的主要操作工具。

（2）投资效应的高杠杆性。典型对冲基金往往利用银行信用以极高的杠杆借贷（leverage）在其原始资金量的基础上几倍甚至几十倍地扩大投资资金，从而达到最大限度获取回报的目的。

（3）筹资方式的私募性。对冲基金的组织结构一般是合伙制，基金投资者以资金入伙，提供资金但不参与投资活动，而基金管理者负责基金的投资决策。

（4）操作的隐蔽性和灵活性。对冲基金与面向普通投资者的证券投资基金在操作上也有很大不同。证券投资基金一般都有较明确的资产组合定义，即在投资工具的选择和比例上有确定方案。而对冲基金则完全没有这些方面的限制和界定，可利用一切可操作的金融工具和组合，最大限度地使用信贷资金，以牟取高于货币市场平均利润的超额回报。

（5）管理者的资金参与性。对冲基金管理者除了作为有限投资合伙制的一般合伙人外，还需将自己的资金投资于所管理的基金中。

（五）大宗商品交易

1. 定义

大宗商品（bulk stock）是指可进入流通领域，但非零售环节，具有商品属性，用于工农业生产与消费使用的大批量买卖的物资商品。我国大宗商品交易流通首先是从大量建设现货批发市场起步的，现货批发市场的运行对我国国民经济的发展起到了积极的促进作用。在金融投资市场，大宗商品指同质化、可交易、被广泛用于工业基础原材料的商品，如原油、有色金属、农产品、铁矿石、煤炭等。大宗商品包括3个类别，即能源商品、基础原材料和大宗农产品。

2. 大宗商品交易特点

（1）现货仓单标准化。现货交易的所有条款包括商品的等级、质量、数量、色泽等都是预先规定好的，具有标准化的特点。

（2）网上交易集中化。电子交易市场是一个高度组织化、管理制度严格的市场，交易最终在网上集中完成。

（3）双向交易和对冲机制灵活的交易方式。因为现货仓单的标准化，所以绝大部分交易可以通过反向对冲操作解除履约责任，交易者可以在价格低时买进现货仓单，等价格上涨后卖出对冲平仓；也可以在价格高时先卖出，价格下跌后买进对冲平仓，双向获利。

（4）可自由调节履约金的杠杆机制。履约金制度是众多交易商参与市场需要面对的首要问题。电子交易市场通常提供的是20%—100%履约金制度，这样参与市场的交易商就可以根据自己的实际情况选择不同的履约金方式。

（六）其他的另类投资

其他的另类投资还包括黄金投资、巨灾期权、碳交易、天气衍生品、葡萄酒投资和艺术品投资等。

第二节　私募股权投资

一、概述

（一）私募股权投资的定义

私募股权投资起源于美国，至今已有 100 多年的历史。在美国它有严格的定义：广义的私募股权投资可以涵盖企业首次公开发行前（pre-IPO）各阶段的权益投资。狭义的私募股权投资主要是指对已经形成一定规模，并产生稳定现金流的成熟企业在首次公开发行股票之前进行的私募股权投资部分，即创业后期的私募股权基金投资。其中并购基金和夹层资本在资金规模上占最大的一部分，狭义上的私募股权投资不包括创业投资。在中国 PE 常被用来代指狭义的私募股权投资。

（二）私募股权投资的参与者

从事私募股权投资的主体被认为是私募股权基金（privateequity fund）。私募股权基金一般是指专门成立的基金管理公司，向具有高增长潜力的未上市企业进行股权或准股权融资，继而参与到被投资企业的经营管理活动中，等到企业发育成熟后再通过转让股本的方式实现资本增值。作为从事私募股权投资的主体，私募股权基金一方面从不特定的机构投资者和富有的个人投资者手中筹集资金，另一方面私募股权基金用筹得的资金为未上市公司提供股权融资。

私募股权基金的资金提供者是投资者，包括个人投资者和机构投资者。与公募基金不同，私募基金投资的起点较高，所以私募股权基金的投资者一般是富有的家庭和个人。机构投资者包括政府养老基金、企业养老基金、捐赠基金、保险公司、大型企业、投资银行等机构。机构投资者投资方式有两种：一种是直接将资本投资于企业，另一种是成为私募基金的合伙人或者股东。前者称为直接机构投资者，后者称为间接机构投资者。由于直接投资的风险较大，许多机构投资者都属于间接的机构投资者。

接受私募股权基金投资的企业大多数是没有发展成熟的未上市企业。这些企业具有良好的市场前景和很大的增长潜力，但同时在技术、管理、市场等诸多方面具有不确定性，存在失败的风险。吸引私募股权基金的企业一般有如下特征：无形资产优良、管理团队出色、产品的可替代性强、行业门槛高。同时对企业来讲私募股权基金的注入可以缓解融资渠道问题，带来管理经验上的帮助，有利于快速打开市场。

私募股权投资的参与者如图 9－1 所示。

图 9－1　私募股权投资的参与者

（三）私募股权投资与公共股权投资的区别

私募股权投资具有非流动性、股权集中、估值困难，以及在投资的同时对企业兼有控制和指导行为的特点。

公共股权投资具有流动性、股权分散、估值相对容易，以及投资活动与控制和指导行为分离等特点。

另外，私募股权投资与公共股权投资的投资目标不同，具体如图 9－2 所示。

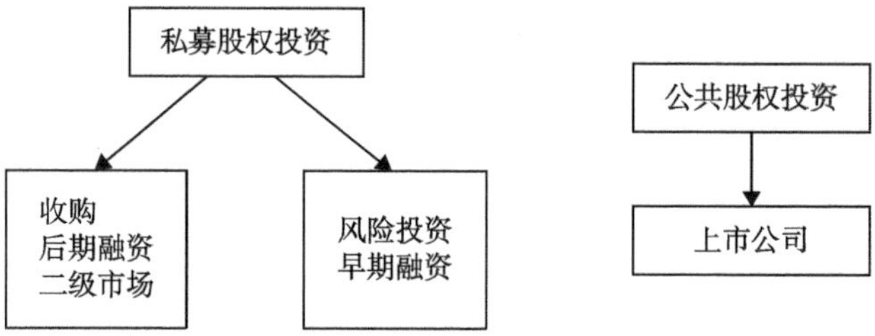

图 9－2　私募股权投资与公共股权投资的目标

二、私募股权投资的特点

与其他类型的基金相比，私募股权基金具有一些比较特殊的特征，包括投资的运作期限长、对产业认知度高、投资于企业的成长和扩张期。此外，由于风险和收益相匹配的原则，在追求高收益的同时，私募股权基金也面临着高风险。

（一）投资的运作期限长

国际上成熟的私募股权基金的投资周期一般在5—10年，一些比较经典的成功案例的投资周期达到10年以上。从投资期限上来看，基于股权投资基础的私募股权基金具有天然的长期特征，可以在相当长的时间内安排投资的期限结构，但其灵活性大大高于其他的投资方式。私募股权基金往往是在企业初创阶段就投入资金，一般需要经过3—8年才可能退出并取得收益，而且在此期间还要不断地对有成功希望的企业追加投资。由于其流动性较小，因此也有人称私募股权基金为“呆置资金”。

（二）对产业认知度高

私募股权基金的投资者特别是GP，需要对投资对象所处的产业相关知识非常熟悉，根据企业产品的竞争力、管理层、组织运作等方面的情况，挑选出那些管理好、成长性高的企业是十分关键的。他们需要从LP手中获得资金，并通过投资企业实现回报。因此，一家私募股权基金为了在市场上能够生存，就必然要通过不断的努力来改善它的投资业绩。在不断地优胜劣汰中，经营良好的私募股权基金就会形成一个专业化的投资团队，并且形成一整套良好的经营理念。

（三）投资于企业的成长和扩张期

私募股权基金大多资金实力雄厚，不愿意承担太大的风险，也不愿意从事回报率较低的投资，投资于企业的成长和扩张期能更好地满足它们的投资需求。私募股权基金通常在这两个高速发展期进入公司，提供企业发展必需的资金，并提供必要的增值服务，然后会在企业上市后逐步套现退出。在寻找投资对象时，私募股权基金主要考察这个企业所在的行业和市场是否处于产业发展曲线的高速发展期。如果是太早，则整个行业还没发展起来，此时风险太高；如果处于后期，行业没有成长性，市场处于寡头垄断中，利润会很低。

三、私募股权投资的发展现状

根据融中数据显示（见图9－3），2023年前三季度中国私募股权行业共有3,440起投资事件，同比下降29.15%；投资金额为4,754.74亿元，同比下降38.83%；平均单笔投资金额为1.38亿元，投资金额集中度较2022年同期的1.60亿元同比下降13.66%[①]。

---

① 资料来源：中国基金业协会，融中研究整理。

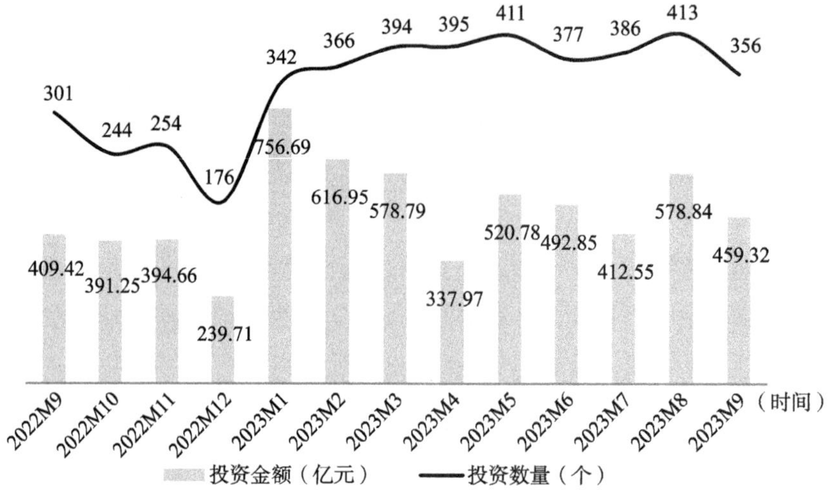

图 9－3　2022 年 9 月至 2023 年 9 月私募股权投资金额及投资数量情况

从地域分布来看，根据融中数据显示（见图 9－4），2023 年前三季度投资数量前五名分别为广东省、江苏省、北京市、上海市、浙江省，投资金额前五名分别为上海市、江苏省、广东省、北京市、浙江省。

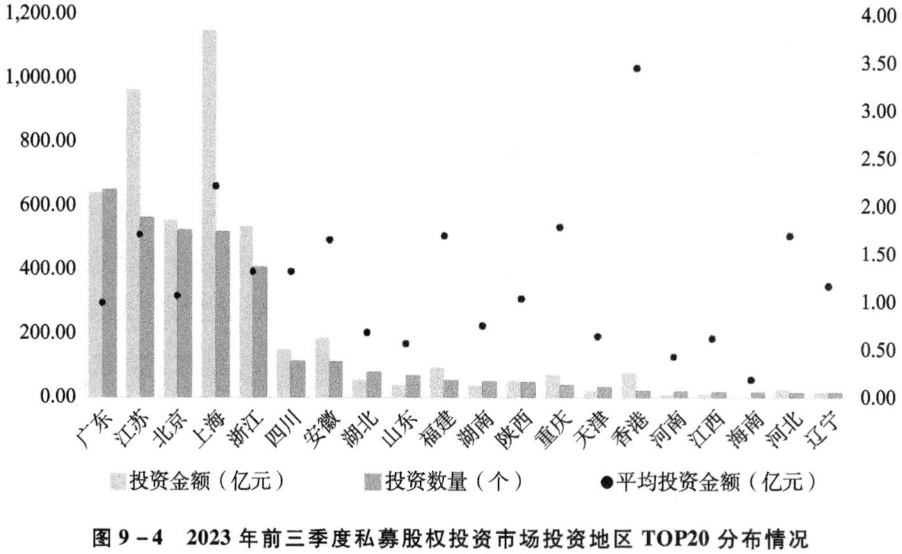

图 9－4　2023 年前三季度私募股权投资市场投资地区 TOP20 分布情况

2023 年前三季度广东省有 649 笔投资，合计投资金额 640. 33 万元，平均单笔投资金额 0. 99 亿元。江苏省有 564 笔投资，合计投资金额 959. 58 亿元，平均单笔投资金额 1. 70 亿元。北京市有 525 笔投资，合计投资金额 556. 48 亿元，平均单笔投资金额 1. 06 亿元。

上海市有 519 笔投资，合计投资金额 1, 144. 39 亿元，平均单笔投资金额 2. 20 亿元。

浙江省有 408 笔投资，合计投资金额 535.15 亿元，平均单笔投资金额 1.31 亿元[①]。

四、私募股权资金的来源

我们从不同角度来分析私募基金的资金来源：

（1）从募集方式角度：私募股权基金是通过非公开方式募得资金。

（2）从投资期限角度：由于投资期限非常长，因此其资金来源主要是长期投资者。

（3）从风险偏好角度：由于其风险较大，因此其资金来源主要是高风险偏好者。

（4）从投资者财富角度：由于其投资门槛高，因此资金来源主要是比较富有的个人和机构投资者。

（5）从公司组织角度来看：公司制私募股权基金的资金来源于公司自有资金和对外募集资金，信托制私募股权基金的资金来源于委托人，有限合伙制私募股权基金的资金主要来源于 LPs。

（6）从全球的情况来看，私募股权基金的资金来源主要是稳定的机构投资者，包括养老金、捐赠基金、保险公司、商业银行和公司投资者，而个人投资者所占的比例一般不超过 10%。在欧洲和美国，养老基金和银行在私募股权基金资金来源中所占的比例较大，个人及家庭投资者占的比例较低。而在中国，情况恰巧相反，大多数资金来源于企业和富有的个人投资者。这是因为：

第一，我国的养老金绝大部分由政府管理，采用稳健策略并不追求高收益，所以对私募股权投资较为谨慎；

第二，我国保险资金运用监管较为严格，进入私募股权投资的行业还未完全开放。

五、私募股权投资流程

就单个投资项目而言，典型的私募股权基金投资流程主要包括三个阶段：

第一阶段：从获得项目信息到签署购买协议；

第二阶段：从签署购买协议到交易结束；

第三阶段：从交易结束到退出。

① 资料来源：中国基金业协会，融中研究整理。

六、私募股权投资的形式

（一）创业投资

创业投资基金（venture capital，VC）即风险投资，是由职业金融家投入新兴的、迅速发展的、有巨大竞争潜力的企业的一种权益资本。广义上，其指用于私人权益投资的资金，狭义上讲，其主要投资于企业的创业阶段或产业化早期，为企业提供研发或营运资金。

创业投资基金是私募股权基金的最早形式，在发达国家已经有50余年的历史。一般情况下，创业投资基金是专指以股权方式投资于新兴的、有巨大潜力的中小企业的投资活动，其所投资的对象除了具有高度风险外，往往是新的、快速成长的企业，风险投资期望能从中获得巨额利润。更广义的定义是，凡是对以高科技与知识为基础、生产与经营技术密集的创新产品或服务的投资，都可视为风险投资。

（二）收购基金

收购基金（buy-out fund）是专注于对企业进行并购的基金。其投资手法是，通过收购控股成熟且稳定增长的企业，实施内部重组、行业整合等帮助企业确立市场地位、提升内在价值，一旦实现了价值的增值，再通过各种退出机制撤出资本、实现收益。并购基金与其他类型投资的不同表现在：风险投资主要投资创业型企业，并购基金选择的对象是成熟企业；其他私募股权基金对企业控制权毫无兴趣，而并购基金旨在获得目标企业的控制权。收购基金的核心是杠杆收购（leverage buy-out，LBO）和管理层收购（management buy-out，MBO）。

（三）夹层融资

夹层融资（mezzanine finance）属于私募股权投资中的一种特殊的投资策略。夹层融资是一种介于优先债务（senior debt）和股本之间的融资方式，从夹层资本的提供方的角度出发，称为夹层资本；从夹层资本的需求方的角度出发，称为夹层债务。这笔资本或债务依附的金融工具通常以夹层贷款的形式出现。

（四）重振资本

重振资本（turn-around capital）是指帮助已经陷入危机或者可能陷入危机的企业重

新恢复经营和财务上的稳定，保证股东利益最大化。这类企业一般处于传统行业，出现财务危机或者处于重组中，但仍具有长期的市场生存能力。尽管大多数重振资本都是不同的，没有固定的模式，但是它们还是具有一些共同的要素：第一，重振企业具有核心的生存能力；第二，重振的手段和经验丰富；第三，给予重振企业财务支持；第四，完善重振企业的经营管理。经验表明，一旦企业具有核心的生存能力，重振的目标就较容易实现。接受重振资本的企业不一定是未上市企业，也有可能是已经上市的公司。重振资本帮助公司重新发展，从而实现公司的重新上市，或者把公司从退市的边缘挽救回来。

（五）上市后私募投资

上市后私募投资（private investment in public equity，PIPE）投资于上市公司非公开发行的股权。在我国的情况类似于专门投资于上市公司定向增发股票的基金。这类投资者获得的股票价格通常相对二级市场上交易的股票价格有一定的折扣，但会附带一定的锁定期，从而丧失部分的流动性。现在也有些学者把定位于 Pre-IPO 的 PE 基金归于 PIPE 这个种类，理由在于其投资后的企业很快 IPO 成为上市公司。

七、私募股权投资基金经营中的风险

在经营过程中，私募股权投资基金可能遇到各种各样的风险。这些风险主要包括：

（一）市场风险

通常情况下，任何创新产品与新的服务模式的市场竞争都是非常激烈的，而且竞争形式、手段都在变化。市场风险是导致新技术、新产品商业化失败的核心风险。

（二）技术风险

（1）开发风险。高新技术的成功开发，会给投资者带来满意的回报，然而在 PE 选择产品时，一般来说，仅仅是一个技术开发成果或产品样品，而此时创业者的技术一般还不是成熟的技术，而是新技术。

（2）转化应用风险。目标企业的经营活动在很大程度上是一项科技成果转化的过程。

（3）技术寿命风险。高新技术的发展日新月异，从而 PE 投资人必须考虑投入 PE 资本的规模与技术成果转化需要的时间。

（三）经济风险

在目标企业的技术成果商品化的过程中，将不可避免地遇到配套风险，即一项科研成果的转化，需要一定的配套条件作为目标企业的运作环境。而此时，如果国家经济体制、法律、政策的不完善或变动将可能给 PE 造成损失，这时就产生了经济风险。

（四）管理风险

PE 投资公司能否成功运作与管理是否到位密切相关，如果创业者素质差，独断专行，员工无凝聚力，管理松散，必然使管理风险增大。PE 的管理风险主要包括：第一，意识风险。PE 应该有强烈的风险意识，如果以为“种瓜得瓜，种豆得豆；只要播种，必有收获。”盲目投资，风险必将由此而生。目标企业在生产经营过程中，若过于追求短期效益，目光仅局限于技术创新，忽视管理创新、制度创新，也会大大增加其投资风险。第二，组织人事风险。目标企业的成功运作需要优秀的管理人才，人才是目标企业最宝贵的资源之一，其数量、质量、结构在很大程度上决定着企业的兴衰成败。如果由于企业组织的调整、创新滞后，造成高素质人才流失，则企业的技术开发、市场营销等都将受到很大的影响。

第三节　不动产投资

一、不动产的内涵及特征

所谓“不动产”，依据《中华人民共和国担保法》第九十二条规定：“本法所称不动产是指土地及房屋、林木等地上附着物。”可见，不动产（real-estate）是相对于动产而言的，它强调财产和权利载体在地理位置上的相对固定性，具体是指土地以及建筑物等土地定着物，是权益和实物的综合体。目前，国内对不动产一词的使用尚不规范，鉴于此，若未作特别说明，本章使用的“房地产”一词与“不动产”含义相同。

房地产作为一种特殊的商品，除具有一般商品的共性外，还具有许多自身的特征。

二、房地产投资的特性

受制于房地产的不可移动性、异质性和弱流动性等特性，房地产投资形成了区别于其他类型投资的重要特性。

（一）区位选择异常重要

房地产的不可移动性，决定了房地产投资的收益和风险不仅受地区社会经济发展水平和发展状况的束缚，还受到其所处区位及周边市场环境的影响，人们常说位置决定了房地产的投资价值，房地产不能脱离周围的环境而单独存在，就是强调了位置对房地产投资的重要性。只有当房地产所处的区位对开发商、置业投资者和租户都具有吸引力，即能使开发商通过开发投资获取适当的开发利润、使置业投资者获取合理稳定的经常性租金收益、使租户方便地开展经营活动以赚取正常的经营利润并具有支付租金的能力时，这种投资才具备了基本的可行性。

（二）适于进行长期投资

土地不会毁损，投资者在其上所拥有的权益通常在 40 年以上，而且拥有该权益的期限还可以依法延长：地上建筑物及其附属物也具有很好的耐久性。因此，房地产投资非常适合作为一种长期投资。

房地产同时具有经济寿命和自然寿命。经济寿命是指地上建筑物对房地产价值持续产生贡献的时间周期。自然寿命是指从地上建筑物竣工之日开始，到建筑物的主要结构构件和设备因自然老化或损坏而不能继续保证建筑物安全使用为止的持续时间。自然寿命一般要比经济寿命长得多。许多房地产投资者都把房地产投资作为一项长期投资，从开发建设开始，就重视其长期投资价值的创造、维护和保持，以使得房地产投资项目的全寿命周期利益最大化。

（三）需要适时的更新改造投资

从持有房地产作为长期投资的角度出发，必须努力使所投资的房地产始终能在激烈的市场竞争中处于有利的地位。这就要求投资者适时调整房地产的使用功能，以适应市场环境的变化。房地产的收益是在使用过程中产生的，投资者通过及时调整房地产的使用功能，使之适合房地产市场的需求特征，不仅能增加房地产投资的当前收益，而且能保持甚至提升其所投资房地产的价值。

例如，写字楼的租户需要更方便的网络通信服务，那就可以通过升级现有网络通信设施来满足这种需求；购物中心的租户需要改善消费者购物环境、增加商品展示空间，那就可以通过改造购物中心的空间布局来满足这些需求；公寓内的租户希望获得洗衣服务，那就可以通过增加自助洗衣房、提供出租洗衣设备来解决这一问题。按照租户的意愿及时调整或改进房地产的使用功能十分重要，这可以极大地增加对租户的吸引力。对投资者来说，如果不愿意进行更新改造投资或者其所投资房地产的可改造性很差，则意味着投资者会面临着较大的投资风险。

（四）易产生资本价值风险

异质性是房地产的重要特性，市场上没有两宗完全相同的房地产。由于受区位和周围环境的影响，土地不可能完全相同，两个建筑物也不可能完全一样，即使是在同一条街道两旁同时建设的两幢采用相同设计形式的建筑物，也会由于其内部附属设备、临街状况、物业管理情况等的差异而有所不同，而这种差异往往最终反映在两宗物业的租金水平和出租率等方面。

房地产的异质性，也导致每宗房地产在市场上的地位和价值不可能一致。这就为房地产市场价值和投资价值的判断带来了许多困难，使投资者面临着资本价值风险。因此，房地产投资者除了需要聘请专业房地产估价师帮助其进行价值判断以外，还要结合自身的眼光、能力和经验进行独立判断，因为相同市场价值的房地产却有着因人而异的投资价值。

（五）变现性差

变现性差是指房地产投资在短期内无损变现的能力差，这与房地产资产的弱流动性特征密切相关。虽然房地产资产证券化水平在逐渐提高，但也不能从根本上改变房地产资产流动性差的弱点。

房地产资产流动性差的原因，与房地产和房地产市场的本质特性密切关联。一方面，由于房地产的各种特征因素存在显著差异，购买者也会存在对种种特征因素的特定偏好，因此，通常需要进行多次搜寻才能实现物业与购买者偏好的匹配；另一方面，对于同一物业而言，不同卖方和买方的心理承受价格都存在差异，因此只有经过一段时间的搜寻和议价，实现买卖双方心理承受价都存在差异。所以，只有经过一段时间的搜寻和议价，实现买卖双方心理承受价格的匹配，才有可能达成交易。而房地产价值量大所导致的买卖双方交易行为的谨慎，以及房地产市场中交易分散、信息不完备程度高等特点，又进一步延长了搜寻时间。房地产的变现性差往往会使房地产投资者因为无力及时偿还债务而破产。

（六）易受政策影响

房地产投资容易受到政府宏观调控和市场干预政策的影响。由于房地产在社会经济活动中的重要性，各国政府均对房地产市场倍加关注，经常会有新的政策措施出台，以调整房地产开发建设、交易和使用过程中的法律关系和经济利益关系。而房地产不可移动等特性的存在，使房地产投资者很难避免这些政策调整所带来的影响。政府的土地供给、公共住房、房地产金融、税收和市场规制等政策的变更，均会对房地产的市场价值，进而对房地产投资意愿和投资效果产生影响。

（七）依赖专业管理

房地产投资离不开专业化的投资管理活动。在房地产开发投资过程中，需要投资者在获取土地使用权、规划设计、工程管理、市场营销、项目融资等方面具有管理经验和能力。房地产置业投资，也需要投资者考虑租户、租约、维护维修、安全保障等问题，即使置业投资者委托了专业物业资产管理公司，也要有能力审查批准物业资产管理公司的管理计划，与物业资产管理公司一起制定有关的经营管理策略和指导原则。此外，房地产投资还需要房地产估价师、房地产经纪人、会计师、律师等提供专业服务，以确保置业投资总体收益的最大化。

（八）存在效益外溢和转移

房地产投资收益状况受其周边物业、城市基础设施与市政公用设施和环境变化的影响。政府在道路、公园、博物馆等公共设施方面的投资，能显著提高附近房地产投资的价值和收益水平。例如，城市快速轨道交通线的建设，使沿线房地产资产由于出租率和租金水平的上升而大幅升值；城市棚户区改造和城中村改造等大型城市更新项目的实施，也会使周边房地产资产的价值大大提高。从过去的经验来看，能准确预测到政府大型公共设施建设并在附近预先投资的房地产投资者，都获得了较大的成功。

三、影响不动产价格的因素

不动产价格是不动产商品价值的货币表现，关系到不动产所有权和使用权在经济上的实现、不动产市场运行的市场秩序和资源的优化配置。它受到多种因素的影响，这些从不同的侧面，以不同的程度影响着不动产价格的评估。一般可以按两种方法对其进行分类。一种方法是将影响因素分为一般因素、个别因素和区域因素。一般因素是指对各个地区、各种类型的不动产价格水平都有所影响的因素；个别因素即不动产本身的个别特性中对不动产价格有所影响的因素；区域因素是指对某一区域范围内的不动产价格水平有影响的因素。

另一种方法主要是将影响不动产价格的因素分为供求因素、自身因素、环境因素、人口因素、经济因素、社会因素、行政因素、心理因素及其他因素等。

四、不动产估价方法

理性的投资者要投资不动产必然要进行投资价值分析，也就是对不动产进行估价。另外，不动产投资一般都要涉及巨额的资金流动，而且要面对较高的时间价值风险，因而，采用有效合理的不动产评价方法对不动产的投资价值进行较为准确的估计显得尤为重要。一般来说，不动产的评价方法体系有市场比较法、收益还原法、成本逼近法、假设开发法、现金流贴现法等。市场比较法、收益还原法、成本逼近法是不动产估价的三种经典估价方法。下面我们将介绍最常用的两种不动产估价方法。

（一）市场比较法

市场比较法（market comparison approach）又称为买卖实例比较法、现行市价法、交易实例比较法、市价比较法、市场资料比较法、市场法等，是指在评估一宗不动产价格时，将待估不动产与类似不动产的近期交易价格进行对照比较，通过交易情况、交易日期、区域因素和个别因素等进行修正，得出待估不动产在评估基准日的正常合理价格。由市场比较法得到的价格称为比准价格，该价格经过市场调节后，得到市场价值。它是不动产估价方法中最常用的基本方法之一，也是目前国内外广泛应用的经典估价方法。

市场比较法的基本计算公式为：

$$P = P' \times A \times B \times C \times D \times E$$

其中，P 为待估房地产估计价格；P'为可比交易实例价格；A 为交易情况修正系数；B 为交易日期修正系数；C 为标准化修正系数；D 为区域因素修正系数；E 为个别因素修正系数。

运用市场比较法评估房地产，是建立在充足的案例资料基础上的。而交易实例所涉及的内容方方面面甚是繁杂，在收集交易实例时，我们应注重对以下几项内容的收集：成交价格、日期、付款方式、交易实例不动产的状况、交易双方的基本情况和交易目的、交易情况等。

（二）收益法

收益法又称收益还原法或收益资本化法，是预测估价对象的未来预期收益，然后将其转化为价值，以此求取估价对象的客观合理价格或价值的方法。

收益法的本质是以不动产的预期收益能力为导向求取估价对象的价值。根据将未来预期收益转换为价值的方式不同，即资本化方式不同，收益法可分为直接资本化法和收益资本化法。直接资本化法是将估价对象未来某一年的某种预期收益除以适当的资本化率或者乘以适当的收入乘数转换为价值的方法。收益资本化法即现金流量贴现法（DCF），是不动产的价值等于其未来各期净收益的现值之和。

五、不动产投资的风险及其特征

任何以获利为目的的投资都存在着风险，根据风险收益对等原则，一项投资活动的收益越大，其可能面临的风险也会越高，对于不动产投资活动也是如此。不动产投资项目的风险是指因随机因素的影响所引起的不动产开发投资的实际收益偏离预期收益的可能性，通常有政治风险、利率风险、市场风险、通货膨胀风险等因素。

（一）客观性

由于引起不动产投资风险的系统本身和外界环境条件是客观存在的，如外界经济、政策变化，自然灾害、法律、文化等条件的变化以及投资者管理水平的限制、工作的疏漏等，不动产投资项目的风险也是不以人的意志为转移而客观存在的。

进行不动产投资，注定要与外界经济环境发生联系。投资者可以加强投资的内部管理，却无法排除外界环境对不动产投资的影响。例如，近年来部分地区严格限制高档房地产的开发建设，大批投资项目被迫下马，这种投资风险是无论何时也不能被完全排除的。

（二）不确定性

不动产开发过程中，给不动产投资项目带来风险的客观因素发生的具体时间、地点以及表现形式都是难以预知的，使不动产投资项目风险也具有不确定性。例如，受通货膨胀的影响，不动产开发商预测到政府将要对银行贷款利率进行调整，但是具体的调整时间和调整幅度是未知的，这就是不动产投资风险的不确定性。

（三）可测性

尽管风险的发生是不确定的，但这并不意味着风险不可预测。对于不动产投资，我们可以通过使用风险分析方法分析此投资面临哪些风险，每一种风险的危害性有多大以及发生的概率是多少。

（四）风险收益双重性

风险收益双重性是指不动产开发投资的风险与收益是相伴而生的。一般的投资者都是风险回避型的，即投资风险越高，投资者期望回报越高。例如，开发高档住宅的利润要高于开发普通住宅的利润，但是受市场需求因素的影响，高档住宅的销售风险往往大于普通住宅。不动产开发商需要合理掌控自己所能承受的风险，达到以最小的投入获得更高收益的目的。

第四节　大宗商品投资

一、大宗商品的类型

另类投资中的一个重要领域是大宗商品投资。大宗商品是指可进入流通领域，但非零售环节，具有商品属性，用于工农业生产与消费使用的大批量买卖的物质商品。在金融投资市场，大宗商品指同质化、可交易、被广泛作为工业基础原材料的商品。

大宗商品主要包括 3 个类别，即能源商品、基础原材料和大宗农产品。能源类包括石油、天然气等商品；基础原材料类包括钢铁、煤炭、稀有金属、橡胶、尿素、甲醇、工业盐等商品；农产品类包括棉花、玉米、枸杞、白糖、辣椒、大蒜等商品。本章将主要介绍两类大宗商品交易——黄金交易和石油交易。

二、大宗商品资产特点

大宗商品可以设计为期货、期权作为金融工具来交易，可以更好地实现价格发现和风险规避功能。由于大宗商品多是工业基础原料，处于最上游，因此反映其供需状况的期货及现货价格变动会直接影响整个经济体系。

商品作为一类特殊的资产，其特性与资本资产有诸多不同。如股票、债券之类的资本资产，其价值取决于未来期望现金流的净现值，期望现金流与贴现率是决定资本资产价值的基础因素。与之相反，商品有经济价值，但并没有未来期望现金流要求权。因此，它们的价值并不以净现值为基础，并且利率对其价值变动也仅有微小影响。

商品资产与资本资产的另一不同之处在于，商品市场具有全球属性。某一特定商品的价格取决于全球供给与需求的均衡，而非区域性的均衡。因此，股票价格受区域性的影响较大，商品价格由全球市场环境决定，区域性的影响被淡化。这点与股票市场不同，某一区域的股票市场往往反映该区域内的经济发展状况。

三、大宗商品投资方法

由于缺乏对商品资产的了解，众多投资者并未将商品纳入投资组合。

（一）直接购买实物商品

实物商品持有者面临存储问题。如纽约商品交易所（New York Mercantile Exchange, NYMEX），其石油合约以 1,000 桶作为最小交易单位，因此，若希望持有石油，则需要有足够大的仓储空间进行存储。类似地，如芝加哥商品交易所（Chicago Mercantile Exchange, CME）交易的小麦，每一交易单位为 5,000 蒲式耳。小麦须储存于简仓内，而投资者通常不熟悉实物商品所需的储存环境。进行投资决策时，还需考虑储存成本。

（二）持有相关公司的股票

例如 Texaco 公司，主要经营炼油，其 2/3 的收益来自开采、精炼、销售石油产品。持有该公司的股票，可认为间接投资石油。此类投资面临公司运作风险，如公司的投融资策略通常会影响公司股票价格，但并不会影响商品本身价格，投资公司股票就需要承担商品价格之外的风险。

（三）购买商品期货

由于期货合约提供诸多便利，这种投资方式便于操作。期货合约在交易所进行交易，因此同股票市场一样，具有很多优点，例如，固定的交易场所、透明的价格、规范的合约规格以及较强的流动性，并且清算所增强了其安全性。另外，购买期货合约并不需要交割标的资产，而可以通过方向相反的合约头寸进行对冲平仓，大大降低了交易成本。期货交易通常以保证金方式进行，在进行实物交割之前，投资者无须支付购买该合约的全部价格。杠杆交易使投资者可以用少量资金参与投资，放大了资金收益率。

（四）投资商品联结票据

商品联结票据，是金融工程与商品市场交会的产物。如一项债务工具到期日的价值，是某一标的资产期货合约或一篮子期货合约价值的函数，即为商品联结票据的一种简单形式。商品联结票据通常由标的资产所有者签出，并且商品联结票据有很多优点。若债券到期时，相应商品资产价格下跌，则投资者收回初始投资；反之若商品价格上涨，则除收回初始投资外，还可分享商品增值的收益。由此可见，这种票据实际上是债务工具与期货或期权合约的结合。投资者进行商品投资，通常受到诸多限制，但他们可通过这种债务工具进入商品市场。

四、商品资产及商品期货

（一）商品资产

1. 商品资产概念

商品资产是指商品流通企业在经营过程中为销售而储备的具有实物形态的流动资产，包括库存商品和在途商品。库存商品是指已经验收入库的商品；在途商品是指货款已付，但商品尚在运输途中或商品运到但没有验收入库的商品。

2. 计价原则

商品资产计价的原则是按照商品取得时的实际成本计价。不同途径取得的商品资产，其实际成本包括的内容是不同的。购入的商品资产，按取得时的商品进价成本计价；委托加工的商品资产，按收回加工商品耗用的原材料及发生的加工费用入账；投资人投入的商品资产，按评估确认的价值计价；接受捐赠的商品资产，若有发票、报关单等有关凭证的，应按其所列的金额计价；若没有凭证的，应按同类商品的市场价格计价；盘盈的商品资产，应按同类商品的进价成本计价。

3. 价格变动因素

在过去 100 年时间内，商品即期价格每年下降了大约 1.5%。引起商品价格下降的原因有多种：新增供给渠道以及新型生产技术是其主要原因，如阿拉斯加油气田的发现；另外，当某种商品价格上升时，通常有其他替代品出现从而在一定程度上抵制该商品价格上涨，如以金属铝代替铜作为输电线；再者，在技术进步过程中，某一特定商品的需求可能会减少，如以光导纤维替代铜作为信号传输介质。

引起商品价格变动的因素，大多来自需求一方。较之需求因素，供给因素引起的价格变动通常较小，且反应速度较慢（这点对部分商品，如电力，并不成立。若电力系统崩溃，电力价格通常会剧烈上涨）。一般来说，若需求上涨，则价格随之上涨。

另外，货币因素也可能导致商品价格上涨。若某种货币贬值，以该货币计价的商品价格随之上涨。换而言之，商品价格其实是一种比率，即商品价值和货币（如美元）价值之间的兑换率。因此，若货币贬值，则商品价格上升。

（二）商品期货

1. 商品期货概念

商品期货是指标的物为实物商品的期货合约。商品期货历史悠久，种类繁多，主要包括农副产品、金属产品、能源产品等几大类。其是关于买卖双方在未来某个约定的日期以签约时约定的价格买卖某一数量的实物商品的标准化协议。商品期货交易，是在期货交易所内买卖特定商品的标准化合同的交易方式。

2. 影响期货价格变动主要因素

（1）供应与需求。供求情况是影响价格的最根本因素。

（2）生产成本。供求关系决定价格趋势，但趋势不能无限延伸，市场价格的涨跌还要受成本的约束，上下游成本约束价格的高点和低点。

下游行业的成本决定了商品价格的上限，当下游行业成本已经不能承受中游商品价格的上涨，出现亏损的时候，市场价格由上涨转为下跌；上游行业平均生产成本决定了中游商品价格的下限，当企业普遍出现亏损的时候，市场价格继续下跌的空间已经不大。

（3）资金供应。当市场资金相对比较充足的时候，往往对应高价格；当市场资金相对比较紧张的时候，往往对应低价格。影响资金供应的因素有：银行放贷政策等。

（4）市场预期。市场预期起到放大的作用，可以通过改变供求及市场资金状况助推价格的涨跌幅度。如果市场对未来价格走势预期上涨，经销商往往会比较积极地订货和增加库存，市场资金也会大幅增加；同时，市场库存的增加起到拉动需求增长的作用，会刺激市场价格的进一步上涨，反之亦然。

（5）宏观经济形势。当经济进入上行周期，下游大宗商品需求旺盛，企业产能开始扩张，对上游原材料的需求不断增加，原材料供不应求导致价格上涨；反之，当经济进入下行周期，终端需求减弱，原材料库存增加，企业开始缩减生产规模，控制生产成本，原材料供大于求导致价格下跌。

（6）其他。进出口政策影响，主要是关税政策：当国外关税增加，国内进口成本增加，商品价格上涨；或者限制进出口直接影响供求关系。

五、黄金投资

（一）黄金特点

黄金具有良好的物性、稳定的化学性质、高度的延展性及稀少的数量等特点，不仅是用于储备和投资的特殊通货，同时又是首饰业、电子业、现代通信、航空航天业等行业的重要材料。黄金在20世纪70年代前还是世界货币，目前在各国的国际储备中占有一席之地，是同时具有货币属性、商品属性和金融属性的一种特殊商品。

黄金通常被用作国家货币的储备金，个人资产投资和保值的工具，美化生活的特殊材料，工业、医疗领域的原材料等。

（二）黄金投资优势

黄金投资具有以下优势：（1）黄金能保持久远的价值；（2）价值相对稳定，是对抗通货膨胀、避险保值的重要手段；（3）公信度高，抵押馈赠转让便利；（4）税收优势；全球交易没有时间限制，交易便利有保障；（5）市场成熟，被操纵的可能性比较小。

（三）黄金市场投资方式

国际主要投资方式：（1）实物黄金投资工具；（2）非实物黄金投资工具；（3）黄金衍生品投资工具。

国内主要投资方式：（1）国内非杠杆类黄金投资产品；（2）国内杠杆类黄金投资产品。

（四）影响黄金价格因素

引起黄金价格变动的原因有许多，其中主要有黄金供应与需求失衡、通货膨胀、突发事件、金融机构售金、美元汇率上升与下降以及石油价格涨跌等因素。

1. 黄金的供需关系

黄金价格是基于供求关系的，如果黄金的产量大幅增加，则黄金价格会因为供给增加而下跌，一些特殊情况，如工人长时间的罢工等原因使产量停止增加，黄金价格就会在供不应求的情况下上升。此外，新采金技术的应用、新矿的发现等因素均有可能使黄金的供给增加，从而使黄金价格下跌。

2. 宏观因素

黄金价格不仅受供求状况的影响，而且还受其他诸多非供求因素的影响。其价格受到大的经济、金融环境的影响，尤其是在金融国际化的今天，各国的货币政策、经济状况、国际投资动向都会对黄金市场产生影响。因此，分析黄金价格趋势需要综合地考虑这些因素的影响。

3. 石油价格

黄金本身是通货膨胀之下的保值品。石油价格上涨意味着通货膨胀会随之而来，那么黄金价格也会随之上涨。人们把石油价格的涨跌视为黄金价格升或降的信号指标，这与石油生产大国拥有巨额石油美元有关。所谓石油美元，是指石油生产国出口大量石油，获得巨额收益，由于国际市场的石油贸易是以美元结算的，故而称为石油美元。

4. 美元走势

黄金市场是全球开放性的市场，国际黄金价格通常以美元结算，美元兑各主要货币汇率的变化对黄金价格的影响通常比较显著。当美元贬值时，非美元国家的投资者能以本国货币买到更便宜的黄金，从而刺激对黄金的需求，黄金价格上升，反之则相反。

5. 通货膨胀

从长期来看，如果通货膨胀率在正常范围内变化，那么对黄金价格的波动影响并不大。只有在短期内，物价大幅上升，引起人们恐慌，货币的单位购买力下降，黄金价格才会明显上升。一般来说，世界通货膨胀率与黄金价格具有正相关的关系，即世界通货膨胀率上升，黄金价格上涨；反之，黄金价格随着通货膨胀率的下降而下降。

6. 利率水平

投资黄金不会获得利息，其投资的获利完全依靠黄金价格的上升。当利率偏低时，投资黄金会有一定的益处；但是当利率升高时，收取利息会更加吸引人，黄金的投资价值就会下降。

7. 季节性因素

春节期间，中国等亚洲国家实物黄金的需求增加，印度传统的婚季节和西方圣诞节期间实物黄金的需求也会增加。这种季节性因素在一定程度上也会阶段性地对黄金价格产生影响。

8. 相关市场收益

黄金市场不是孤立存在的市场。当证券和外汇等市场收益上升时，黄金投资相对减少；反之则增加。一般来说，黄金市场和股市、汇市存在一定的反向关系；当股市下跌时，资金为避险流入黄金市场，黄金价格上升。

六、石油投资

(一) 石油市场及其特性

世界石油工业已有150多年的历史，然而真正意义上自由交易的国际石油市场只是在20世纪70年代后期才逐步萌芽。随着跨国石油公司或PEC任何一方单方面控制石油市场的格局逐步瓦解，国际石油价格的波动加剧，市场产生了规避价格风险的强烈需求。在这样的背景下，国际石油期货市场发展了起来。20世纪90年代以来，石油期货市场发展迅速，同时场外市场交易的远期、掉期、期权等石油衍生品也层出不穷。无论是从时空布局、交易规模交易方式、产品种类、市场参与者结构，还是从市场功能来看，石油衍生品市场都已经成为国际石油市场不可或缺的组成部分，而且在国际经济格局中发挥越来越大的作用。

世界石油市场具有以下特点：(1) 世界石油生产和消费的地理不均衡，决定了石油市场的全球化特征；(2) 石油市场与世界政治、经济形势息息相关；(3) 国际石油市场的游戏规则及交易手段日趋成熟、完善；(4) 金融化、信息化是世界石油市场发展的大势所趋。

石油市场参与者通常包括：大型跨国石油公司、国家石油公司、石油贸易公司、独立的炼油厂、金融机构、独立的石油生产商以及经纪公司等。

(二) 国际石油价格影响因素

第一，能源替代发展对石油长期需求及价格有负面的影响。除石油外，还有煤等可替代能源，尤其是当石油价格过高时，部分对石油的需求会转而求助于替代能源，这样可以抑制油价的上涨或是降低油价。

第二，气候变化对石油短期需求及价格影响明显。一年四季冷暖不同，供暖对石油产品的需求也不同，从而造成油价的季节性波动。

第三，各石油消费大国政策对石油短期需求的影响明显，从而影响石油价格。OPEC成员国石油供应政策对石油价格有重要影响，其中有以下几个因素值得关注：一是OPEC的配产政策。OPEC减产促价可以取得价格上的最大化，增产压价可以取得市场份额的最大化，但这两种做法在中远期都对自己不利；二是OPEC的过剩产能，即它保持多少随时可供应市场的能力。由于OPEC的保密规定，OPEC的过剩产能一直是外界猜测不透的谜；三是OPEC内部协调机制。从近年来的形势看，由于担心利益受损，OPEC各国经常围绕配产份额发生争执，从而影响油价的即时反应。OPEC 内部协调机制的运行结果成为影响 OPEC 作用发挥的重要因素。

此外，国际市场的投机行为是油价短期波动的主要力量。国际石油期货市场投机炒作导致国际石油价格一度高涨，这是由于全球石油供求关系始终处于十分脆弱的平衡状态。

名词解释

另类投资　不动产　私募股权投资　风险投资　对冲基金　大宗商品　碳交易　商品期货

思考题

1. 另类投资与传统投资有什么区别？
2. 私募股权投资的参与者有哪些？与公共股权投资有什么区别？
3. 私募股权投资经营中会面临哪些风险？
4. 房地产投资的特点是什么？
5. 大宗商品有哪些类型？
6. 商品资产和商品期货有什么联系和区别？
7. 影响黄金价格变动的因素有哪些？

第十章　投资组合管理

第一节　现代投资组合理论

一、现代投资组合理论与资本市场理论发展概述

1952 年，哈里·马科维茨在《金融杂志》上发表了一篇名为《资产组合的选择》的文章，首次提出了均值—方差模型，奠定了投资组合理论的基础，标志现代投资组合理论（modern portfolio theory，MPT）的开端。马科维茨用收益率的期望值来度量收益，用收益率的标准差来度量风险，由此推导出投资者应该通过同时购买多种证券而不是一种证券进行分散化投资这一结论。1990 年，马科维茨凭此获得诺贝尔经济学奖。

现代投资组合理论的核心思想就是把多种证券的投资组合看作一个整体来进行分析和度量，然后把投资组合的风险分解为两部分——系统风险和非系统风险。投资者可以通过持有多种类型的证券达到分散非系统风险的目的，从而进一步降低整个组合的风险。但是它也具有一定的局限性，即没有进一步说明如何为证券估值和定价，也不能说明投资组合期望回报率与风险之间的关系，其理论难以付诸实际应用。

而随后威廉·夏普、约翰·林特耐和简·莫辛三人分别于 1964 年、1965 年和 1966 年独立研究出著名的资本资产定价模型（CAPM），从而解决了这个问题。1963 年，威廉·夏普发表了“*A Simplified model for portfolio analysis*”一文，提出了一个单因子模型，该模

型在牺牲了一定精确性的同时，大大简化了马科维茨投资组合模型，使得在大型证券组合应用中的计算大大减少，从而提高了投资组合理论的指导作用和实际应用价值。更重要的是，单因子模型为后来的资本资产定价模型（CAPM）奠定了基础。CAPM给出了资产的收益、风险以及二者关系的精确描述，且其在一系列假设条件下就投资者行为得出如下结论：对于所有投资者，最优的资产组合都是市场资产组合和无风险资产的组合。这种组合的所有可能情况形成一条直线，被称为资本市场线（CML），即资本市场为投资者在该线上提供了最优的资源配置。

鉴于CAPM是一个单因子模型，且永远无法用事实来检验，斯蒂芬·罗斯于1976年突破性地发展了CAPM，提出套利定价理论（APT）。该理论认为风险资产的收益与多个共同因素之间存在线性关系，从而将单因子CAMP发展为多因子模型。APT认为，只要任何一个投资者不能通过套利获得收益，那么期望收益率就一定与风险相联系。这个理论的前提是完全竞争和有效资本市场。

在这些理论的基础上，费雪·布莱克与迈伦·斯克尔斯于1973年发表了一篇关于期权定价的开创性论文，运用随机微分方程理论推导出期权定价模型。此后，同一时期罗伯特·默顿也发现了同样的公式及许多其他有关期权的有用结论，扩展了原模型的内涵，对期权定价理论进行了重要的推广并使之得到广泛应用。罗伯特·默顿和迈伦·斯克尔斯因此获得了1997年诺贝尔经济学奖，布莱克的杰出贡献也得到了肯定。

此外，有效市场理论也奠定了现代资本市场理论的基石并构成了其核心内容。资产组合理论产生后，Kendall（1953）与Roberts（1959）发现股票价格序列类似于随机漫步，他们对这种现象的解释是：在给足所有已知信息后，这些信息一定已经被反映在股价中了，所以股价只对新信息作出上涨或下跌的反应。由于新信息是不可预测的，那么随新信息变动的股价必然是随机且不可预测的。尤金·法玛于1970年把这些理论形成和完善为有效市场假说（EMH），并把有效市场分为三种不同类型：一是弱有效市场，认为股价已反映了全部能从市场交易数据中得到的信息；二是半强有效市场，认为股价已反映了所有公开的信息；三是强有效市场，指股价已反映了全部与公司有关的信息，包括所有公开信息及内部信息。尤金·法玛因此贡献获得了2013年的诺贝尔经济学奖。

综上所述，以1952年马科维茨《资产组合的选择》为开端的现代投资组合理论和资本市场理论已经逐步发展成熟，具备了一个比较完备的理论框架。现代投资组合理论是一种建立在有效利用风险之上的理性投资组合决策分析方法，它给投资管理带来了革新。现代资本市场理论的产生使关于金融问题的分析实现了从定性到定量的转变，其所涵盖的大量科学分析方法与著名的金融理论，如资产组合理论资本资产定价模型、套利定价理论、期权定价理论以及作为它们理论基础的有效市场假说等，皆在理论界得到了普遍的认可。

二、均值—方差模型概述

投资者不仅关心投资收益率，也关心投资风险。马科维茨投资组合理论的基本假设为投资者是厌恶风险的。如果在两个具有相同预期收益率的证券之间进行选择，投资者会选择风险较小的。要让投资者承担更高的风险，必须有更高的预期收益来补偿。

在回避风险的假定下，马科维茨建立了一个投资组合分析的模型，其要点如下：

首先，投资组合具有两个相关的特征：一是预期收益率；二是各种可能的收益率围绕其预期值的偏离程度，这种偏离程度可以用方差度量。

其次，投资者将选择并持有有效的投资组合。有效投资组合是指在给定的风险水平下使得期望收益最大化的投资组合，在给定的期望收益率上使得风险最小化的投资组合。

再次，通过对每种证券的期望收益率、收益率的方差以及每一种证券与其他证券之间的相互关系（以协方差度量）这三类信息的适当分析，可以在理论上识别出有效投资组合。

最后，对上述三类信息进行计算，得出有效投资组合的集合，并根据投资者的偏好，从有效投资组合的集合中选择出最适合的投资组合。

三、资产收益率的期望、方差和协方差

（一）单个或多个资产的期望收益率

资产收益率往往是不确定的。而期望收益率是资产收益率的期望值，其实际上是资产各种可能收益率的加权平均值，因此它又被称为平均收益率。如果以 r 代表收益率，那么 r 的期望可表示为 $E(r)$。

对于多个资产组成的投资组合，设 $E(r_p)$ 为投资组合的期望收益率，$E(r_i)$ 为第 i 个资产的收益率，w_i 为第 i 个资产的权重，n 为资产数目，那么投资组合期望收益率为：

$$E(r_p) = \sum_{i=1}^{n} w_i E(r_i) \qquad (10-1)$$

即多资产投资组合的期望收益率为其所包含各个资产的期望收益率的加权平均。

（二）单个资产的方差和标准差

方差和标准差是估计资产实际收益率与期望收益率之间可能偏离程度的测度方法。对

于单一资产，其收益率方差和标准差计算公式如下：

$$\sigma^2 = \sum_{i=1}^{n} p_i[r_i - E(r)]^2 \tag{10-2}$$

$$\sigma = \sqrt{\sum_{i=1}^{n} p_i \ [r_i - E\ (r)]^2} \tag{10-3}$$

其中，σ^2 表示方差；σ 表示标准差；r_i 表示该资产在第 i 种状态下的收益率；p_i 表示收益率 r_i 发生的概率；n 表示资产可能的收益状态的总数；$E\ (r)$ 表示该资产的期望收益率。

假定每种状态可能性相同，我们可以用$\frac{1}{n}$来代替概率 p_i，即：

$$\sigma^2 = \sum_{i=1}^{n} \frac{1}{n}[r_i - E(r)]^2 = \frac{1}{n}\sum_{i=1}^{n} [r_i - E(r)]^2 \tag{10-4}$$

$$\sigma = \sqrt{\sum_{i=1}^{n} \frac{1}{n}[r_i - E(r)]^2} \tag{10-5}$$

实践中，常常用资产过去 m 期的收益率作为样本来估算该资产收益率的方差和标准差。样本的方差和标准差为：

$$\sigma^2 = \frac{1}{m-1}\sum_{i=1}^{n} [r_i - \bar{r}]^2 \tag{10-6}$$

$$\sigma = \sqrt{\frac{1}{m-1}\sum_{i=1}^{n} [r_i - \bar{r}]^2} \tag{10-7}$$

其中，$\bar{r}$ 为样本中 m 期收益率的均值。样本方差是对总体方差的估计。因此分母应该用$m-1$ 而不是 m。

（三）资产收益率的协方差秩相关系数

在投资组合理论使用协方差秩相关系数测度两个风险资产的收益之间的相关性。对于已知资产 i 和 j 的收益率的联合分布，其协方差为：

$$Cov(r_i,r_j) = E\{[r_i - E(r_i)][r_j - E(r_j)]\} \tag{10-8}$$

对于 s 种（r_i，r_j）的状态，假定每种状态的可能性为 p_k，k 状态下两种资产的收益率分别为 $r_{i,k}$和 $r_{j,k}$。那么：

$$Cov(r_i,r_j) = \sum_{k=1}^{s} p_k[r_{i,k} - E(r_i)][r_{i,k} - E(r_j)] \tag{10-9}$$

若使用历史上 m 期样本计算资产 i 和 j 的收益率的协方差，公式为：

$$Cov(r_i,r_j) = \frac{1}{m-1}\sum_{k=1}^{m} (r_{i,k} - \bar{r}_i)(r_{i,k} - \bar{r}_j) \tag{10-10}$$

两个资产收益率的相关性系数定义为协方差除以两个证券各自标准差的乘积以希腊字

母 ρ 表示：

$$\rho_{i,j}=\frac{Cov\ (r_i,\ r_j)}{\sigma_i\sigma_j} \tag{10-11}$$

相关系数的取值范围是 [-1， +1]。当 $\rho>0$ 时，两变量为正线性相关；当 $\rho<0$ 时，两变量为负线性相关；当 $\rho=0$ 时两变量间无线性相关关系。当 $0<\rho<1$ 时，表示两变量存在一定程度的线性相关，且 $|\rho|$ 越接近 1，表示两变量间线性关系越密切；$|\rho|$ 越接近于 0，表示两变量的线性相关越弱；当 $|\rho|=1$ 时，表示两变量为完全线性相关， +1 为完全正相关， -1 为完全负相关。

（四）投资组合收益率的方差和标准差

投资组合收益率的方差和标准差，取决于各资产的方差、权重以及互相之间的相关系数。对于两个资产 i, j 组成的投资组合，其收益率方差的计算公式为：

$$\sigma_p^2=w_i^2\sigma_i^2+w_j^2\sigma_j^2+2w_iw_jCov\ (r_i,\ r_j)\ =w_i^2\sigma_i^2+w_j^2\sigma_j^2+2w_iw_j\rho_{i,j}\sigma_i\sigma_j \tag{10-12}$$

将组合中的两个资产扩展到 n 个资产，组合收益率方差的计算公式为：

$$\sigma_p^2=\sum_{i=1}^{n}w_i^2\sigma_i^2+\sum_{i=1}^{n}\sum_{\substack{j=1\\ i\neq j}}^{n}w_iw_jCov(r_i,r_j)=\sum_{i=1}^{n}w_i^2\sigma_i^2+\sum_{i=1}^{n}\sum_{\substack{j=1\\ i\neq j}}^{n}w_iw_j\rho_{i,j}\sigma_i\sigma_j \tag{10-13}$$

组合的标准差的计算公式为：

$$\sigma_p=\sqrt{\sum_{i=1}^{n}w_i^2\sigma_i^2+\sum_{i=1}^{n}\sum_{\substack{j=1\\ i\neq j}}^{n}w_iw_jCov(r_i,r_j)}=\sqrt{\sum_{i=1}^{n}w_i^2\sigma_i^2+\sum_{i=1}^{n}\sum_{\substack{j=1\\ i\neq j}}^{n}w_iw_j\rho_{i,j}\sigma_i\sigma_j} \tag{10-14}$$

其中，σ_p^2 代表组合方差；w_i 与 w_j 代表相应资产在组合中的权重；$Cov\ (r_i,\ r_j)$ 代表任意两个资产收益率的协方差；$\rho_{i,j}$ 代表任意两个资产收益率的相关系数；σ_i、σ_j、σ_p 分别代表资产 i、资产 j 和投资组合收益率的标准差。

由式（10 - 13）可见，资产组合的方差是各单一资产的方差与资产间相关系数的组合。单一资产方差不变，相关系数越小，资产组合的方差也越小。

四、资产收益的相关性

如果两种资产的收益受到某些因素的共同影响，那么它们的波动会存在一定的联系。由于存在一系列同时影响多个资产收益的因素的情况，大多数资产的收益之间都会存在一定的相关性。对于由两个资产 i 和 j 构成的组合，在给定一个特定的投资比例后，则可以得到一个特定的投资组合，这一投资组合具有特定的预期收益率和标准差，这在图 10 - 1

的标准差—预期收益率平面中表现为一个特定的点。如果让投资比例在一个范围内连续变化，则得到的投资组合点在标准差—预期收益率平面中构成一条连续曲线。给定不同的相关系数，可以得到不同的曲线。

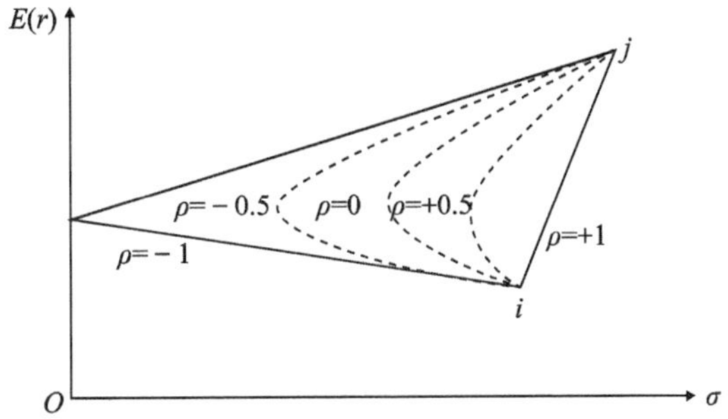

图 10－1　资产组合的相关系数

当 $\rho_{i,j}=1$ 时，

$$\sigma_p^2=w_i^2\sigma_i^2+w_j^2\sigma_j^2+2w_iw_j\sigma_i\sigma_j \tag{10-15}$$

$$\sigma_p=w_i\sigma_i+w_j\sigma_j \tag{10-16}$$

此时两个资产的投资组合呈一条直线，直线上的每一个点表示不同权重的投资组合。如果我们把 100% 的资金投资于资产 i，那么投资组合就是 i 点。随着 i 的权重越来越小，j 的权重越来越大，投资组合的点就沿着直线向右上方移动直到 j 的权重达到 100%，那么投资组合就到 j 点。

当 $\rho_{i,j}=-1$ 时，

$$\sigma_p^2=w_i^2\sigma_i^2+w_j^2\sigma_j^2-2w_iw_j\sigma_i\sigma_j \tag{10-17}$$

$$\sigma_p=|w_i\sigma_i-w_j\sigma_j| \tag{10-18}$$

由式（10－18）可见，当两个资产收益率的相关系数等于－1，一定能找到一点使得投资组合的标准差为 0。在图 10－2 中，两个资产可能的组合是一条转折点在 y 轴的折线。转折点即标准差为 0 的组合，等效于无风险资产。

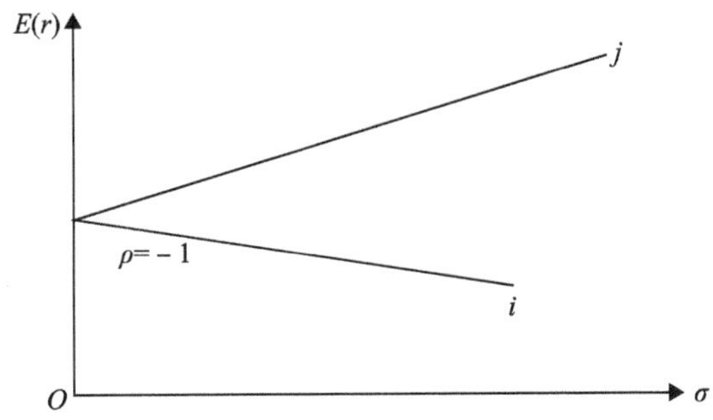

图 10－2　相关系数为－1 时的资产组合

当 $\rho_{i,j}=0$ 时，

$$\sigma_p^2 = w_i^2\sigma_i^2 + w_j^2\sigma_j^2 \tag{10-19}$$

$$\sigma_p = \sqrt{w_i^2\sigma_i^2 + w_j^2\sigma_j^2} \tag{10-20}$$

如果资产 i 和资产 j 的收益率秩相关系数在 -1 和 1 之间，那么两个资产的投资组合将呈一条向左上方弯曲的曲线，曲线上的每一个点表示资产权重不同的投资组合。相关系数越小，组合的曲线越往左边弯曲，组合风险越小，组合的效用越高。

资产收益之间的相关性会影响投资组合的风险，但不会影响投资组合的预期收益率。

五、最小方差前沿与有效前沿

可行集又称机会集，代表市场上可投资场所形成的所有组合。所有可能的组合都位于可行集的内部或边界上。通常，可行集的形状如图 10-3 所示。

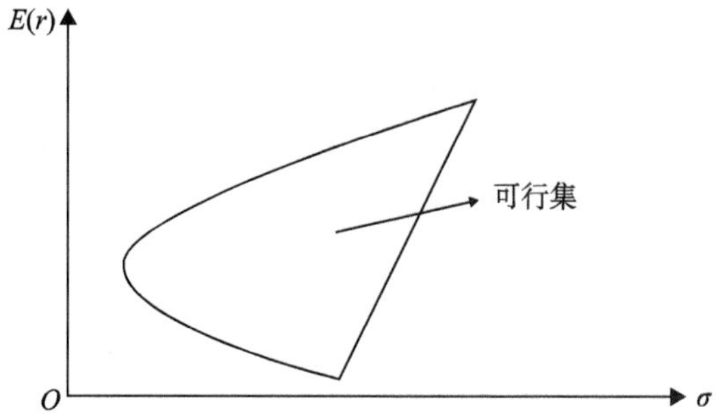

图 10-3　可行集 1

如果做一条和横轴平行的直线，和可行集的边界交于 A、B 两点（见图 10-4）我们可以发现两点的预期收益率是完全相同的，但是它们的风险不同，A 点在左边，它的风险相比 B 点低。

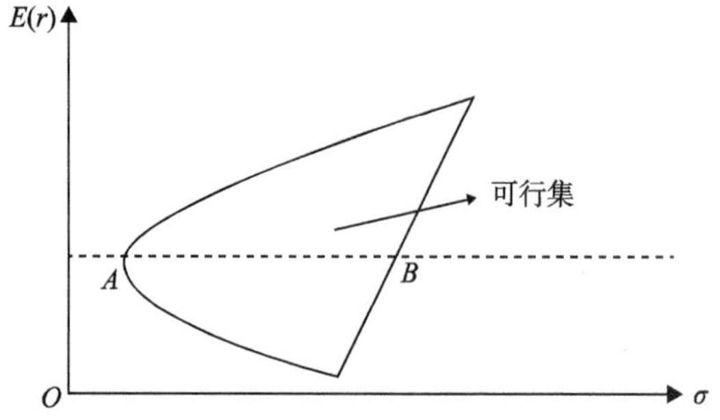

图 10-4　可行集 2

当把所有具有相同收益率的组合进行比较时，我们会发现位于可行集最左边的组合具有更低的风险。在收益率一定的情况下，投资者都会追求最小的风险，投资于那些风险更小的组合。因此，只有可行集最左边的点是有效的，右边所有的点都是无效的。如果把最左边的点都连在一起形成一条曲线（见图 10－5），这条曲线称为最小方差前沿。在相同收益率水平下，这条曲线上的组合具有最小方差。最小方差前沿上每个点都是所有风险资产的组合，各个点的区别是各风险资产的权重不同。

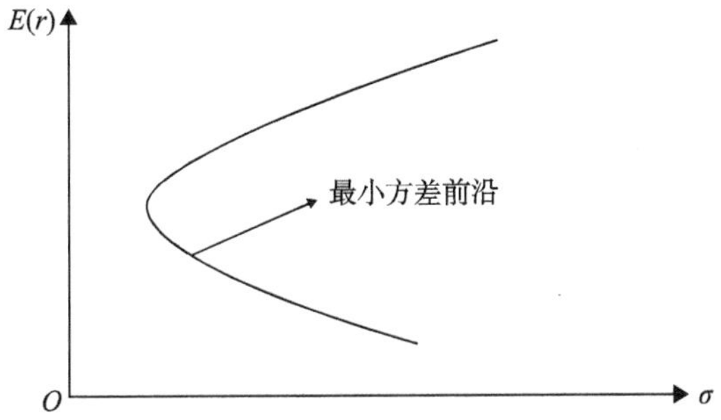

图 10－5　最小方差前沿

在最小方差前沿最左边的拐点处会有一条与纵轴平行的直线与最小方差前沿相切，只有一个交点（切点 C），这个切点叫作全局最小方差组合（见图 10－6）。全局最小方差组合是所有资产组合中风险最小的一个组合，因为它在最左边，这一点就是上半部分与下半部分的分界点。上半部分的点在风险水平一定的情况下，具有更高的期望收益率。如图 10－6 所示，组合 A 和组合 B 具有相同的风险，但是组合 A 在最小方差前沿的上半部分，具有更高的收益率。因此，最小方差前沿只有上半部分是有效的。

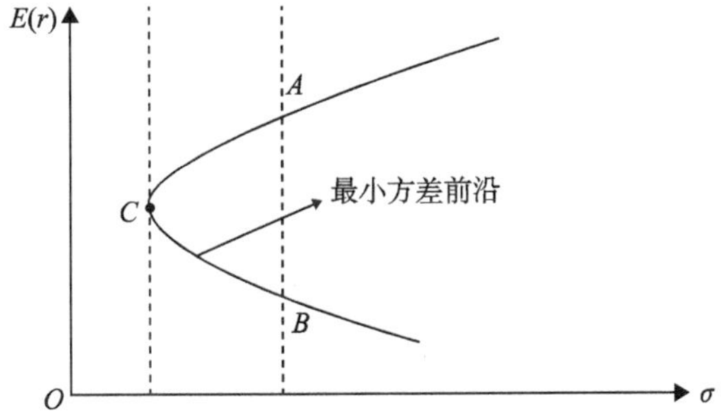

图 10－6　全局最小方差组合

从全局最小方差组合开始，最小方差前沿的上半部分就称为马科维茨有效前沿，简称有效前沿。有效前沿是能够达到最优的投资组合的集合，它位于所有资产和资产组合的左上方，如图 10－7 所示。

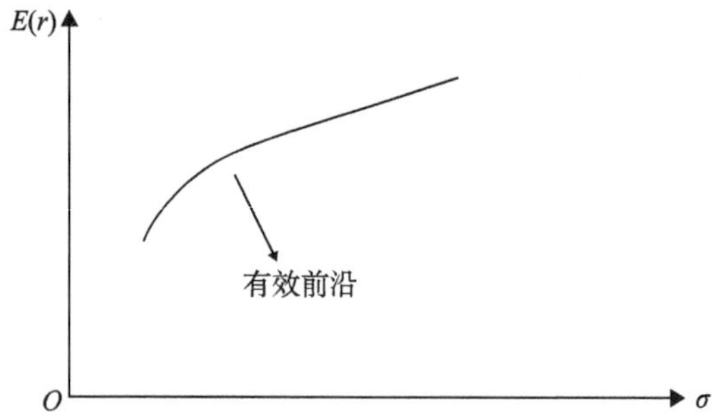

图 10－7　有效前沿

所有的单个资产都位于有效前沿的右下方，有效前沿的左上方无法利用现有市场上的风险资产来获得。在一定的期望收益率 $E(r)$ 水平下，有效前沿上的投资组合风险最低；在一定的风险水平下，有效前沿上的投资组合期望收益率水平最高。有效前沿上的投资组合为有效组合，其特点是包含了所有风险资产，所以称有效组合是完全分散化的投资组合。

有效前沿是由全部有效投资组合构成的集合。如果一个投资组合在所有风险相同的投资组合中具有最高的预期收益率，或者在所有预期收益率相同的投资组合中具有最低的风险，那么这个投资组合就是有效的。有效前沿中有无数预期收益率和风险各不相同的投资组合。一个有效投资组合相对于另一个有效投资组合如果在预期收益率方面有优势，那么在风险方面就一定有劣势。

六、效用、无差异曲线和最优组合

根据投资者对风险不同的态度，可以将投资者分为风险偏好、风险中性和风险厌恶三类。风险偏好的投资者喜欢投资结果的不确定性，在期望收益相同的投资方案中，会选择其中风险最大的；风险中性的投资者仅根据期望收益这一个指标作投资决策，不关心风险；风险厌恶的投资者不喜欢投资结果的不确定性，更喜欢确定的收益，因此在期望收益相同的投资方案中，他们会选择其中风险最小的。

马科维茨的现代投资组合理论假设投资者是风险厌恶的。一个风险厌恶的投资者不会愿意持有一个无效的投资组合，因为投资者总可以构造出一个与该无效投资组合风险相同但预期收益率更高的投资组合，或一个与该无效投资组合具有相同的预期收益率但风险更低的投资组合。为了促使风险厌恶者购买风险资产，市场需向其提供风险溢价，即额外的期望收益率。

效用是投资带给人的满意程度。投资者更喜欢高收益和低风险的资产，因此不同资产给投资者的效用是不一样的。投资者总是选择效用高的资产进行投资。假定每一个投资者可以根据资产（或资产组合）的预期收益与风险情况对效用进行量化比较，则可得出其效用函数。效用函数的一个常见形式为：

$$U = E(r) - \frac{1}{2}A\sigma^2 \tag{10-21}$$

其中，U 为效用值；A 为某投资者的风险厌恶系数；$E(r)$ 为资产的预期收益；σ^2 为资产收益的方差。

同一资产带给风险厌恶系数不同的投资者的效用并不相同。风险厌恶系数 A 越大的投资者感受到的效用越低。

根据投资者的效用函数，可以画出无差异曲线。无差异曲线是在期望收益—标准差平面上由相同给定效用水平的所有点组成的曲线，如图 10－8 所示。

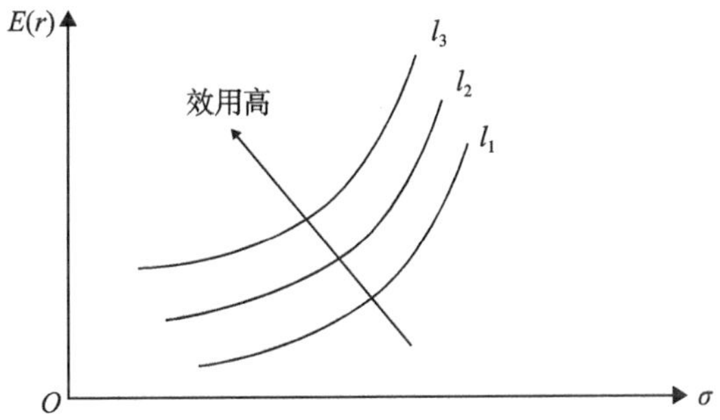

图 10－8　无差异曲线

无差异曲线具有以下特点：

（1）风险厌恶投资者的无差异曲线是从左下方向右上方倾斜的；

（2）同一条无差异曲线上的所有点向投资者提供了相同的效用；

（3）给定风险厌恶系数 A，可以画出无数条无差异曲线且曲线不相交；

（4）当向较高的无差异曲线移动时，投资者的效用增加；

（5）风险厌恶程度高的投资者与风险厌恶程度低的相比，其无差异曲线更陡。

使投资者效用最大化的是无差异曲线和有效前沿相切的点所代表的投资组合，这一组合称为最优组合。投资者按照这一组合进行投资可以获得最大的投资效益。

第二节　资本市场理论

一、资本市场理论的假设

20 世纪 60 年代，威廉·夏普、约翰·林特耐和简·莫辛三位学者基于马科维茨的均值方差模型，提出了资本市场理论和资本资产定价模型，研究在特定假设下均衡价格的形成。

资本市场理论和资本资产定价模型的前提假设包括：

（1）所有的投资者都是风险厌恶者，都以马科维茨均值—方差分析框架来分析证券，追求效用最大化，购买有效前沿与无差异曲线的切点的最优组合。

（2）投资者可以以无风险利率任意地借入或贷出资金。投资者可以以无风险利率无限借贷。在马科维茨的世界里，世界上所有的资产都是风险资产，没有无风险资产。威廉·夏普第一次引入了无风险资产。无风险资产的风险（标准差）为 0，收益率为无风险收益率。投资者的投资范围仅限于公开市场上可以交易的资产。这一假定排除了非流动性资产，如人力资本、私有企业、政府资产等。

（3）所有投资者的期望相同。即任何投资者认为同一只股票有相同的风险或收益分布。所有投资者都具有同样的信息，他们对各种资产的预期收益率、风险及资产间的相关性都具有同样的判断，即对所有资产的收益率所服从的概率分布具有一致的看法。这一假定也被称为同质期望假定或同质信念假定。

（4）所有投资者的投资期限都是相同的，且不在投资期限内对投资组合作动态调整。

（5）所有的投资都可以无限分割，投资数量随意。

（6）无摩擦市场。其主要指没有税和交易费用。现实中的金融交易都会涉及交易佣金以及税收负担。不同的交易者可能具有不同的税收负担。交易佣金可能也会在不同投资者之间存在差异。这些因素都会直接影响投资者对投资资产的选择。

（7）投资者是价格的接受者，他们的买卖行为不会改变证券价格，每个投资者都不能对市场定价造成显著影响。

资本市场理论的 7 条前提假设可以归结为两条：一是所有投资者都是一样的；二是市场是有效的。

这7条假设是资本市场理论的前提假设，也是资本资产定价模型的前提假设。

以上假设忽略了许多现实世界的复杂性，但提供了认识市场均衡状态本质的方法。在这些假设前提下，市场均衡状态可以总结如下：

（1）所有投资者将选择持有包括所有证券资产在内的市场组合 M。市场投资组合包含市场上所有的风险资产，且其包含的各资产的投资比例与整个市场上风险资产的相对市值比例一致。

（2）市场组合处于有效前沿。市场组合是最优风险投资组合，即资本配置线（CAL）与有效边界的切点。因此，资本市场线（CML），即从无风险利率到市场组合 M 的线也是可获得的最佳资本配置线。所有投资者均将 M 作为其最佳风险投资组合，区别在于市场组合资产与无风险资产的配比。

（3）市场组合的风险溢价与市场组合的方差和投资者的典型风险偏好成正比。

（4）单个资产的风险溢价与市场投资组合 M 的风险溢价和该资产的 β 系数成比例。β 系数衡量资产收益率相对市场组合收益率变化的敏感度。

二、资本配置线

马科维茨有效前沿上的投资组合仅包含了固有风险资产，威廉·夏普对马科维茨有效前沿做了改进，引入了无风险资产。

对于一个由风险资产 x 和无风险资产组成的投资组合，其中风险资产 x 的权重为 ω_x，收益率为 R_x，标准差为 σ_x；无风险资产的权重为（$1-\omega_x$），收益率为 R_f，标准差为0。那么组合的期望收益率为：

$$E(R_p)=(1-\omega_x)R_f+\omega_x E(R_x)=R_f+\omega_x[E(R_x)-R_f] \qquad (10-22)$$

组合的方差为：

$$\sigma_p^2=\omega_x^2\sigma_x^2+(1-\omega_x)^2\sigma_f^2+2\omega_x(1-\omega_x)\sigma_x\sigma_f\rho_{xf} \qquad (10-23)$$

由于无风险资产的标准差为0（$\sigma_f=0$），所以右边第二项和第三项都等于0，可以得到：

$$\sigma_p^2=\omega_x^2\sigma_x^2 \qquad (10-24)$$

两边开方求标准差，得到：

$$\sigma_p=\omega_x\sigma_x \qquad (10-25)$$

变形得到：$\omega_x=\dfrac{\sigma_p}{\sigma_x}$，代入式（10-22），

可得：

$$E(R_p)=R_f+\sigma_p\left[\frac{E(R_x)-R_f}{\sigma_x}\right] \qquad (10-26)$$

式（10－26）即为资本配置线的表达式。如图 10－9 所示，资本配置线上的点表示无风险资产与风险资产 x 的线性组合，其截距是无风险收益率 R_f，斜率是：$\frac{E(R_x)-R_f}{\sigma_x}$。值得注意的是，这个斜率就是风险资产 x 的夏普比率，也是这条 CAL 上任一点的夏普比率。

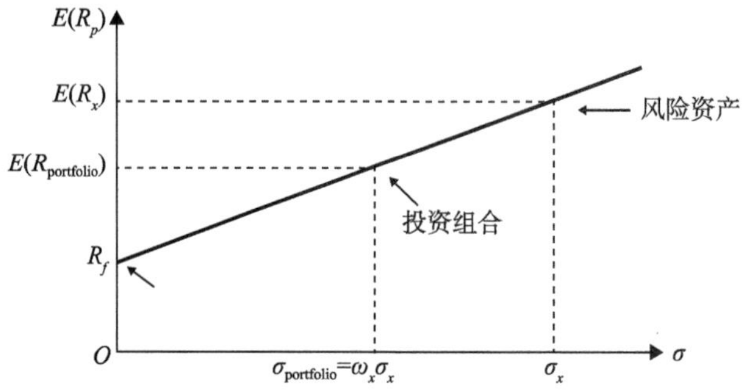

图 10－9　资本配置线

每一个投资者对于收益和风险都有不同的预期和偏好，因此，每一个投资者都有不同的最优投资组合及不同的 CAL。有效前沿上的点表示所有投资者最优的风险资产组合。如图 10－10 所示，我们取无风险资产与有效前沿上的点相连，可以得到无数条 CAL。

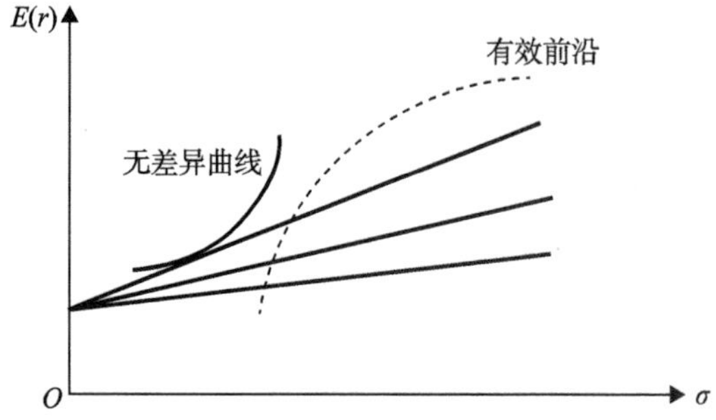

图 10－10　资本配置线与有效前沿

如图 10－11 所示，在这无数条 CAL 中，最优的 CAL 是与有效前沿相切的那条。因为在相同的风险水平下，最优的 CAL 期望收益率最高。

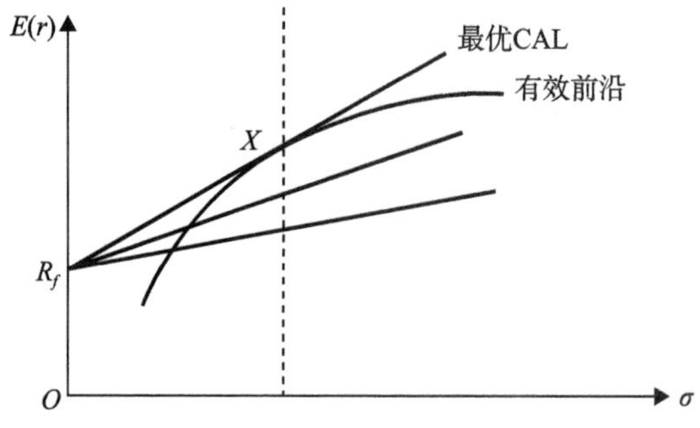

图 10－11　最优资本配置线

三、资本市场线

如图 10－12 所示，若不考虑无风险资产，由风险资产构成的马科维茨有效前沿在标准差—预期收益率平面中的形状为双曲线上半支。当引入无风险资产后，不同的投资者有不同的最优资产组合以及不同的资本配置线。从前面分析我们已经知道，对于投资者来说，最佳的资本配置线是与马科维茨有效前沿相切的一条直线，这条直线取代了马科维茨有效前沿，成为新的有效前沿，称为资本市场线。资本市场线从纵轴上无风险利率点R_f，处向上延伸，与原马科维茨有效前沿曲线相切于点 M，这条直线上包含了所有风险资产投资组合 M 与无风险资产的组合。当市场达到均衡时，切点 M 即为市场投资组合。理论上，市场投资组合包含市场上所有的风险资产，并且其包含的各资产的投资比例与整个市场上风险资产的相对市值比例一致。

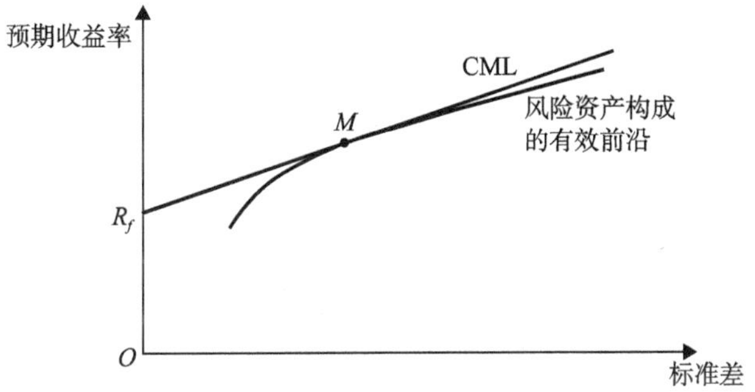

图 10－12　资本市场线

资本市场线的表达式为：$E(R_p)=R_f+\sigma_p[\frac{E(R_M)-R_f}{\sigma_M}]$　　（10－27）

从式（10－27）中可以看出，CML 的斜率是$\frac{E(R_M)-R_f}{\sigma_M}$，它即为市场组合的夏普比率，而 CML 上任一个组合的夏普比率都等于市场组合的夏普比率。因为 CML 取代了马科维茨有效前沿成为新的有效前沿，CML 上所有的组合都是有效组合，即所有的组合都是完全分散化了的资产组合。

根据前述 CAPM 模型的假定，所有投资者都具有相同的预期，都是理性的。既然如此，那么所有投资者都会得到同样的有效前沿，所有投资者的选择最终都会落在 CML 上。因此，每一位投资者都将以无风险资产和市场投资组合 M 来构造适合自己需求的最优投资组合，所不同的仅是每个投资者在 M 上的资金投放比例不同而已。由于每个投资者都持有相同的风险投资组合 M，而市场投资组合是所有投资者持有的风险资产组合的加总，因此，风险投资组合 M 中各资产的比例恰好与市场投资组合一致，或者说 M 就是市场投资组合。

市场投资组合具有三个重要的特征：第一，它是有效前沿上唯一不含无风险资产的投资组合；第二，有效前沿上的任何投资组合都可看作是市场投资组合 M 与无风险资产的再组合；第三，市场投资组合完全由市场决定，与投资者的偏好无关。因此，市场投资组合在资本资产定价理论中具有重要的地位。

资本市场线实际上指出了有效投资组合风险与预期收益率之间的关系，提供了衡量有效投资组合风险的方法。有效投资组合即分布于资本市场线上的点，代表了有效前沿。特别是它指出了以标准差来表示的有效投资组合的风险，其与回报率之间是一种线性关系，因此以标准差来度量风险是更为合适的。对于每一个有效投资组合而言，给定其风险的大小，便可根据资本市场线知道其预期收益率的大小。

四、系统性风险和非系统性风险及风险分散化

通过投资资产组合，可以降低风险，但不能完全消除风险。我们把可以通过构造资产组合分散掉的风险称为非系统性风险，不能通过构造资产组合分散掉的风险称为系统性风险。这样资产组合的总风险可以表示为系统性风险和非系统性风险之和：

总风险 = 系统性风险 + 非系统性风险

我们知道“天下没有免费的午餐”，投资者要求在承担风险的时候得到风险补偿，即风险溢价。非系统性风险可以通过构造资产组合分散掉，是可避免的风险，因此，承担非系统性风险不能得到风险补偿。风险补偿只能是对于不可避免的风险的补偿，即承担系统性风险的补偿。当组合中资产的数目逐渐增多的时候，非系统性风险就会被逐步分散，但是无论资产数目有多少，系统性风险都是固定不变的。

上述分析的一个假设前提是，非系统性风险是可以被分散掉的，且没有分散成本，所以非系统性风险无法得到风险补偿，获得补偿的只有系统性风险。在此前提下，资产在市场均衡状态下的收益率取决于该资产或资产组合的系统性风险，而不是由方差衡量的总风险。

资本市场中，我们用方差或标准差来衡量总风险。但是资本市场线上的市场组合是一个完全分散化的资产组合，其非系统性风险都被分散掉了，只有系统性风险。而资本市场线上的任一组合都是对无风险资产和市场组合做配比得到的，因为无风险资产是没有风险的，市场组合只有系统风险，所以由这两者构成的组合也只有系统性风险，因此，资本市场线上的任一组合只有系统性风险，没有非系统性风险。具体如图 10 - 13 所示。

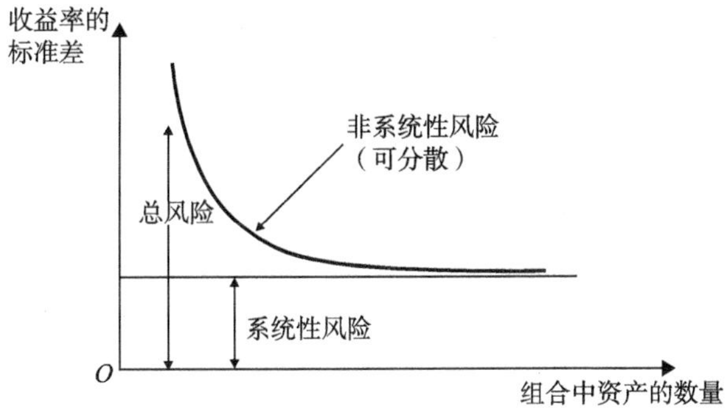

图 10－13　系统性风险和非系统性风险

五、β 系数的衡量

方差和标准差能够衡量资产的收益—风险特征，但不能对风险的构成进行分析。这里我们引入 β 系数来衡量资产所面临的系统性风险。β 系数衡量的是资产收益率和市场组合收益率之间的线性关系。

$$r_{i,t}=\alpha_i+\beta_i r_{m,t}+\varepsilon_{i,t} \tag{10-28}$$

其中，$r_{i,t}$为 t 期资产 i 的实际收益率；$r_{m,t}$为 t 期市场组合的收益率；β_i 为该资产的 β 系数，是该线性方程的斜率；α_i 为线性方程的截距项；$\varepsilon_{i,t}$为误差项。

经过推导可得：

$$\beta_i=\frac{Cov_{i,m}}{\sigma_m^2}=\frac{\sigma_i}{\sigma_m}\times\rho_{i,m} \tag{10-29}$$

其中，β_i 是资产的 β 系数；$Cov_{i,m}$是资产收益率和市场组合收益率之间的协方差；σ_m^2 是市场组合收益率的方差；σ_i 是资产收益率的标准差；$\rho_{i,m}$是资产收益率和市场复合收益率之间的相关系数。

β 系数度量的是资产收益率相对市场波动的敏感性。市场组合本身的 β 系数为 1。当 $\beta=1.5$ 时，市场组合上涨 1%，该资产随之上涨 1.5%；当 $\beta=0.5$ 时，市场组合上涨 1%，该资产随之上涨 0.5%。

六、资本资产定价模型

资本资产定价模型（CAPM）以马科维茨证券组合理论为基础，研究如果投资者都按照分散化的理念去投资，最终证券市场达到均衡时，价格和收益率如何决定的问题。这种方法是描述性的，它用一般均衡模型刻画所有投资者的集体行为，揭示在均衡状态下，证券收益与风险之间的关系的经济本质。

CAPM 的建立基于本节开头所述的一系列假设。这些假设虽然并不符合现实情况，但对问题的解决提出了基础理论。在此基础上，我们可以根据现实情况一步一步更改假设，修改模型，从而得到相对合理且贴近现实的模型。

（一）CAPM 的主要思想

CAPM 假设所有的投资者都进行充分分散化的投资，没有投资者会“关心”非系统性风险。因此，只有证券或证券组合的系统性风险才能获得收益补偿，其非系统性风险将得不到收益补偿。按照该逻辑，投资者要想获得更高的报酬，必须承担更高的系统性风险，承担额外的非系统性风险将不会给投资者带来收益。

CAPM 使用 β 系数来描述资产或资产组合的系统风险大小。β 系数表示资产对市场收益变动的敏感性。在充分分散化的投资组合中，单个证券对高度分散化的组合风险的贡献取决于其用 β 系数衡量的系统风险。因此，资产的风险溢价与其 β 系数成正比，即：

$$\frac{E(r_i)-r_f}{\beta_i}=\frac{E(r_m)-r_f}{\beta_m}=\frac{E(r_m)-r_f}{1} \tag{10-30}$$

其中，$E(r_i)$ 为资产 i 的预期收益率；$E(r_m)$ 为市场组合的预期收益率；r_f 为无风险收益率；β_i 为资产 i 的 β 系数；市场组合的 β 系数 β_m 为 1；$E(r_i)-r_f$ 为资产风险溢价；$E(r_m)-r_f$ 为市场组合风险溢价。

将（10－30）变形可得资本资产定价模型的公式：

$$E(r_i)=r_f+\beta_i[E(r_m)-r_f] \tag{10-31}$$

CAPM 体现了资产的期望收益率与系统风险之间的正向关系，即任何资产的市场风险溢价（收益率超过无风险利率的差额），等于资产的系统性风险（β 系数）乘以市场组合的风险溢价。预期收益率与 β 系数的关系式是 CAPM 的一个重要组成部分。

CAPM 中的预期收益率与 β 系数的关系式具有十分重要的经济意义。β 系数与证券对最优风险组合的风险的贡献成正比。对于可以进行充分分散化投资的投资者而言，只有系统风险才是最重要的，而系统风险用 β 系数来衡量。投资者要求的资产风险溢价与 β 系数成正比，风险溢价等于 $\beta_i[E(r_m)-r_f]$。

（二）证券市场线（SML）

预期收益率与 β 系数的关系式可以表示成证券市场线。证券市场线的斜率是市场组合的风险溢价。市场组合也恰好位于证券市场线上，即图 10－14 中的 M 点，该点 β 系数为 1，相对应的预期收益率是市场组合的预期收益率。一项资产或资产组合的β系数越高，则它的预期收益率越高。β系数为零的资产的预期收益率等于无风险收益率。

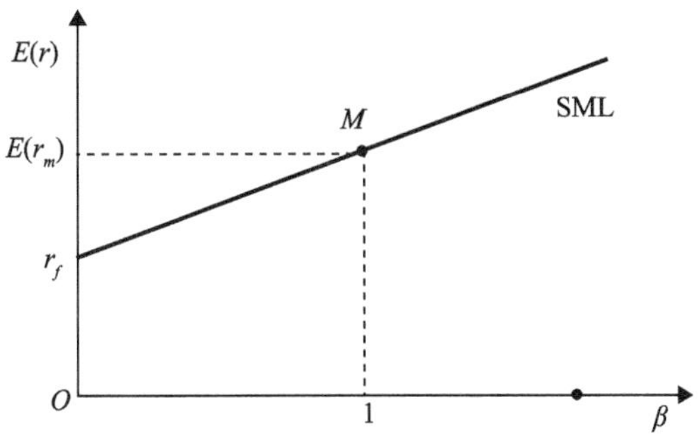

图 10－14　证券市场线

SML 是以资本市场线为基础发展起来的。资本市场给出了所有有效投资组合。风险与预期收益率之间的关系，但没有指出每一个风险资产的风险与收益之间的关系。证券市场线则给出每一个风险资产风险与预期收益率之间的关系，也就是说证券市场线能为每一个风险资产进行定价。这是 CAPM 的核心。

我们将证券市场线与资本市场线进行比较。资本市场线描述了有效组合（由最优风险组合与无风险资产所构成的整个组合）的市场溢价与组合标准差之间的函数关系。之所以可以得到资本市场线，原因在于，标准差可以用来有效地衡量组合的风险，因而可以作为衡量整个组合的风险的辅助工具。资本市场线是用来进行资产配置（在无风险资产和市场组合之间进行资产配置）的一个工具。因为资本市场线上的组合都是有效组合，它构成了一个新的有效前沿。而资本市场线的斜率是市场组合的夏普比率。

证券市场线则描述了单个资产的风险溢价与市场风险之间的函数关系。用于评估单个资产（单个资产是高度分散化的投资组合中的一部分）对整个组合的风险贡献，这种贡献可以用资产的β值来衡量。证券市场线既适用于资产组合，又适用于单个资产。我们可以用证券市场线来给资产确定一个最合理的预期收益率。证券市场线是基于资本资产定价模型的，斜率是市场组合的风险溢价。

表 10－1 总结了证券市场线和资本市场线的区别。

表 10－1　　证券市场线和资本市场线的区别

	SML	CML
风险的衡量	系统性风险（用β值衡量）	总风险（用标准差衡量）
应用	决定资产最合理的预期收益率（定价）	决定最合适的资产配置点（资产配置）
斜率	市场组合的风险溢价	市场组合的夏普比率
适用范围	①单个资产或投资组合； ②有效投资组合和无效投资组合	有效投资组合

（三）CAPM 的应用

在 CAPM 中，证券市场线得以成立是投资者的最优选择以及市场均衡力量作用的结果。若某资产或资产组合的预期收益率高于与其 β 值对应的预期收益率，也就是说位于证券市场线的上方，则理性投资者将更偏好于该资产或资产组合，市场对该资产或资产组合的需求超过其供给，最终抬升其价格，导致其预期收益率降低，使其向证券市场线回归；反之，若某资产或资产组合位于证券市场线的下方，则理性投资者将不愿意投资该资产或资产组合，导致市场对它供过于求，价格下降，预期收益率上升，最终该资产或资产组合收益率也会向证券市场线回归。

证券市场线可以用来判断一项资产的定价是否合理。如果一项资产的定价合理，其应当位于 SML 线上，如图 10－15 中的 A 点所示。如果一个资产的价格被高估（收益率被低估），其应当位于 SML 线下方，如图 10－15 中的 B 点所示。如果一个资产的价格被低估（收益率被高估），其应当位于 SML 线上方，如图 10－15 中的 C 点所示。对于价格被高估的资产我们应该卖出，价格被低估的资产我们应该买入。

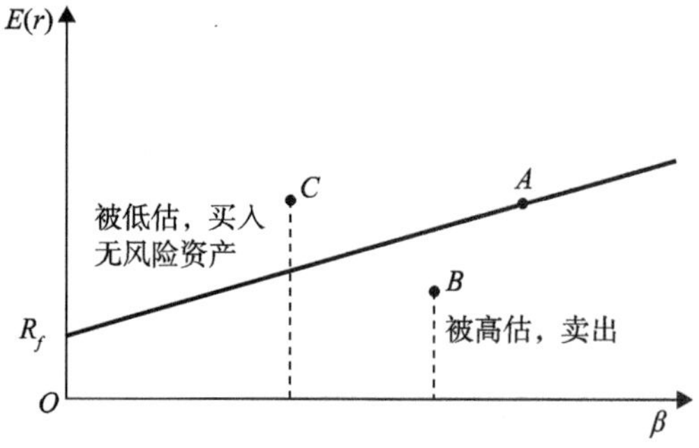

图 10－15　资产价格的评估

在现实中，CAPM 的假设条件未必能得到满足。不是所有的投资者都会完全按照分散化的理念去投资，不同投资者对于各资产的预期收益率及风险的判断也不会完全一致。这将导致现实中各资产的预期收益率未必与 CAPM 的预测结果一致。CAPM 解释不了的收益部分习惯上用希腊字母阿尔法（α）来描述，有时称为“超额收益”。

CAPM 为投资业绩评价提供了一个基准。不同的资产组合由于风险不同，其收益率并不能直接比较，而 α 值则反映了市场风险调整后的超额收益。

第三节　被动投资与主动投资

一、市场有效性

一个信息有效的市场，投资工具的价格应当能够反映所有可获得的信息，包括基本面信息、价格与风险信息等。在股票市场，一家前景良好的公司应当有较高的股价，因为股价反映了未来分配给股东的利润；反之，一家前景不好的公司应当有较低的股价。如果市场有效，那么对股票的研究就没有多大意义，因为市场价格已经反映了所有信息；如果市场无效，那么股价相对于公司的前景有可能被高估或者低估，投资管理人如果能发现定价的偏离，就有可能从中获得超额收益。其他市场，如债券、衍生品也是如此。

20 世纪 70 年代，美国芝加哥大学的教授尤金·法玛决定为市场有效性建立一套标准。法玛依据时间维度，把信息划分为历史信息、当前公开可得信息以及内部信息，其中，"历史信息" 主要包括证券交易的有关历史资料，如历史股价、成交量等；当前 "公开可得信息"，即一切可公开获得的有关公司财务及其发展前景等方面的信息；"内部信息" 则为还未公开的，只有公司内部人员才能获得的私人信息。在此基础上，法玛界定了三种形式的有效市场：弱有效、半强有效与强有效。三种市场有效性的层次关系，如图 10－16 所示。

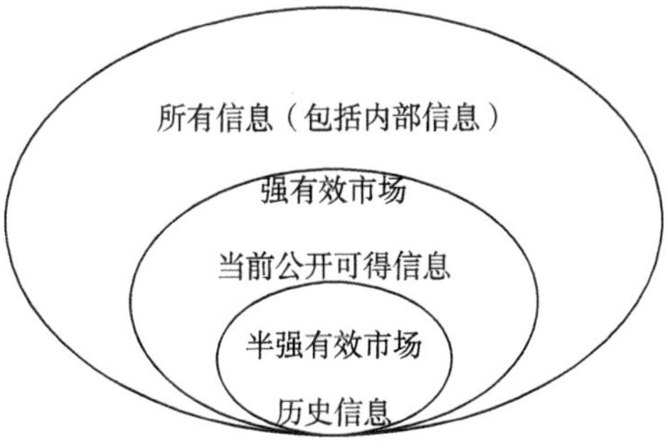

图 10－16　市场有效性的三个层次

（一）弱有效证券市场

弱有效证券市场是指证券价格能够充分反映价格历史序列中包含的所有信息，如证券的价格、交易量等。如果这些历史信息对证券价格的变动不会产生任何影响，则意味着证券市场达到了弱有效，这说明这些历史信息已经被投资者充分消化利用并反映到了证券价格上。因此，在一个有效的证券市场上，任何为了预测未来证券价格走势而对以往价格、交易量等历史信息所进行的技术分析都是徒劳的。

（二）半强有效证券市场

半强有效证券市场是指证券价格不仅已经反映了历史价格信息，而且反映了当前所有与公司证券有关的公开有效信息，如盈利预测、红利发放、股票分拆、公司并购等各种公告信息。因此，如果市场是半强有效的，市场参与者就不可能从任何公开信息中获取超额利润，这意味着基本面分析方法无效。

当然，市场半强有效不代表价格对信息的反应是瞬间完成的，其也需要一个过程，只是这个过程比较短暂，并且伴随剧烈的价格波动。只要公开信息的传播速度快且均匀，每个投资者都能同时掌握和使用有关公开信息进行投资决策，就能使证券价格能在很短的时间内调整到位，消化掉所有的公开信息。在价格对信息吸收的过程中，价格会围绕着新的均衡价格上下波动，但是不会出现显著地偏离新的均衡价格的情况。如果在信息吸收过程中，价格显著地高于或低于新的均衡价格，这意味着公开信息对证券价格的变动趋势仍产生影响，一些人就能够通过分析这些公开信息获取超额利润，因此表明证券市场尚未达到半强有效状态。

（三）强有效证券市场

有效证券市场是指与证券有关的所有信息，包括公开发布的信息和未公开发布的内部信息，都已经充分、及时地反映到了证券价格中。强有效市场不仅包含了弱有效市场和半强有效市场的内涵，而且包含了一些只有“内部人”才能获得的内幕信息。在证券市场上，总有部分人拥有一定的信息优势，如上市公司管理层握有尚未公开发布的公司信息。强有效市场则意味着即便是那些拥有“内部信息”的市场参与者也不能凭借该信息获得超额收益，因为市场价格已经完全体现了全部的私有信息。这意味着，在一个强有效的证券市场上，任何投资者不管采用何种分析方法，除了偶然靠运气“预测”到证券价格的变化外，是不可能重复地、更不可能连续地取得成功的。

至于市场是如何反映内部信息从而达到强有效状态的，则主要依赖两条假设：一是信息泄露并迅速传播，从而导致未公开的信息已经“公开化”；二是理性人的理性学习行为，即理性人总是能够从利用内部信息进行交易的知情者手中“学习”到该消息，并迅速采取行动，从而使得知情者无法进一步获利。很显然，上述两条假设在现实中很难满足，市场不可能提前预知所有未公开的内部信息，否则市场就不会出现在这些信息公开时的跳跃反应。换个角度思考，如果市场是强有效的，监管部门就没必要出台各种法规来禁止内幕交易，因为内部人也无法获得超额收益；显然，这与现实中不断出台的各种内幕交易禁令相矛盾。

股票投资策略可分为两大类：主动投资策略和被动投资策略。主动投资策略也称积极投资策略，即试图通过选择资产来跑赢市场。主动型投资者注重寻找被低估或高估的资产类别、行业或证券，也有的主动型投资者试图通过市场择时（在市场估值较低的时候买入，估值较高的时候卖出）来获得超额收益。显然，实施积极的投资策略必须基于这样一种信念：通过耗费时间和精力的积极策略获取超额收益是可能的，并且这些收益可能只有在市场定价无效的条件下存在。因此，主动型投资者选择什么策略完全取决于其对市场有效性以及有效程度的判断。

相反，相信市场定价有效的投资者认为：除了靠一时的运气战胜市场之外，系统性地跑赢市场是不可能的。但这并不意味着投资者应该回避股市，而是应该追求被动投资策略，即复制市场基准的收益与风险，而不试图跑赢市场的策略。在市场定价有效的前提下，想要提高收益，最佳的选择是被动投资策略，任何主动投资策略都将导致不必要的交易成本。

在现实中，被动投资与主动投资并不是完全对立的，有些投资策略介于二者之间。

二、被动投资

被动投资试图复制某一业绩基准，通常是指数的收益和风险。在此策略下，投资经理不会尝试利用基本面分析找出被低估或高估的股票，也不会试图利用技术分析或者数量方法预测市场的总体走势，并根据市场走势相应地调整股票组合。被动投资通过跟踪指数获得基准指数的回报。

（一）证券价格指数

在证券市场上选择一些具有代表性的证券（或全部证券），通过对证券的交易价格进行平均和动态对比从而生成指数，借此来反映某一类证券（或整个市场）价格的变化情况。

目前股价指数编制的方法主要有三种，即算术平均法、几何平均法和加权平均法。

（1）算术平均法：先选定具有代表性的样本股票，并确定基期指数，然后计算某一日样本股票的价格平均数，将该平均数与基期对应的平均数相比，最后乘以基期指数即得出该日的股票价格平均指数。

（2）几何平均法：国际金融市场上有一部分较有影响的股票指数是采用几何平均法编制的，其中以伦敦金融时报指数和美国价值线指数为代表。在几何平均法中，报告期和基期的股票平均价采用样本股票价格的几何平均数。

（3）加权平均法：加权平均法首先按样本股票在市场上的不同地位赋予其不同的权数，即地位重要的权数大，地位次要的权数小。权数的选择，可以是股票的成交金额，也可以是它的上市股数或市值。目前市场上股票指数大多为市值加权。另外，等权重也可以作为一种特殊的加权方法。若选择计算期的同度量因素作为权数，则被称为派氏（Paasche）加权法。

常见的证券价格指数有股票价格指数和债券价格指数。国际上主要的股票价格指数有道琼斯股价平均指数、标准普尔股价指数等。主要的债券价格指数包括美林债券指数、JP 摩根债券指数和摩根士丹利资本国际债券指数等。目前，国内也有了较为完备的股票价格指数和债券价格指数，其中股票价格指数主要包括上证股票价格指数、深证综合股票价格指数、沪深 300 指数、上证 180 指数等，债券价格指数主要包括中国债券系列指数、上海证券交易所国债指数和中信债券指数等。

（二）指数跟踪方法

指数跟踪也称指数复制，是用指数成分证券（根据复制需要可包括少量具有类似性质的非成分证券）创建一个与目标指数相比差异尽可能小的证券组合的过程。尽管在理论上复制一个指数非常简单，但实际操作起来却是一个精细且复杂的过程。接下来先比较一下指数编制和指数复制的区别：

首先，编制指数时不用考虑各种费用，但是在复制指数时需要考虑各式各样的成本。这些成本不仅包括佣金等交易费用，还包括建立、管理指数组合的各种费用，通常表现为销售费用和管理费用。这部分费用多为显性成本，较难控制。

其次，大多数指数的变动都是在某个交易日收盘时生效，即指数成分的增加、减少或者成分证券权重的调整都是按照调整日的收盘价进行的。但是在跟踪指数过程中，由于市场在短时间内不能承受大规模的交易，权重的调整往往需要多次交易才能完成。这导致指数编制的价格变成了成交均价，与指数编制所用的收盘价出现了差异。这部分差异通常叫流动性成本，又称冲击成本，需要管理人设计交易算法进行控制。

根据市场条件的不同，通常有三种指数复制方法，即完全复制、抽样复制和优化复制。三种复制方法所使用的样本股票的数量依次递减，但是跟踪误差通常依次增加。

1. 完全复制

完全复制是指通过购买所有指数成分证券，完全按照成分证券在指数中的权重配置资金，并在指数结构调整时也同步调整来实现与指数完全相同的收益率。这种方法简单明了，跟踪误差较小，同时也是其他复制方法的出发点。

在理论上，完全复制是最好的策略，但完全复制实际操作难度较大。对于流动性较差的成分股，复制过程中买卖的冲击成本会对复制效果造成较大的影响；债券指数化投资过程流动性问题更加显著，有些债券流动性较差，甚至几天都没有一笔交易，由此导致完全复制是不可能实现的。

2. 抽样复制

指数的风险收益特征可以抽象为若干因子的变动，这些因子包括行业因子以及风格因子；抽样复制则是在尽可能保留因子个数和因子结构不变的情况下，对较少的股票来复制因子，从而减少复制指数所用的股票个数。由于因子模型并不能百分百完全描述指数的风险收益特征，因子所不解释的残余部分会造成跟踪误差。

根据抽样方法的不同，抽样复制又可以分为市值优先、分层抽样等方法。

（1）市值优先抽样是把股票按市值从大到小排序，选择排名在最前面的股票（通常会选择一部分成分证券，如 70%）；然后统计出所选成分证券的总权重，使得每只成分证券的配比等于该成分证券在总权重中的比例。

（2）分层抽样则把指数成分证券按照是否有共同因子进行分类，在每一类中选择若干成分证券，从而达到提高样本成分证券代表性的目的。对股票指数而言，通常最重要的共同因子是股票的行业因子，要保证每个行业都有一定的股票入选。分层抽样还可以按照多个因子进行分组，如在按照行业分组的基础上，在每个行业内再按照公司市值或者 β 指标进行分组，最终在每个二维组中随机或按一定规则挑选一定数量的股票。

3. 优化复制

优化复制方法从一篮子样本证券开始，用数学方法计算一定历史时期内（样本期）各样本证券的最优组合，使之在样本期内能够达到对标的指数的最佳拟合状态。优化复制的优点是所使用的样本证券最少，缺点是这种方法隐含假设成分证券的相关性在一段时间内是相对静态、可预测的，由此导致该方法往往具有较高的跟踪误差。

采用优化复制法的债券指数基金，以标的指数的成分券构成基础，综合考虑跟踪效果、操作风险等因素构成组合，并根据基金资产规模、日常申赎情况、市场流动性以及银行间和交易所债券特性、交易惯例等情况，进行整合优化，以保证对标的指数的有效跟踪。当预期成分券发生调整时，或因基金的申购和赎回等对本基金跟踪标的指数的效果可能带来影响时，或因市场流动性不足时，或因债券交易特性及交易惯例等因素影响跟踪标的指数效果时，或其他原因导致无法有效复制和跟踪标的指数时，债券指数基金管理人将对投资组合管理进行适当变通和调整，构建替代组合。

（三）被动投资与跟踪误差

跟踪误差是度量一个股票组合相对于某基准组合偏离程度的重要指标。该指标被广泛用于被动投资及主动投资管理者的业绩考核，且这里指的业绩既可以是事前的，也可以是事后的。跟踪误差是证券组合相对基准的跟踪偏离度的标准差，其中跟踪偏离度的计算如下：

跟踪偏离度 = 证券组合的真实收益率 - 基准组合的收益率

跟踪误差是跟踪偏离度的标准差。因此，计算跟踪误差的第一步是选择基准组合，然后计算投资组合相对于基准组合的跟踪偏离度，最后计算跟踪偏离度的标准差，即跟踪误差。

对于目标就是复制某指数的被动型投资策略（如指数基金）来说，由于跟踪偏离度在理论上应该为零，因此跟踪误差理论上也为零。但是在不完全复制的情况下，出现一定的跟踪误差是在所难免的。即便是完全复制，由于交易费用和流动性成本的影响，也不可能做到跟踪误差为零。作为被动型投资者，其目标就是在成本允许的情况下，尽可能地减少跟踪误差。

（四）跟踪误差产生的原因

1. 复制误差

指数基金无法完全复制标的指数配置结构会带来结构性偏离。当指数基金的某些成分股因流动性不足而难以以公允的价格买到时，指数基金将只能采用抽样复制法，增加交易活跃股票的权重，减少流动性差的股票权重。

2. 现金留存

由于有现金留存，投资组合不能全部投资于指数标的，导致实际的股票仓位不到100%，这样与计算的指数产生偏离。

3. 各项费用

基金运行有管理费、托管费，交易证券产生佣金、印花税等，这些都是运营基金、复制基准指数的成本。费用越高，跟踪误差就会越大，因为基准指数是不存在管理费扣除的。

4. 其他影响

分红因素和交易证券时的冲击成本也会对跟踪误差产生影响。

三、主动投资

与被动投资相比，在一个并非完全有效的市场上，主动投资策略更能体现其价值，从而给投资者带来较高的回报。这种收益主要来自以下两种情况：一是主动型投资者比其他大多数投资者拥有更好的信息，即市场“共识”以外的有价值的信息；二是主动型投资者在面对相同的信息时，能够更高效地使用信息并通过积极的交易产生回报。

主动型投资的业绩主要取决于投资者使用信息的能力和投资者所掌握的投资机会的个数，即信息深度和信息广度。第一，在投资经理所掌握的投资机会不变的情况下，其投资技能的上升会带来信息比率的上升。这其实是显而易见的，一个更有经验的投资者应该比一个没有经验的投资者更能带来风险调整后的收益。第二，在同等的投资技能下，掌握大量投资机会的投资经理比只掌握少量投资机会的投资经理更能提高投资组合的信息比率。在通常情况下，一个投资机会所能够挖掘的深度是有限的，只有在不断扩展投资机会的情况下，才能带来更高的主动收益。

一个具有较高的投资技能但是却只掌握较少投资机会的投资经理，很可能与一个投资能力一般却具有较多投资机会的投资经理具有相同的投资业绩。但是投资经理经常会面临两难的境地，即在扩展投资机会的同时往往会导致投资机会使用效率的降低，如无法及时、有效地使用可得的信息。因此，投资机会的多少与对投资机会的使用效率存在相互替代的关系。

主动投资者常常采用基本面分析和技术分析方法。这两种方法在权益投资一章均有介绍。基于这两种分析方法，一些学者根据公司特征以及业绩表现对全体股票进行了分类，发现分类后的股票在收益上存在显著差异：即同类股票之间具有较高的相关性，而不同类别的股票之间不相关或者相关性较低。基于上述研究发现，实践者们开始把收益模式相同的股票归为同一类“风格”（style）。常见的风格划分标准是根据公司盈利增长状况把股票分为价值股、成长股、合理价格下的成长股三种。业界已经普遍接受股票风格的概念，并且试图靠转换风格来获取更高的收益。至于价值股与成长股的划分有多种标准，如市净率、市盈率和派息率等。以市净率为例，盈利成长会带来公司账面资产的增加，在价格账面资产比率保持不变的情况下，势必会带来股票价格的同比上涨。

偏好成长风格的基金经理试图挑选出盈利增长相对最快的股票，从而可以获得价格上涨所带来的收益。偏好价值风格的基金经理则试图寻找相对便宜的股票，期望公司的市净率、市盈率等比率会恢复到某一合理水平。也有些基金经理既追求价值风格，又追求成长效应，这种策略被称为合理价格下的成长策略，即寻找盈利成长高于平均水平，同时价格又比较合理的股票。

对于主动型投资者而言，偏离基准组合可能是其有意追求主动收益的结果，但是不能保证每次偏离都是正回报，因此出现数额较大的正或者负主动收益对于主动投资来说是可能的。与被动投资相比，主动投资的主动收益是投资者主动获取的，特别是寻求正的主动收益。

主动收益的计算方法如下：

$$主动收益 = 证券组合的真实收益 - 基准组合的收益$$

通过计算主动收益的标准差，便可以得出主动型投资者的主动风险。主动风险定义为一个证券组合的主动收益的标准差。

第四节　资产配置与投资组合构建

一、资产配置

（一）资产配置的意义和主要考虑因素

资产配置是根据投资需求将投资资金在不同资产类别之间进行分配。在投资组合管理的基本流程中，投资规划阶段即确定了资产配置。资产配置过程是在投资者的风险承受能力与效用函数的基础上，根据各项资产在持有期间或计划范围内的预期风险、收益及相关关系，并在可承受的风险水平上构造能够提供最高预期收益的资金配置方案的过程。

资产配置是投资组合管理过程中重要的环节之一，也是决定投资组合相对业绩的主要因素。有关研究显示，资产配置对投资组合业绩的贡献率达到了90%以上。一方面，在半强有效市场环境下，投资目标盈利状况、规模，投资品种的特性以及特殊时间变动因素对投资收益都有影响，因此资产配置可以起到降低风险、提高收益的作用；另一方面，随着投资范围从单一资产类型扩展到多资产类型、从国内市场扩展到国际市场，其中可能既包括在国内与国际资产之间的配置，也包括对不同风险、收益资产类别的配置。单一资产投资方案难以满足投资需求，资产配置的重要意义与作用逐渐凸显出来，可以帮助投资者降低单一资产的非系统性风险。

从实际的投资需求看，资产配置的目标在于以资产类别的历史表现与投资者的风险偏好为基础，决定不同资产类别在投资组合中所占比例，从而降低投资者风险，提高投资收益，消除投资者对收益所承担的额外风险。

资产配置作为投资管理中的重要环节，其目标在于协调提高收益与降低风险之间的关系，这与投资者的特征和需求密切相关。因而，短期投资者与长期投资者、个人投资者与机构投资者等，不同类型的投资者对资产配置也会有不同的选择。一般而言，进行资产配置主要考虑的因素如下。

1. 影响投资者风险承受能力和收益要求的各项因素

这些因素包括投资者的年龄、投资周期、资产负债状况、财务变动状况与趋势、财富净值和风险偏好等。一般情况下，对于个人投资者而言，个人的生命周期是影响资产配置的最主要因素，而机构投资者则更看重机构本身的资产负债状况以及股东、投资者的特殊需求。

2. 影响各类资产的风险、收益状况以及相关关系的资本市场环境因素

这些因素包括国际经济形势、国内经济状况与发展动向、通货膨胀、利率变化、经济周期波动和监管等，通常只有专业投资者和机构投资者会受到监管的约束。监管的各种法规、条例会随着时间的推移而变化，在进行资产配置时必须充分考虑各种市场和监管因素的变化和影响。

3. 资产的流动性特征与投资者的流动性要求相匹配的问题

资产的流动性是指资产以公允价格售出变现的难易程度，体现投资资产时间尺度和价格尺度之间的关系。现金和货币市场工具，如国库券、商业票据等，是流动性较强的资产，房地产、办公楼等则是流动性较差的资产。投资者必须根据自己短时间内处理资产的可能性，建立投资中流动性资产的最低标准。

4. 投资期限

投资者在有不同到期日的资产（如债券等）之间进行选择时，需要考虑投资期限的安排问题。

5. 税收考虑

税收结果对投资决策意义重大，因为任何一个投资策略的业绩都是用其税后利润来评价的。对面临高税率的个人投资者和机构投资者而言，其更重视在整个资产配置中合理选择避税或缓税的投资产品。

（二）战略资产配置与战术资产配置

对于某个特定的投资者来说，一种资产配置对他的合适程度取决于该资产配置的特征与投资者的投资政策说明书中所描述的投资目标及投资环境的匹配程度。在投资政策确定后，下一步就是进行投资组合的资产配置。进一步决定哪些资产类别不能被纳入投资范围，以及每个资产类别在投资组合中所占比例。

资产配置可以分为战略资产配置和战术资产配置两个层次。

1. 战略资产配置

从一般意义上讲，战略资产配置是为了满足投资者风险与收益目标所做的长期资产的配比。其是根据投资者的风险承受能力，对资产做出一种事前的、整体性的、最能满足投资者需求的规划和安排，也是反映投资者的长期投资目标和策略，确定各主要大类资产的投资比例，建立最佳长期资产组合结构。

战略资产配置是在较长投资期限内以追求长期回报为目标的资产配置。这种资产配置方式重在长期回报，不考虑资产的短期波动，其投资期限可以长达 5 年以上。基金经理在确定可投资的资产类别后，基于长期投资目标制订战略资产配置计划。

基金经理通过对各类资产的长期预期收益率、长期风险水平和资产间的相关性进行比较，运用均值—方差模型等优化方法构建最优组合，最终形成战略资产配置。战略资产配置一旦确定，会在投资期限内保持相对稳定。

2. 战术资产配置

虽然战略资产配置有望在长期达到投资者需求，但如果能捕捉各资产类别短期的回报率波动，也可以增强组合回报率。战术资产配置就是在遵守战略资产配置确定的大类资产比例基础上，根据短期内各特定资产类别的表现，对投资组合中各特定资产类别的权重配置进行调整。

战术资产配置是一种根据对短期资本市场环境及经济条件的预测，积极、主动地对资产配置状态进行动态调整，从而增加投资组合价值的积极战略。战术资产配置更多地关注市场的短期波动，强调根据市场的变化，运用金融工具，通过择时，调节各大类资产之间的分配比例，来管理短期的投资收益和风险。战术资产配置的周期较短，一般在一年以内，如月度、季度。

与战略资产配置策略相比，战术资产配置策略在动态调整资产配置状态时，需要根据实际情况的改变重新预测不同资产类别的预期收益情况，但没有再次估计投资者偏好与风险承受能力或投资目标是否发生了变化。运用战术资产配置的前提条件是基金管理人能够准确地预测市场变化、发现单个证券的投资机会，并且能够有效实施动态资产配置投资方案。

投资管理人用各种工具来辅助战术资产配置的决策，如对政治经济状况的分析、对市场动态的把握，以及比较市场估值与过去的数字等。

战术资产配置的有效性是存在争议的。实践证明只有少数基金管理人能通过择时得到超额收益。战术资产配置对战略资产配置的偏离往往被限制在一定范围内。

二、股票投资组合构建

股票投资组合构建通常有自上而下和自下而上两种策略。自上而下策略从宏观形势及行业、板块特征入手，明确大类资产、国家、行业的配置，然后挑选相应的股票作为投资标的，实现配置目标。自下而上则是依赖个股筛选的投资策略，关注的是各家公司的表现，而非经济或市场的整体趋势，因此自下而上并不重视行业配置。越来越多的基金经理采用自上而下和自下而上相结合的方式。

自下而上策略主要关注个股的选择，在实施过程中没有固定模式，只要能够挑选出业绩突出的股票即可。前面在主动投资部分所介绍的各种分析方法均可以应用，例如，运用基本面分析深入研究个股的投资价值、利用技术分析把握股票的购买时机、运用量化分析寻找被低估或者高估的股票等。自下而上的选股理念在市场存在众多的定价无效的情况下能够发挥很好的作用。

自上而下策略可以通过研究和预测决定经济形势的几个核心变量，如消费者信心、商品价格、利率、通货膨胀率、GDP 等，决定大类资产配置，也可以通过积极的风格调整，如转换价值股与成长股的投资比例，追求风格收益。还可以进行积极的板块轮换，如从周期非敏感型行业转换为周期敏感型行业，从而获得板块的差额收益。

值得注意的是，无论是采用自上而下还是自下而上策略，基金的投资组合构建在大类资产、行业、风格以及个股几个层次上都可能受到基金合同、投资政策、基金经理能力等多方面的约束。

对于我国的公募基金，大类资产主要指的是两类资产：股票和固定收益证券。基金设立时的目标基本上决定了大类资产配置的范围，如股票型基金一般要求在股票资产上的配置比例不低于 80%，债券型基金在股票资产上的配置比例一般不超过 20%，混合型基金选择的范围比较广，介于股票型和债券型之间。在不超出设立目标所允许的范围内，信奉自上而下理念的投资经理需要结合自己对宏观经济形势的预测来选择合适的股票投资比例，信奉自下而上理念的投资经理在股票上的投资比例则主要取决于其掌握的可投资股票的深度和广度。

在行业、风格层面上，有的基金契约已经规定投资的行业或风格，如行业基金、大盘或小盘基金、价值或成长基金等。这些基金的投资范围受到较为严格的限制。有的基金没有明确的行业或风格限制，投资经理可以通过对当前市场形势的研究和判断，决定行业和风格的配置。自下而上的投资经理可以不考虑行业与风格的配置，只是选择个股。

个股的选择与权重受到基金契约、基金合规、投资比例等方面的限制。例如，基金公司通常不允许投资关联方的股票，重仓股的最大权重通常也受到限制。

所有的基金都需要选定一个业绩比较基准，业绩比较基准不仅是考核基金业绩的工具，也是投资经理进行组合构建的出发点。指数基金的业绩比较基准就是其跟踪的指数本身，其组合构建的目标就是将跟踪误差控制在一定范围内。其他类型的基金在选定业绩比较基准时，需要充分考虑其投资目标、风格的影响。投资目标决定了基金可投资资产的类别，如股票与债券的比例。投资风格则决定了基金在股票中的选择范围。在选择业绩比较基准时要尽可能地体现这些特征，否则业绩比较基准就失去了其参考价值。基金的业绩基准往往是复杂基准。

三、债券投资组合构建

债券与股票不同，其收益在很大程度上是可预测的。债券有其不同于股票的独特分析方法，主要分析指标有到期收益率、利率期限结构、久期、凸性等。债券的投资管理策略在 20 世纪经历了多种变迁。20 世纪 60 年代以前，大多数债券组合管理者采用的是买入并持有策略。到了 70 年代初期，人们对各种积极债券组合管理策略的兴趣与日俱增。70 年代末和 80 年代初，随着通货膨胀率和利率创历史新高，债券市场收益率波动剧烈，导致许多新型金融工具应运而生。

同股票型基金类似，债券型基金需要在招募说明书中说明基金的投资目标、投资理念、投资策略、投资范围、业绩基准、风险收益特征等重要内容，这些因素决定了基金投资组合的构建理念和流程。自上而下的债券配置从宏观上把握债券投资的总体风险开始，分析包括市场风险和信用风险，进而决定在不同的信用等级、行业类别上的配置比例，通过大类资产配置、类属资产配置和个券选择三个层次自上而下地决策，最终实现基金的投资目标。

从可投资的产品类别上看，债券型基金通常投资国债、金融债、公司债、企业债、可转换债券、商业票据、短期融资券、正（逆）回购等品种。作为债券型基金，债券类资产的投资比例通常不低于基金资产总值的 80%。

从市场类别上看，基金经理需要充分研究一级市场和二级市场风险收益特征的差异，从而拟定合适的配置策略。基金经理还需要在权衡流动性和收益性的基础上，决定在银行间市场和交易所市场上的配置比例。

不同于股票投资组合，债券投资组合构建还需要考虑信用结构、期限结构、组合久期、流动性和杠杆率等因素。有些机构投资者会在投资政策说明中限制非投资级债券的比例。期限结构、组合长期的选择则与投资经理对市场利率变化的预期相关。投资经理还需要根据投资者的资金需求，对组合流动性作出安排。

债券型基金同样需要选择一个业绩比较基准，以方便投资者或内部管理者考核基金的业绩。债券型基金在选择业绩比较基准时应以债券指数为主，在投资范围允许的前提下，可以加入一定比例股票指数形成复合基准。股票指数的权重要符合基金投资比例和投资范围。

名词解释

系统风险　非系统风险　有效市场假说　方差　协方差　可行集　最小方差前沿　有效前沿　资本配置线　资本市场线　β 系数　战略资产配置　战术资产配置

思考题

1. 资本资产定价模型的贡献体现哪些方面？
2. 资产收益率的协方差和相关系数如何计算？
3. 最小方差前沿与有效前沿之间有什么关系？
4. 资本市场理论的假设条件有哪些？
5. 资本资产定价模型的主要思想是什么？
6. 不同强度有效市场下的投资策略有什么区别？
7. 被动投资和主动投资有什么区别？
8. 构建股票投资组合的思路是什么？

第十一章　投资交易管理

第一节　证券市场的交易机制

一、基本概念

交易机制指市场的交易规则和保证规则实施的技术，以及规则和技术对定价机制的影响。广义的交易机制是市场的微观结构，包括五个关键的组成部分：技术、规则、信息、市场参与者和金融工具。市场微观结构理论研究的是交易机制如何影响价格的形成过程，并分析在一定的交易机制下资产交易的过程和结果。狭义的交易机制特指市场的交易规则和保证规则实施的技术，以及规则和技术对定价机制的影响。以交易价格的形成过程为主线，交易机制可以划分为六方面内容：交易委托方式、价格形成机制、指令匹配原则、信息披露方式、市场稳定措施及其他选择性手段。

证券市场交易机制是指股票价格形成与发现的机制，具体体现为交易得以实现的市场架构、规则和制度。交易机制是证券市场的一项基本制度安排，也是股票市场发挥其市场功能的基本渠道，对于监管机构和投资者都具有重大的影响。

价格形成机制包含做市商制和竞价制两种基本方式。竞价制又包括连续竞价和集合竞价两种方式。按照价格形成机制的不同，可以把证券市场划分为报价驱动市场、指令驱动市场以及经纪人市场。

二、证券市场的类型

（一）报价驱动市场

报价驱动中，最为重要的角色就是做市商，因此报价驱动市场也被称为做市商制度。做市商制度，就是以做市商报价形成交易价格、驱动交易实现的证券交易方式。做市商通常由具备一定实力和信誉的证券投资法人承担，本身拥有大量可交易证券，买卖双方均直接与做市商交易，买卖价格则由做市商报出。与股票不同的是，几乎所有的债券和外汇都是通过做市商交易的，利润来源于买卖差价。做市商市场有两个重要特点：一是所有客户订单都必须由做市商用自己的账户买进卖出，客户订单之间不直接进行交易；二是做市商必须在看到订单前报出买卖价格，而投资人在看到报价后才下订单。

1. 做市商的目标

表 11 -1 清晰地反映出交易过程中的价格关系。在这里，要价始终是大于出价的，这时做市商就可以轻易地获得买卖差价。虽然做市商获利看起来是非常容易的，但不是所有投资者都可以充当做市商的角色。做市商为了维护证券的流动性必须具备一定的实力，即充足的可交易资金和证券是必不可少的。因此，做市商必须随时满足买卖双方的交易数量，这样才能给市场提供流动性。当接到投资者卖出某种证券的报价时，做市商以自有资金买入；当接到投资者购买某种证券的报价时，做市商将其自有证券卖出。有时为了完成交易承诺，做市商之间也会进行资金或证券的拆借。

表 11 -1 做市商与投资者

	要价	出价
做市商	卖价	买价
投资者	买价	卖价

另外，维持证券的价格稳定也是做市商的目标之一。虽然做市商的利润来源于买卖差价，但如果买卖差价太大，做市商将很难促成交易，从而失去赚取差价的机会；如果证券差价小但交易频繁，做市商仍可以赚取利润。

2. 做市商的类型

（1）特定做市商。这种情况下，一只证券只由某个特定的做市商负责交易。在纽约证券交易所，每个特定做市商不仅可以全权负责一种证券的交易，而且可以同时为多种股票做市。

（2）多元做市商。这种情况下，每只证券同时拥有多家做市商进行做市交易，避免一家做市商垄断市场的现象发生，从而操纵价格。美国纳斯达克市场就采用这种交易制度。

3. 案例

2012 年 5 月，上海证券交易所首只跨市场 ETF——华泰柏瑞沪深 300ETF 上市；同月 25 日上交所发布《上海证券交易所交易型开放式指数基金流动性服务业务指引》（以下简称《业务指引》），而此处的流动性服务是指符合条件的证券公司按照《业务指引》的规定提供持续双边报价服务，这和做市商的功能是一致的。《业务指引》主要是为了改善交易型开放式指数基金的流动性，完善和规范流动性服务业务，并将提供流动性服务的证券公司称为“流动性服务商”。流动性服务商提供流动性服务应当遵守下列规定：

（1）买卖报价的最大价差不超过 1%；

（2）最低报价数量不低于 10,000 份；

（3）连续竞价参与率不低于 60%；

（4）集合竞价参与率不低于 80%。

经上交所批准的流动性服务商可以为一只或多只 ETF 提供流动性服务。根据上交所的统计数据，《业务指引》发布当年 6—9 月，4 家表现最突出的流动性服务商合计交易量约占华泰柏瑞沪深 300ETF 全市场交易总量的 20%，合计申报量约占市场总申报量的 84%，有效提高了该产品的流动性。

2014 年 1 月，根据《业务指引》安排，上交所对 2013 年度各 ETF 产品流动性服务商提供的流动性服务进行评级并公告，评级主要依据买卖报价差、平均最小报价数量、参与率、成交量等统计指标。根据流动性服务商的评级结果，上交所对其提供流动性服务所产生的相应交易费用，给予一定比例的返还或减免。

（二）指令驱动市场

指令驱动的核心就是买方下达购买指令，包括购买数量和相应价格，卖方下达包含同样内容的卖出指令，满足成交条件的即可成功交易。在指令驱动市场上，指令是交易的核心，交易者向自己的经纪人下达不同的交易指令，经纪人将这些交易指令汇聚到交易系统，交易系统会根据已经设定好的交易规则撮合交易指令，直至完成交易。

1. 指令驱动的成交原则

（1）价格优先原则。较高的买入价格，总是优于较低的买入价格，而较低的卖出价格总是优于较高的卖出价格。

（2）时间优先原则。如果在同一价格上有多笔交易指令，此时会遵循“先到先得”的原则，即买卖方向相同、价格一致的，优先成交委托时间较早的交易。

在某些特定情况下，还有其他优先原则可以遵循，如成交量最大原则等。对于投资者而言，根据不同的市场行情下达合适的交易指令是非常关键的。

2. 指令的分类

（1）市价指令。

如果投资者希望以即时的市场价格进行证券交易，就会下达市价指令。但在连续竞价交易中，证券价格是不断变化的，下达市价指令后仍可能发生变化，这时将面临新的市场价格。

例如，投资者注意到某一时刻，某上市公司股票的实时报价如表 11 －2 所示。

表 11 －2　　某上市公司股票实时报价情况

卖方			买方		
序号	价格（元/股）	数量（手）	序号	价格（元/股）	数量（手）
1	33.10	8	1	33.09	10
2	33.11	12	2	33.08	6
3	33.12	13	3	33.07	20
4	33.13	20	4	33.06	18
5	33.14	35	5	33.05	30

这时，最高买入价为 33.09 元/股，而最低卖出价为 33.10 元/股，此时市价指令的含义是：投资者要么以 33.09 元/股的价格卖出手中的股票，要么以 33.10 元/股的价格买入股票。需要注意的是，此时的价格提供的买卖数量是一定的，在本例中，卖出价为 33.10 元/股的股票数量是 8 手（800 股），如果投资者计划买入的数量多于 8 手，那么要完成交易就需要提供更高的买入价。另外，在连续竞价交易中，证券价格是不断变化的，在投资者下达市价指令后仍可能发生变化，这时投资者将面临新的市场价格。

（2）随价指令。

市价指令让投资者暴露在价格变化的风险中，市价指令可使投资者在价格变化之前采取措施，当证券价格变动时，可以设定在某一价格买入或卖出证券。随价指令包括两类：

①限价指令。限价指令分为限价买入指令和限价卖出指令。如果投资者认为，目前目标公司的股票价格偏高，还不适合买入建仓，那么可以给经纪人发出限价买入指令，即设定一个目标价格，当股票价格达到或者低于该目标价格时，执行买入指令；相反，如果投资者持有某上市公司的股票，目前的股票价格偏低，那么可以给经纪人发出限价卖出指令，这样当该公司的股票价格上涨达到或者高于目标价格时，执行卖出指令。

②止损指令。止损指令与限价指令类似，也是当证券价格达到目标价格时开始执行交易，但止损指令的目的在于将损失控制在投资者可接受的范围内。当投资者持有某股票并

预期未来股票价格有下跌趋势，此时可以下达止损卖出指令，即当该股票价格达到或低于目标价格时，及时卖出所持股票，防止损失进一步增大；相反，当投资者卖空（卖空即看跌该股票价格，股票价格下跌时获利，上涨时亏损）某股票时，可以下达止损买入指令，即指定一个价格，当达到或超过这一价格时买入股票，如果股价上涨，达到指定价格后就可以平仓，把损失降到可控范围内。

在指令驱动市场，投资者不断向经纪人下达各种指令，这些指令集合于交易系统中，当买卖双方的价格和数量达成一致时，交易完成并形成价格。

3. 报价驱动和指令驱动的比较

报价驱动和指令驱动的价格形成方式不同、信息传递的范围与速度不同、交易量与价格维护机制不同以及处理大额买卖指令的能力不同。

报价驱动的优点在于成交即时性、价格稳定性、矫正买卖指令不均衡现象以及抑制股价操纵；缺点在于缺乏透明度、增加投资者负担、可能增加监管成本以及做市商可能利用其市场特权。

指令驱动的优点在于透明度高、信息传递速度快范围广以及运行费用较低；缺点在于处理大额买卖盘的能力较低、某些不活跃的股票成交可能持续萎缩以及价格具有波动性。

假设某天某时刻，某上市公司股票实时报价情况如表 11－3 所示。

表 11－3　　某上市公司股票实时报价情况

卖方			买方		
序号	价格（元/股）	数量（手）	序号	价格（元/股）	数量（手）
1	33.80	18	1	33.79	12
2	33.81	22	2	33.78	17
3	33.82	13	3	33.77	20
4	33.83	20	4	33.76	18
5	33.84	35	5	33.75	30

此时，我们考虑三种情况：

（1）投资者 A 给经纪人下达买入指令，买入价格为 33.80 元/股，数量为 18 手。根据之前的成交原则，此时最低卖出价格和最高买入价格相同，数量匹配，这时 33.80 元/股即为成交价格，成交数量为 18 手。

（2）投资者 B 给经纪人下达买入指令，买入价格为 33.81 元/股，数量为 18 手。根据之前的成交原则，此时买入价格高于最低卖出价格，则此最低卖出价格即为成交价，投资者将以 33.80 元/股价格成交 18 手股票。

（3）投资者 C 给经纪人下达卖出指令，卖出价格为 33.78 元/股，数量为 20 手。根据之前的成交原则，此时卖出价格低于市场即时的最高买入价格，则优先以最高买入价格成交，即33.79元/股，成交数量为12手，其余8手将以33.78元/股的价格继续与第二高买入价格成交。在33.78元/股时有17手买入数量，根据时间优先原则按指令提交时间先后顺序成交8手，剩余的9手将继续等待成交指令，这时投资者的平均卖出价格为：

$$(33.79\times12+33.78\times8)/20=33.786\ (元/股)$$

（三）经纪人市场

经纪人是为买卖双方介绍交易以获取佣金的中间商人。在某些特定商品的交易中，如大宗股票或债券、房地产等，由于商品具有特殊性或只在少数投资者之间交易，经纪人市场便出现了。经纪人可以根据自己客户的指令来寻找相应的交易者，也可以依靠自身的信息资源来寻觅买家和卖家，以此促成交易，赚取佣金。在这种情况下，做市商通常不会为其做市，因为如果商品交易不频繁，做市商就不能获得理想的买卖差价，而且会面临持有成本；而指令驱动市场也不会容纳类似交易品，因为投资者数量有限，不能形成有效的价格指令。

与指令驱动市场相同的是，交易价格的形成是买卖双方谈判的结果，但市场流动性却不由买卖双方来形成，而主要是依靠经纪人来维持。

三、做市商与经纪人

做市商在报价驱动市场中处于关键性地位，他们在市场中与投资者进行买卖双向交易；经纪人则是在交易中执行投资者的指令，并没有参与到交易中，两者的市场角色不同。此外，两者的利润来源不同——做市商的利润主要来自证券买卖差价，经纪人的利润则主要来自给投资者提供经纪业务的佣金；对市场流动性的贡献不同——在报价驱动市场中，做市商是市场流动性的主要提供者和维持者，而在指令驱动市场中，市场流动性是由投资者的买卖指令提供的，经纪人只是执行这些指令。具体见表11-4。

表11-4　做市商与经纪人的区别

区别	做市商	经纪人
市场角色	参与交易	不参与交易
利润来源	买卖差价	佣金
市场流动性贡献	主要提供者和维持者	不提供流动性

然而，两者有时也可以共同完成证券交易，当做市商之间进行资金或证券拆借时，经

纪人往往是不错的帮手，有些经纪人甚至是专门服务于做市商的。美国纽约证券交易所中的特定做市商同时也充当了经纪人的角色。特定做市商会得到投资者的一系列报价，这时，如果投资者的买卖报价能够满足成交条件，那么做市商就不会动用自己的自有资金或证券，而是直接促成交易，除非做市商自己的报价要优于投资者的报价。如果投资者的报价无法完成交易，这时做市商就会发挥“做市”的职能，用自有资金或证券促成交易，在维持证券价格稳定的同时保持市场流动性。此时经纪人和做市商的角色往往是冲突的。作为经纪人，他们应该执行自己客户的指令，使得客户的证券能在最合适的价格成交；但作为做市商，他们又希望能以较低的价格买入证券，再以较高的价格卖出。

四、保证金交易

（一）概述

证券市场的主要交易模式是“一手交钱，一手交货”，即如果投资者要买入一定数量的证券必须具有与市场价格等值的货币资金；如果投资者要卖出证券，证券账户上必须有属于投资者支配范围内的足量的可交易证券，这样的交易称为现货交易。

现货交易将违约风险降到最低，却限制了投资者信用的作用。保证金交易让投资者可以从证券经纪商那里借得资金或证券，这样就能进行超出自己可支付范围的交易。此时，投资者的信用非常重要，因此也称为信用交易。投资者从证券经纪商那里借的资金称为融资，例如，张三有资金 5 万元，在现货交易中（不考虑交易成本）他只能购买 5 万元的证券。但是在保证金的交易下，他可以向证券经纪商借 5 万元，这样他就能购买 10 万元的证券。投资者从证券经纪商那里借得证券称为融券，例如，李四持仓 A 股票 50 手，市值 5 万元，在保证金的交易下，可以向证券经纪商再借 50 手 A 股票，这样就能卖掉 100 手 A 股票，等价格下跌后，再买回 50 手 A 股票还给经纪商。

投资者用于投资的自有资金或证券就称为保证金，保证金除以所投资金额或证券总价值的比率就称为保证金率。例如，如果一位投资者有资金 10,000 元或者价值 10,000 元的证券，在现货交易中，不考虑交易成本的条件下，他只能购买等值的证券或通过卖出证券获得等值资金。在保证金交易情况下，他可以向证券经纪商借款 10,000 元，再加上自有资金，可交易金额就会达到 20,000 元。

（二）买空交易

在我国，保证金交易被称为“融资融券”。融资即投资者借入资金购买证券，也叫买空交易。上海证券交易所的融资融券交易规则如下：（1）上交所规定的融资融券保证金比例不得低于50%；（2）上交所规定的维持担保比例下限为130%，维持担保比例=(现金+信用证券账户内证券市值总和)/(融资买入金额+融券卖出证券数量×当前市价+利息及费用总和)；（3）上交所规定融资融券业务最长时限为6个月。当证券价格下降，维持担保比例低于130%，证券公司就会要求投资者在2个交易日内追加担保，且追加担保物后的维持担保比例不得低于150%，这被称为保证金催缴；该投资者如果在2个交易日内无法追加担保，那么证券公司就会根据约定采取强制平仓措施。值得注意的是，即使融资交易结束时，该公司的股票价格没有发生变化，投资者还是需要支付融资的贷款利息。

以上交所的融资交易为例，假设投资者在上交所进行融资交易，他选择某证券公司作为经纪公司，投资者的自有资金为15,000元。某日投资者观察到某白酒公司的股票价格为150元/股，他根据白酒行业的状况分析认为，该公司股票价格有上升的趋势，准备进行融资交易。投资者向该证券公司融资15,000元（此时保证金比例达到最低限额50%），买入200股该公司的股票。如果该公司的股票价格下降至120元，此时维持担保比例为(未考虑融资利息费用)：

$$(120\times 200)/15,000=160\%$$

假设该公司的股票价格继续下降至97.5元，维持担保比例将是（未考虑融资利息费用)：

$$(97.5\times 200)/15,000=130\%$$

此时，维持担保比例已经达到最低限额，如果股票价格进一步下降，证券公司就会要求投资者在2个交易日内追加担保，且追加担保物后的维持担保比例不得低于150%，这被称为保证金催缴。假如该投资者在2个交易日内无法追加担保，那么证券公司就会根据约定采取强制平仓措施，以市场价卖出投资者的200股股票。

我们已经知道，融资交易是为了将股票上涨时的利润扩大化。假设半年后，该公司的股票价格上涨了20%，即达到180元。采取现货交易的投资者收益也将会是20%，但采取融资交易的投资者则不同，以上述投资者为例，其收益率计算如下：

$$\frac{180\times 200-30,000-15,000\times 4.3\%}{15,000}=35.7\%$$

股票价格只上涨了20%，但投资者却可以获得35.7%的收益率。然而融资交易也会同样放大投资者的损失率：

如果半年后该公司的股票价格不是上涨而是下降了30%，为105元，此时投资者的收益率为：

$$\frac{105\times 200-30,000-15,000\times 4.3\%}{15,000}=-64.3\%$$

表 11－5 清晰地反映出该公司股票价格变动对投资者收益率的影响（假设在持有期内该公司的股票没有进行任何形式的股利分红，且不考虑股票交易费用）。

表 11－5　　买空投资收益计算明细

	最终股票价格（元）	投资收益率（%）	非融资情况下投资收益率（%）
初始投资额：15,000 元 融资额：15,000 元 初始股票价格：150 元 投资数量：200 股 融资年利率：8.6% 融资期限（月）：6	100	－70.97	－33.33
	110	－57.63	－26.67
	120	－44.30	－20.00
	130	－30.97	－13.33
	140	－17.63	－6.67
	150	－4.30	0.00
	160	9.03	6.67
	170	22.37	13.33
	180	35.70	20.00
	190	49.03	26.67
	200	62.37	333.33

（三）卖空交易

卖空交易即融券业务，与融资业务正好相反，投资者可以向证券公司借入一定数量的证券卖出，当证券价格下降时，再以当时的市场价格买入证券归还证券公司，自己则得到投资收益。需要注意的是，融券交易没有平仓之前，投资者融券卖出所得资金除买券还券外，是不能用于其他用途的。

与买空交易一样，在标的证券价格变化时，融券业务的维持担保比例也必须大于 130%。当维持担保比例小于 130% 时，投资者就会接到证券公司的催缴通知，这时，投资者可以选择在信用账户中增加资金，也可以用标的证券或其他认可的证券来增加担保比例。但用证券充抵保证金时，对于不同的证券，投资者必须以证券市值或净值按不同的折算率进行折算。

融券业务同样会放大投资收益率或损失率，如同杠杆一样增加了投资结果的波动幅度。

为防范融资融券的投资风险，证券交易所对参与融资融券的证券公司作出了严格规定，只有符合一定标准的证券公司才能开展此项业务。同时，融资融券对于投资者的要求也较高，目前大部分证券公司要求普通投资者开户时间须达到 18 个月，且持有资金不得低于 50 万元人民币。此外，在《上海证券交易所融资融券交易实施细则》中，上交所对于可用于融资融券的标的证券作出了详细规定，如标的证券为股票的，须符合以下 7 个条件：

（1）在上交所上市交易超过 3 个月；

（2）融资买入标的股票的流通股本不少于 1 亿股或流通市值不低于 5 亿元，融券卖出标的股票的流通股本不少于 2 亿股或流通市值不低于 8 亿元；

（3）股东人数不少于 4,000 人；

（4）在过去 3 个月内没有出现下列情形之一：

①日均换手率低于基准指数日均换手率的 15%，且日均成交金额小于 5,000 万元；

②日均涨跌幅平均值与基准指数涨跌幅平均值的偏离值超过 4%；

③波动幅度达到基准指数波动幅度的 5 倍以上。

（5）股票发行公司已完成股权分置改革；

（6）股票交易未被上交所实行特别处理；

（7）上交所规定的其他条件。

满足以上条件的股票往往不会出现剧烈的股价波动，其一方面减少了投机机会，另一方面也降低了投资者的风险。

五、证券交易机制的目标

（一）流动性

证券的流动性是证券市场生存的条件。如果证券市场缺乏流动性，或者说不能提供充分的流动性，证券市场的功能就要受到影响。从积极的意义上看，证券市场流动性为证券市场有效配置资源奠定了基础。证券市场流动性包含两个方面的要求，即成交速度和成交价格。如果投资者能以合理的价格迅速成交，则市场流动性好。相反，如果单纯是成交速度快，并不能完全表示流动性好。

（二）稳定性

证券市场的稳定性是指证券价格的波动程度。一般来说，稳定性好的市场，其价格波动性比较小，或者说其调节平衡的能力比较强。从证券市场健康运行的角度看，保持证券价格的相对稳定、防止证券价格大幅度波动是必要的。证券市场的稳定性可以用市场指数的风险度来衡量。由于各种信息是影响证券价格的主要因素，因此，提高市场透明度是加强证券市场稳定性的重要措施。

（三）有效性

证券市场的有效性包含两个方面的要求：一是证券市场的高效率；二是证券市场的低成本。其中，高效率又包含两方面内容：一是证券市场的信息效率，即要求证券价格能准确、迅速、充分反映各种信息。根据证券价格对信息的反映程度，可以将证券市场分为强式有效市场、半强式有效市场和弱式有效市场。二是证券市场的运行效率，即证券交易系统硬件的工作能力，如交易系统的处理速度、容量等。低成本也包含两方面：一是直接成本；二是间接成本。前者如投资者参与交易而支付的佣金和缴纳的税收，后者如投资者收集证券信息所发生的费用等。

第二节　基金公司投资交易管理

一、基金公司部门构成

基金公司设有投资决策委员会，是最高的决策机构，由总经理、投资总监、研究部经理、基金经理组成，掌管整个公司的投资方向。下设投资部、研究部、交易部，负责基金的投资管理；营销部负责产品设计开发、营销和客户服务；合规与风险部分别负责监督法律合规事务和风险的识别、报告；后台运营包括注册登记、资金清算、信息技术等；此外，还有人资部、财务部、行政部等。

（一）投资决策委员会

投资决策委员会是基金管理公司管理基金投资的最高决策机构，由各个基金公司自行设立，是非常设的议事机构。投资决策委员会应在遵守国家有关法律法规和公司规章制度的前提下，对基金公司各项重大投资活动进行管理，审定公司投资管理制度和业务流程，并确定不同管理级别的操作权限。投资决策委员会一般由基金管理公司的总经理、分管投资的副总经理、投资总监、研究部经理、基金经理等组成。其主要职责包括：

（1）制定、完善投资决策制度和流程；

（2）确定各基金的投资理念、投资原则以及投资限制；

（3）核准公司证券池的构成；

（4）审定各基金的资产配置方案，根据市场形势调整在类别资产、市场、行业间的分配比例及投资规模范围。

（二）风险控制委员会

风险控制委员会是负责协助总经理统揽公司经营风险的议事机构，其在投资管理中的主要职责包括：

（1）评估公司投资、研究、交易内部控制制度以及投资流程的合法合规性、全面性、审慎性和适时性，及时提出修改建议和方案；

（2）评估公司投资的合规与风险控制的状况，查找公司在投资风险控制中的薄弱点，提出相关意见和建议；

（3）对监察稽核部发现并提交的问题进行讨论，提出处理意见；

（4）负责布置、落实公司投资方面的危机处理方案及对重大风险事件的评估管理。

（三）投资部

投资部负责根据投资决策委员会制定的投资原则和计划制订投资组合的具体方案，向交易部下达投资指令。在实际操作中，基金经理负责投资决策。每只基金均由一个经理或一组经理负责决定该基金的组合和投资策略，并形成具体的交易指令，包括证券交易的种类、买卖方向、交易价格与交易时间等。其主要职责包括：

（1）执行投资决策委员会的决议；

（2）拟定各基金的阶段性投资方案；

（3）在授权范围内作出投资决定，并向交易室下达交易指令；

（4）对超出权限的投资提出书面建议，并根据投资授权权限报批；

（5）对基金的业绩与风险状况进行自我分析检讨。

（四）研究部

研究部是公司投资管理体系中重要的投资决策支持部门，也是基金投资运作的基础部门，通过对宏观经济形势、行业状况、上市公司等进行详细分析和研究，提出行业资产配置建议，并选出具有投资价值的上市公司建立股票池，向基金投资决策部门提供研究报告及投资计划建议。研究部通常会进行上市公司筛选，从一个行业中挑选一定数量的上市公司作为跟踪对象，然后通过对这些上市公司的管理能力、增长潜力等的分析，选出一定数量的公司进行重点研究，最后通过系统全面的深入分析选出最具投资潜力的公司，以此为基础选出最优股票。另外，基金公司还会参考外部研究报告。这些报告主要由证券公司提供。其主要职责包括：

（1）负责组织对宏观经济形势和市场走势进行研究，出具投资策略报告，为投资决策委员会制定投资目标、投资策略和资产配置方案提供依据；

（2）负责外部研究资源和信息的收集和整理工作，与外部研究机构建立良好的合作关系，为投资决策建立起强大的研究平台和信息资料库；

（3）负责开展行业和上市公司研究，建立和维护各基金可投资的证券池；

（4）负责对关注行业内的重点上市公司进行实地调研，为基金的重仓品种以及重点推荐品种提供基于持续跟踪的研究报告和建议；

（5）对固定收益证券、金融衍生产品等进行专项研究，提出相应的研究报告和投资建议。

（五）交易部

交易部是基金投资运作的具体执行部门，负责投资组合交易指令的审核、执行与反馈。基金公司通常设有交易部，通过电子交易系统完成交易并记录每日投资交易情况，在交易过程中严格执行相关规定，并利用技术手段避免违规行为的出现。为提高交易效率和有效控制基金管理中交易执行的风险，基金采取集中交易制度，即基金的投资决策与交易执行职能分别由基金经理与基金交易部门承担。基金交易部属于基金公司的核心保密区域，执行最严格的保密要求。

实际操作中，交易部的交易员充当着重要角色，一方面要以有利的价格进行证券交易，另一方面要向基金经理及时反馈市场信息。基金公司会对交易员进行定期评估与考核，考核内容包括投资指令的完成率与完成质量，以及合规情况。交易部主要职责包括：

（1）实行集中交易管理，保证交易行为规范；

（2）复核并执行交易指令，对交易情况实施一线实时监控；

（3）反馈、汇报交易完成情况或其他异常情况；

（4）建立及管理交易资料、档案。

（六）监察稽核部

监察稽核部在投资管理过程中的主要职责是：

（1）就公司投资管理制度、投资决策程序和运作流程的合理性和有效性进行审查，对存在的问题及时提出改进意见；

（2）监督、检查公司投资管理制度、基金资产的运作、投资决策程序的执行情况以及员工遵守有关规定的情况，揭示执行过程中存在的问题和风险；

（3）对基金的投资及日常交易行为进行监控，对异常或违规行为进行调查和报告；

（4）对公司自有资金投资运作的合规性进行监察稽核。

二、基金公司投资交易流程

基金公司投资交易包括形成投资策略、构建投资组合、执行交易指令、绩效评估与组合调整、风险管理等环节。

（一）形成投资策略

投资策略的制定是投资交易的基础环节，包括以下几个步骤：

（1）研究部提出研究报告。研究部在综合宏观经济分析、行业分析，个股分析的基础上向投资决策委员会和其他投资部门提供研究报告，并提出投资建议，建立投资股票池；

（2）投资决策委员会参考研究部提供的研究报告，根据现行法律法规和基金合同的有关规定，形成基金投资的投资范围、投资目标等总体投资策略；

（3）投资部制定投资组合的具体方案。投资部根据总体投资策略和研究报告，构建投资组合方案，对方案进行风险收益分析。

（二）构建投资组合

在实际操作中，基金经理根据投资决策委员会的投资战略及研究部门的研究报告，结合对证券市场、上市公司、投资时机等分析，拟订所管理基金的具体投资计划，包括资产配置、行业配置、重仓个股投资方案。

（三）执行交易指令

交易指令在基金公司内部执行情况如下：

（1）在自主权限内，基金经理通过交易系统向交易部下达交易指令；

（2）交易系统或相关负责人员审核投资指令（价格、数量）的合法合规性，违规指令将被拦截，反馈给基金经理。其他指令被分发给交易员；

（3）交易员接收到指令后有权根据自身对市场的判断选择合适时机完成交易。

交易员在执行交易的过程中必须严格按照公平公正的原则执行，在执行公平交易时需严格遵守公司的公平交易制度。交易指令从基金公司到达经纪商，交易指令已经从基金公司流出，经纪商会确认交易指令并执行，然后进行交易清算交割，完成交易过程。

（四）绩效评估与组合调整

基金公司内部会定期和不定期对基金进行投资绩效评估，并提供相关报告。绩效评估分析超额收益的来源、投资风格、投资行为特征等。根据绩效评估结果，基金经理可以对投资策略和投资组合进行适当的调整，公司管理层可以对基金经理进行业绩考核与能力评定。

（五）风险管理

基金管理公司通常会成立风险管理委员会，以及风控和监察部门，根据相关法律法规建立一套完整的合规风险控制体系管理制度，并在基金合同和招募说明书中予以明确规定，以保障基金投资者的合法权益。风险管理部、监察稽核以及其他相关部门会对组合的投资交易进行事前审批、事中监控、事后报告等工作。

值得注意的是，风险管理并不是投资流程中的最后一环，而是贯穿投资组合从设计到开始投资再到日常运作的全过程。风险管理的任务也不仅是风控和合规部门的职责，还是投资、市场、运营等各部门的工作的一部分。

三、投资交易过程的风险管理

基金投资交易过程中的风险包括投资风险（市场风险、信用风险、流动性风险）、操作风险、合规风险、声誉风险及其他风险，主要体现在两个方面：一是投资交易过程中的合规风险，二是操作风险。

（一）合规风险

投资交易过程中的合规风险是指违反法律法规、交易所规则、公司内部制度、基金合同等导致公司可能遭受法律制裁、监管处罚、公开谴责等风险。合规风险主要包括投资合规性风险、销售合规性风险、信息披露合规性风险和反洗钱合规性风险。

合规风险的控制目标是确保遵守法律法规、监管规则和基金合同或独立账户投资方针的规定，审慎经营。合规风险管理主要体现在交易规定的执行和交易行为的监控过程中，通过制度化、系统性地进行事前、事中和事后的监控和管理，以防范操纵证券市场、不公平对待不同投资组合、利用基金财产为基金份额持有人以外的第三人牟取利益等违法违规行为。

可以采取的措施如下：

（1）建立有效的投资流程和投资授权制度；

（2）通过在交易系统中设置风险参数，对投资的合规风险进行自动控制，对于无法在交易系统自动控制的投资合规限制，应通过加强手工监控、多人复核等措施予以控制；

（3）重点监控投资组合投资中是否存在内幕交易、利益输送和不公平对待不同投资者等行为；

（4）对交易异常行为进行定义，并通过事后评估对基金经理、交易员和其他人员的交易行为（包括交易价格、交易品种、交易对手、交易频度、交易时机等）进行监控，加强对异常交易的跟踪、监测和分析；

（5）每日跟踪评估投资比例、投资范围等合规性指标执行情况，确保投资组合投资的合规性指标符合法律法规和基金合同的规定；

（6）关注估值政策和估值方法隐含的风险，定期评估第三方估值服务机构的估值质量，对于以摊余成本法估值的资产，应特别关注影子价格及两者的偏差带来的风险，进行情景压力测试并及时制定风险管理情景应对方案。

（二）操作风险

投资交易中的操作风险是指由于人员、流程、系统或外部因素带来的交易失误，导致基金资产或基金公司财产损失，或基金公司声誉受损、受到监管部门处罚等风险。基金公司在交易执行环节可能存在的风险包括：

（1）未践行最佳执行原则，交易效率低或差错率高；

（2）交易系统未经严格测试论证，系统缺陷造成交易失误；

（3）交易与后台清算、托管银行的交收相互脱节，影响资金的使用；

（4）交易价格显著偏离公允价格；

（5）对交易对手风险的评估与控制不足；

（6）交易执行不独立于基金经理；

（7）公平交易、反向交易以及超过合规限制交易的管理机制不能得到有效执行；

（8）交易员不能有效履行对基金经理交易指令的监督、复核职责。

操作风险管理的控制目标是建立有效的内部控制机制，尽量减少因人为错误、系统失灵和内部控制的缺陷所产生的操作风险，保障内部风险控制体系有序规范运行。对于操作风险，基金公司应当对业务风险进行评估，对风险点进行整理、评估，并制定相应的管理措施，在业务进行中对风险管理情况进行持续跟踪。

（三）市场风险

市场风险是指受各种因素影响而引起的证券及其衍生品市场价格不利波动，使投资组合资产、公司资产面临损失的风险。市场风险管理的控制目标是严格遵循谨慎、分散风险的原则，充分考虑客户财产的安全性和流动性，实行专业化管理和控制，防范、化解市场风险。

可采取的措施如下：

（1）密切关注宏观经济指标和趋势、重大经济政策动向、重大市场行动，评估宏观因素变化可能给投资带来的系统性风险，定期监测投资组合的风险控制指标，提出投资调整应对策略；

（2）密切关注行业的周期性、市场竞争、价格、政策环境和个股的基本面变化，构造股票投资组合，分散非系统性风险。公司应特别加强禁止投资证券的管理，对于市场风险较大的股票建立内部监督、快速评估机制和定期跟踪机制；

（3）关注投资组合的收益质量风险，可以采用夏普比率、特雷诺比率和詹森比率等指标衡量；

（4）加强对场外交易（包括价格、对手、品种、交易量、其他交易条件）的监控，确保所有交易在公司的管理范围之内；

（5）加强对重大投资的监测，对基金重仓股、单日个股交易量占该股票持仓显著比例、个股交易量占该股流通值显著比例等进行跟踪分析；

（6）可运用定量风险模型和优化技术，分析各投资组合市场风险的来源和暴露。还可利用敏感性分析，找出影响投资组合收益的关键因素。此外，也可运用情景分析和压力测试技术，评估投资组合对于大幅和极端市场波动的承受能力。

（四）信用风险

信用风险包括债券发行人出现拒绝支付利息或到期时拒绝支付本息的违约风险，或由于债券发行人信用质量降低导致债券价格下跌的风险，及因交易对手违约而产生的交割风险。信用风险管理的控制目标是对交易对手、投资品种的信用风险进行有效的评估和防范，将信用风险控制于可接受范围内的前提下，获得最高的风险调整收益。

可采取的措施如下：

（1）建立针对债券发行人的内部信用评级制度，结合外部信用评级，进行发行人信用风险管理；

（2）建立交易对手信用评级制度，根据交易对手的资质、交易记录、信用记录和交易违约记录等因素对交易对手进行信用评级，并定期更新；

（3）建立严格的信用风险监控体系，对信用风险及时发现、汇报和处理。公司可对其管理的所有投资组合与同一交易对手的交易集中度进行限制和监控。

（五）声誉风险

声誉风险是指由公司经营和管理、员工个人违法违规行为或外部事件导致利益相关方对公司负面评价的风险。声誉风险管理的控制目标是通过建立与自身业务性质、规模和复杂程度相适应的声誉风险管理体系，防范、化解声誉风险对公司利益的损害。

可采取的措施如下：

（1）建立有效的公司治理架构、声誉风险管理政策、制度和流程，对声誉风险事件进行有效管理；

（2）建立声誉风险情景分析，评估重大声誉风险事件可能产生的影响和后果，并根据情景分析结果制定可行的应急预案，开展演练；

（3）对于已经识别的声誉风险，应尽可能评估由声誉风险所导致的流动性风险和信用风险等其他风险的影响，并视情况采取应对措施。

四、案例

骑士资本"乌龙指事件"

2012 年 8 月 1 日上午 9 点 30 分至 10 点 15 分，在并无任何重大信息披露的情况下，美国股市 154 只股票交易无端出现剧烈波动，交易量暴增，股价暴涨或暴跌。例如，Wizzard 软件公司股价从 3.5 美元飙升至 14.76 美元。

随后不久，纽约证券交易所（以下简称"纽交所"）做市商骑士资本发表声明称：该公司做市部门与纽交所之间的指令传送系统出现技术问题，约 150 只股票受影响，并称该做市系统已被暂停。事故当天，从上午 10 点 41 分开始到傍晚 7 点 04 分，纽交所连续发布 6 次公告，披露相关情况，避免造成市场不必要的恐慌。

骑士资本成立于 1995 年，是一家从事做市、电子下单、机构销售以及交易的公司，是全美最大的做市商之一。2011 年骑士资本是全美在纽交所和纳斯达克交易所零售股票交易业务中排名第一的做市商。调查显示，事件是骑士资本将未经测试的软件部署到包含过时功能的生产环境中所致。

为了让零售客户能够参与纽交所于 2012 年 8 月 1 日上线运行的新交易功能，骑士资本在7月末对公司交易系统平台进行升级，部署客户流动性程序（retail liquidity program，RLP）。为此骑士资本的技术人员对交易系统平台中包括SMARS在内的软件应用系统进行了开发和修改。

SMARS应用软件是骑士资本自主开发的股票交易系统。骑士资本所有的交易订单都会在投放市场前先发送给SMARS系统，再由SMARS投放到证券市场。对于金额巨大的交易订单，SMARS系统中自带的算法交易功能可以根据市场信息把一个母订单分成若干个子订单，再根据市场的实际状况把分割之后的子订单分发到适合的交易所或其他交易中心。执行分单的过程中，系统会检验累计子订单的股票数量是否达到母订单股票数量总值。分单和检验这两个功能原来是由SMARS中一个叫作Power Peg的软件模块执行的。2003年之后Power Peg模块被弃用。按常规，技术人员应在第一时间将被丢弃的Power Peg模块从SMARS系统中去除。但事实上，Power Peg模块一直被封装在SMARS系统中处于休眠状态。

2012年7月27日开始，骑士资本的技术人员对8台安装有旧SMARS软件系统的生产服务器进行更新。但这位技术人员忘记更新第8台服务器上的SMARS软件，而未被更新的SMARS软件中就残留了Power Peg软件模块。软件工程师在新SMARS系统中加进了一个标识，这个标识与之前调用Power Peg的标识完全相同。如果该标识在运行新的SMARS软件系统的过程中被设置成“是”，则被执行的将是与无线链路协议（RLP）相关的新软件模块。但是，由于第8台服务器上安装的是没有被更新的SMARS系统，当这一标识在运行中被设置成“是”时，被执行的将是功能残缺的Power Peg软件模块。当Power Peg被错误启用后，由于它无法跟踪对比母订单的股票数，子订单将不断产生并执行，形成无法终止的死循环。

如果骑士资本的技术部门能够对升级工作进行二次验证检查，或是安排两位技术人员一起执行升级工作，应该可以发现或避免这个错误。但是，该公司的风险管理与合规监控部门并没有针对系统升级制定双人复核制度，公司也没有临时安排对这8台服务器的更新和升级工作的检查。关键的升级工作完全依赖单个技术人员自身的责任心。

骑士资本在8月1日开市之前就已经收到了与RLP相关的客户交易订单，SMARS系统在早上8：01就已经开始处理这些订单。9：30开市前，公司内部有一批人收到了SMARS系统通过电邮的方式向相关人员发出邮件，显示了“Power Peg被禁用了”（Power Peg disabled）的信息。美国证监会事后的调查发现，这些电邮是在软件代码执行失败之后实时发出的信息，总数达到了97个，但并没有以报警的形式出现。这些错误通知没有引起收到信息人员的警惕，以至于如此重要的风险线索被不同阶层的技术人员和管理人员全部忽略。骑士资本错过了纠正潜在交易风险的时机。

开市后的45分钟内，骑士资本有缺陷的Power Peg接收并处理了212个母订单，SMARS发出数百万个子订单，累计对154只股票进行了400万次交易，交易量超过3.97亿股。事发期间，有75只股票的价格变化大于5%，市场成交量的20%来自骑士资本。其中的37只股票价格的波动超过了10%，市场成交量的50%来自骑士资本，并引发了为市场设置的波动幅度达到10%的熔断机制。这些股票价格的波动令一些客户未能够获得应该获得的成交价格，另一些客户则获得了意想不到的好成交价格，严重影响了正常的交易秩序。

在事件发生过程中，骑士资本曾采取对策来终止错误的交易。然而该系统没有切断开关，也没有相关情况的文档说明，技术人员只能在每分钟交易800万股的线上环境中诊断问题起因。他们卸载了已经部署到几台服务器上的新代码，结果是有用的代码被删除，反而留下了问题代码，导致情况进一步恶化。除了第8台未被正确部署的服务器，另外7台服务器中的母订单也触发了Power Peg功能。最后，他们终于想办法终止了交易系统，然而已经过去了45分钟。

此次事件，骑士资本在45分钟内亏损了4.5亿美元，而该公司本身无力偿付。最终，骑士资本被Getco LLC收购。

骑士资本在对软件开发和管理的过程中缺少了对软件系统升级的验证和监控流程。美国证监会在处罚公告中向骑士资本提出了补救建议，要求骑士资本必须接受和配合独立顾问对其软件开发生命周期的调查和提出整改建议。

名词解释

做市商制　竞价制　做市商　经纪人　合规风险　操作风险　市场风险　信用风险

思考题

1. 什么是报价驱动市场？什么是指令驱动市场？
2. 报价驱动和指令驱动的异同点有哪些？
3. 做市商和经纪人有什么异同？
4. 证券交易机制的目标有哪些？
5. 基金公司的部门构成有哪些？
6. 投资交易过程的风险管理包括哪些方面？

第十二章　投资风险的管理与控制

第一节　投资风险的类型

风险来源于不确定性，是未来的不确定事件可能带来的影响。风险有多种表现形式：（1）商业风险。即所有的公司都面临在竞争和变化的市场环境下不能正常运转并取得利润的风险。（2）操作风险。即公司也会面临来源于人力、系统、流程出错，以及其他不可控但会影响公司运营的风险。例如，人为失误、内外部欺诈、系统失灵和合同纠纷等。（3）合规风险。其与公司因未能遵守所有的法律法规而遭受处罚有关。（4）投资风险。即基金公司管理的投资组合面临投资价值的波动带来的投资风险。

基金公司作为受人之托、代人理财的专业机构，要在保证资产安全的前提下，追求投资收益的最大化。投资风险管理是基金公司的核心业务，基金公司投资风险管理的步骤可分为识别风险、测量风险、处理风险以及风险管理的评估和调整。

投资风险的主要因素包括：市场价格（市场风险）、借款方还债的能力和意愿（信用风险）、在规定时间和价格范围内买卖证券的难度（流动性风险）。这三种类型的投资风险是本节讨论的重点。

一、市场风险

（一）市场风险的类型

市场风险是指基金投资行为受到宏观政治、经济、社会等环境因素对证券价格所造成的影响而面对的风险。当基金投资于股票市场时，上市公司的股价不但受其自身业绩、所属行业的影响，更会受到政府的经济政策、经济周期、利率水平等宏观因素的影响，从而使股票的价格表现出一种不确定性；而当基金投资于国债市场时，国债的价格也会随着利率的变动而大幅波动，当利率上升时，国债价格会下降。所以即使基金具有分散风险的功能，但由于股票、债券等市场存在固有的风险，投资于股票、债券的基金也难免会面临风险。

市场风险包括政策风险、经济周期性波动风险、利率风险、购买力风险、汇率风险等。

1. 政策风险

政策风险是指因宏观政策的变化导致的对基金收益的影响宏观政策，包括财政政策、产业政策、货币政策等，都会对金融市场造成影响，进而影响基金的收益水平，政策风险的管理主要在于对国家宏观政策的把握与预测。

2. 经济周期性波动风险

经济发展有一定周期性，由于基金投资的是金融市场已存在的金融工具，所以基金会追随经济总体趋向而发生变动。当经济处于低迷时期，基金行情也会随之处于低迷状态。2008 年金融危机使全球经济处于低迷状态，这种状态同样影响并波及基金市场。

3. 利率风险

利率风险指的是因利率变化而产生的基金价值的不确定性。利率变动主要受通货膨胀预期、中央银行的货币政策、经济周期和国际利率水平等的影响。利率变动是不确定的、经常发生的，并且利率变动是一个积累的过程，因此利率风险具有一定的隐蔽性。

4. 购买力风险

购买力风险指的是作为基金利润主要分配形式的现金，可能由于通货膨胀等因素的影响而导致购买力下降，降低基金实际收益，使投资者收益率降低的风险。其又称为通货膨胀风险，通货膨胀是购买力风险出现的原因，通货膨胀使得资产总购买力发生变化。

投资者的实际收益会随着通货膨胀的发生而下降，物价上涨投资者实际购买力就会下降。例如，当年收益率为 4% 而通货膨胀率为 6% 时，人们年初持有 1 万元，到了年终实际持有的 1.04 万元将不足以支付 1.06 万元（年初价格为 1 万元）的商品价格，这就体现出货币购买力的下降。当物价上涨到一定程度时，投资者的实际收益为负。

5. 汇率风险

汇率风险指的是因汇率变动而产生的基金价值的不确定性，影响汇率的因素有国际收支及外汇储备、利率、通货膨胀和政治局势等合格境内机构投资者（QDII）基金由于涉及外汇业务对汇率反应较为敏感，因而受汇率影响较大。当投资境外的市场时，基金面临的最大风险是汇率风险。

（二）市场风险管理的主要措施

（1）密切关注宏观经济指标和趋势、重大经济政策动向、重大市场行动，评估宏观因素变化可能给投资带来的系统性风险，定期监测投资组合的风险控制指标，提出应对策略。

（2）密切关注行业的周期性、市场竞争、价格、政策环境和个股的基本面变化，构造股票投资组合，分散非系统性风险。应特别加强投资证券的管理，对于市场风险较大的证券建立内部监督机制、快速评估机制和定期跟踪机制。

（3）关注投资组合风险调整后收益，可以采用夏普（Sharp）比率、特雷诺（Treynor）比率和詹森（Jensen）比率等指标衡量。

（4）加强对场外交易（包括价格、对手、品种、交易量、其他交易条件）的监控，确保所有交易在公司的管理范围内。

（5）加强对重大投资的监测，对基金重仓股、单日个股交易量占该股票持仓显著比例、个股交易量占该股流通值显著比例等进行跟踪分析。

（6）可运用定量风险模型和优化技术，分析各投资组合市场风险的来源和暴露。还可利用敏感性分析，找出影响投资组合收益的关键因素。此外，也可运用情景分析和压力测试技术，评估投资组合对大幅和极端市场波动的承受能力。

二、信用风险

信用风险来源于贷款的借贷方、债券发行人以及回购交易和衍生产品的交易对手的违约可能性。例如，基金所投资债券的发行人不能或拒绝支付到期本息，债券评级下调引起价格下跌，回购交易对手方不履行回购债券义务等。

信用风险事件对持有相关债券的基金和基金公司带来的影响：

（1）相关债券估值急剧下跌，基金净值受损；

（2）相关债券流动性丧失，很难变现；

（3）投资者集中赎回基金，带来流动性风险；

（4）基金公司自有资金受到损失，遭受监管处罚。

债券基金经理的核心任务是管理信用风险，控制基金持有的债券信用等级，并进行适度的分散化投资，避免基金对单一债券或债券类别承担过大的信用风险。

信用风险管理的主要措施包括：

（1）建立针对债券发行人的内部信用评级制度，结合外部信用评级，进行发行人信用风险管理；

（2）建立交易对手信用评级制度，根据交易对手的资质、交易记录、信用记录和交易违约记录等因素对交易对手进行信用评级，并定期更新；

（3）建立严格的信用风险监控体系，对信用风险及时发现、汇报和处理。基金公司可对其管理的所有投资组合与同一交易对手的交易集中度进行限制和监控。

三、流动性风险

流动性是资产在短期内以低成本完成市场交易的能力：当资产的流动性较好时，则买卖更容易，价格更稳定，投资者的交易成本更低；当资产的流动性变差时，随着买卖价差的增大，投资组合往往会蒙受损失。当流动性供给与需求不平衡时，就会出现流动性风险。

基金投资的流动性风险主要表现在两个方面：一是基金管理人在建仓时或者在为实现投资收益而卖出证券时，可能会由于市场流动性不足而无法按预期的价格在预定的时间内买入或卖出证券；二是开放式基金发生投资者赎回时，所持证券流动性不足，基金管理人被迫在不适当的价格大量抛售股票或债券，或无法满足投资者的赎回需求。两者均可能使基金净值受到不利影响。

流动性风险是一种综合性风险。与市场风险、信用风险和操作风险相比，其形成原因更加复杂。市场、信用、操作等各个领域的风险管理的缺陷都可能导致流动性出现问题。影响基金流动性风险的主要因素有：金融市场整体的流动性、证券市场的走势、基金公司流动性管理流程和措施、基金类型以及基金持有人结构与行为特征等。有时，市场局部的流动性问题会演变成整个金融体系的流动性危机。在市场下行剧烈，基金净值出现较大回撤时，基金持有人赎回要求往往会大幅增加，导致基金日常的流动性无法满足投资人赎回要求，基金被动抛售资产，净值下跌，进一步引起更多赎回。极端情况下还会形成恶性循环，导致基金清盘。

2015 年股灾期间，公募基金行业遭遇流动性风险冲击。当年 6 月 15 日—7 月 8 日的 17 个交易日，上证综指下跌幅度达 32.11%，市场出现大量抛售，杠杆资金加速离场的情况，造成千股跌停、千股停牌的局面，股市流动几乎枯竭。同时，公募股票型基金遭遇巨额赎回，2015 年 7 月该类型基金份额数量减少近千亿份。

流动性风险管理是使资金成本与流动性之间取得最为合适的平衡。基金公司流动性风险管理的主要措施包括：

(1) 制定流动性风险管理制度，平衡资产的流动性与盈利性，以适应投资组合日常运作需要；

(2) 及时对投资组合资产进行流动性分析和跟踪，包括计算各类证券的历史平均交易量、换手率和相应的变现周期，关注投资组合内的资产流动性结构和投资组合品种类型等因素的流动性匹配情况；

(3) 分析投资组合持有人结构和特征，关注投资者申赎意愿；

(4) 建立流动性预警机制。当流动性风险指标达到或超出预警阈值时，应启动流动性风险预警机制，按照既定投资策略调整投资组合资产结构，或剔除个别流动性差的证券，以使组合的流动性维持在安全水平；

(5) 进行流动性压力测试，测算当面临外部市场环境的重大变化或巨额赎回压力时，冲击成本对投资组合资产流动性的影响，并相应调整资产配置和投资组合；

(6) 制定流动性风险处置预案，在流动性风险事件发生后能够及时有序地进行处置，建立健全自身的流动性保障和应对机制，防范风险外溢。

第二节　投资风险的测度

风险的测度是风险管理的基础。风险测度的质量，在很大程度上决定了风险管理的有效性。选择合适的风险度量指标和科学的计算方法是正确度量风险的基础，也是建立一个有效风险管理体系的前提。

风险测度分事前和事后两类。事前风险测度是在风险发生前，衡量投资组合在将来的表现和风险情况。事后风险测度则是在风险发生后的分析，主要目的是研究投资组合在历史上的表现和风险情况，常用来衡量风险调整后的收益情况。

风险指标是对风险的抽象描述，没有一个单一的风险指标能够反映投资组合的全部风险特征。在实际风险分析中，需要运用多个风险指标进行交叉验证，互为补充。

一、风险指标

反映投资组合市场风险的指标有基于收益率及方差的风险指标，如波动率、回撤、下行风险标准差等，描述收益的不确定性，即偏离期望收益的程度；也有基于投资价值对风险因子敏感程度的指标，如β系数、久期、凸性等，这些指标分别从市场、利率等不同角度反映了投资组合的风险暴露，统称风险敏感性度量指标。下面介绍几个常用的基础风险指标。

（一）β系数

β系数是评估证券或投资组合系统性风险的指标，反映的是投资对象对市场变化的敏感度。β系数是一个统计指标，采用回归方法计算，公式如下：

$$\beta_p = \frac{Cov\ (r_p,\ r_m)}{\sigma_m^2} \tag{12-1}$$

其中，$Cov\ (r_p,\ r_m)$是投资组合p的收益与市场收益的协方差；σ_m^2是市场收益的方差。

投资组合p与市场收益的相关系数为：

$$\rho_{p,m} = \frac{Cov\ (r_p,\ r_m)}{\sigma_p \cdot \sigma_m} \tag{12-2}$$

β系数也可以通过相关系数计算得到：

$$\beta_p = \rho_{p,m} \cdot \frac{\sigma_p}{\sigma_m} \tag{12-3}$$

其中，σ_p为投资组合p的标准差；σ_m为市场的标准差。

当β系数大于0时，该投资组合的价格变动方向与市场一致；当β系数小于0时，该投资组合的价格变动方向与市场相反。当β系数等于1时，该投资组合的价格变动幅度与市场一致；当β系数大于1时，该投资组合的价格变动幅度比市场更大；当β系数小于1（大于0）时，该投资组合的价格变动幅度比市场小。

在实际应用中，市场收益往往用投资组合的基准指数来代替。β系数可以用来衡量投资组合相对基准的风险水平，也可以用来比较两个投资组合的风险水平，或者用来观察同一个投资组合的风险特征随时间变化的情况。

β系数的局限性在于：

（1）通常β系数是用投资组合与基准指数的历史收益数据计算而来的，无法反映新的变化。例如，当投资组合中加入一只新上市股票，投资组合的风险特征将会改变，但历史数据无法反映这个变化。

（2）β系数会随着计算所使用的历史时间区间的变化而变化，特别是时间区间较短时。对于投资管理人来说，要在短期内达到一个特定的β系数的目标，是非常困难的。在应用β系数进行投资组合对比时，也需要注意所使用数据的时间区间。

（二）波动率

投资组合波动率在风险管理中最常见的定义是单位时间收益率的标准差。单位时间根据数据来源和应用场景可以取每日、每周、每月、每年等。公募基金一般都会公布每日净值增长率。

假定 σ_n 为第 $n-1$ 天所估计的投资组合收益率在第 n 天的波动率，相应的方差为 σ_m^2。假定基金净值在第 i 天末为 S_i，u_i 为第 i 天的收益率，即：

$$u_i = \frac{S_i - S_{i-1}}{S_{i-1}} \tag{12-4}$$

利用 u_i 最近 m 天的观察数据，可以估算投资组合波动率为这 m 天组合收益率的标准差：

$$\sigma_n = \sqrt{\frac{1}{m-1}\sum_{i}^{\infty}(u_{n-i} - \bar{u})^2} \tag{12-5}$$

其中，u 为 u_i 的平均值。

$$\bar{u} = \frac{1}{m}\sum_{1}^{n} u_{n-i} \tag{12-6}$$

假设每日收益率相互独立且具有同样的方差，则 T 个交易日总收益率的方差为 T 乘以每日收益率方差的积。那么 T 日总收益率的标准差是每日收益率标准差的 $\sqrt{T}$ 倍，即：

$$\sigma_r = \sigma_{\text{day}}\sqrt{T} \tag{12-7}$$

在计算波动率时，通常忽略交易所关闭的日子，仅计算交易日数量。2007—2016 年，我国 A 股市场交易日数量平均为每年 243 天。我们在估算年化波动率时，可以假定每年有 243 个交易日。

（三）跟踪误差

波动率是一个绝对风险指标，跟踪误差则是相对于业绩比较基准的相对风险指标，跟踪误差计量的前提是清晰的业绩比较基准。跟踪误差的定义和计算在第十章的主动投资与被动投资部分已有详细介绍，此处不再赘述。指数基金的跟踪误差通常较低。主动管理基金受到投资目标和风格不同的影响，跟踪误差较大。跟踪误差可以用来衡量投资组合的相对风险是否符合预定的目标或是否在正常范围内。

（四）主动比重

主动比重（active share，AS）是指投资组合持仓与基准不同的部分。假定全市场可投

资股票有 n 只，$w_{p,i}$为第 i 只股票在投资组合中的权重，则主动比重为：

$$AS = \frac{1}{2}\sum_{i}^{n} | w_{p,i} - w_{b,i} | \qquad (12-8)$$

主动比重是一个相对于业绩比较基准的风险指标，用来衡量投资组合相对于基准的偏离程度。该指标基于投资组合持仓，而非像波动率和跟踪误差那样基于收益率。主动比重衡量一个投资组合与基准指数的相似程度。主动比重为 0 意味着该投资组合实质上是一个指数基金，主动比重为 100% 则意味着该投资组合与基准完全不同，较高的主动比重意味着投资组合的表现可能会与基准差别较大。

主动比重的局限性在于：

（1）与基准不同并不意味着投资组合一定会跑赢或跑输基准。投资组合要跑赢基准必须在适当的时候以适当的方式偏离基准；

（2）与基准不同并不意味着投资组合的业绩表现会与基准有显著区别。有的组合主动比重很高，但其持仓可能和基准有较高的相关性。

主动比重指标常用于分析追求相对收益的股票型基金。对于债券投资组合而言，由于存在大量相同特性的债券，持仓区别很大的两个组合相关性可能非常高。

（五）最大回撤

最大回撤测量投资组合在指定区间内从最高点到最低点的回撤，计算结果是在选定区间内任一历史时点往后推，产品净值走到最低点时的收益率回撤幅度的最大值，如图 12－1 所示，横轴为时间，纵轴为累计收益。

图 12－1　最大回撤

最大回撤可以在任何历史区间做测度，用于衡量投资管理人对下行风险的控制能力。指定区间越长，这个指标就越不利，因此在不同的基金之间使用该指标时，应尽量控制在同一个评估期间。

某些投资者将控制下行风险作为投资的重要目标，目的是将损失控制在相对于其投资期间最大财富的一个固定比例。

值得注意的是，最大回撤指标的缺点是只能衡量损失的大小，而不能衡量损失发生的可能频率。

（六）下行标准差

波动率计算中，既包括了收益率高于平均值的单位区间的波动，也考虑了收益率低于平均值的单位区间的波动。有时需要关注收益率不达目标时的风险，这就需要用到下行标准差（downside deviation）。

假定 r_i 表示第 i 期基金收益率，r_T 表示目标收益率，n 表示基金收益率小于目标收益率的期数，则：

$$\text{下行标准差} = \sqrt{\frac{\sum_{i=1}^{n}(r_i - r_T)^2}{n}} \tag{12-9}$$

其中，$r_i < r_T$。

通常需要对下行标准差进行年化处理，如果收益率采用每日收益，则乘以交易日数量的开方；如果收益率采用每月收益，则乘以 12 的开方。

目标收益率可以是区间平均收益率，也可以是无风险收益率，或者自定义的目标收益率。

另外，下行标准差的局限性在于，其计算需要获取足够多的收益低于目标的数据。如果投资组合在考察期间表现一直超越目标，该指标将得不到足够的数据点进行计算。

二、风险价值

基于方差的风险度量指标只能描述收益的不确定性，即偏离期望收益的程度，并不能确切地描述投资组合损失的大小，无法全面综合地度量风险。

风险价值（value at risk，VaR）又称风险价值、风险收益、风险报酬，是指在给定的时间区间内和给定的置信水平下，利率、汇率等市场风险要素发生变化时，投资组合所面临的潜在最大损失。如图 12－2 所示，某投资组合在持有期为一周、置信水平为 95% 的情况下，若所计算的风险价值为 －0.82%，则表明该资产组合在一周中的损失有 95% 的可能性不会超过 －0.82%。

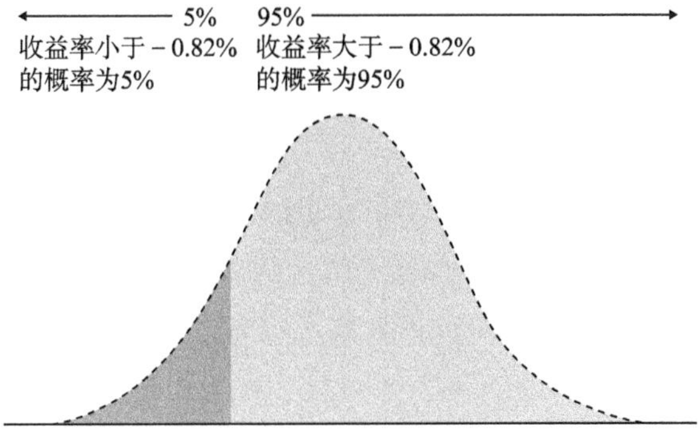

图 12－2　风险价值

VaR 的考察区间通常很短（一天、一周或者几周）。这是因为 VaR 随时间变化而变化，时间区间越长，投资组合和市场状况越难以保持相对稳定。VaR 采用概率论和数理统计的方法对风险进行量化和测度，其最大的优点是可用于测量不同市场的不同风险并用一个数值表示出来，因此具有广泛的适用性。VaR 已成为计量市场风险的主要指标，巴塞尔银行监督委员会、美国联邦储备银行、美国证券交易委员会、欧盟都接受 VaR 作为风险度量和风险披露的工具。

最常用的 VaR 估算方法有参数法、历史模拟法和蒙特卡罗模拟法。

（一）参数法

参数法又称方差—协方差法。该方法以投资组合中的金融工具是基本风险因子的现行组合，且风险因子收益率服从某特定类型的概率分布为假设，依据历史数据计算出风险因子收益率分布的参数值，如方差、均值和风险因子间的相关系数等。

（二）历史模拟法

历史模拟法假设市场未来的变化方向与市场的历史发展状况大致相同，该种方法依据风险因子收益的近期历史数据的估算，模拟出未来的风险因子收益变化，利用历史模拟法可以根据历史样本分布求出风险价值。组合收益的数据可利用组合中投资工具收益的历史数据求得，由于历史模拟法是以发生过的数据为依据的，投资者容易接受该种方法对未来的预测。历史模拟法十分简单，因为该种方法无须在事先确定风险因子收益或概率分布，只需利用历史数据对未来方向进行估算。然而也正是因为风险因子收益的历史数据是 VaR 值的来源，历史模拟法也有其局限性，即 VaR 所选用的历史样本期间非常重要。选用的历史区间应尽量与所测算区间大致相同，而且时间上越相近的区间越会有相似的发展方向，因此要选用最近的历史数据作为数据来源。

（三）蒙特卡罗模拟法

蒙特卡罗模拟法在估算之前，需要有风险因子的概率分布模型，继而重复模拟风险因子变动的过程。蒙特卡罗模拟每次都可以得到组合在期末可能出现的值，在进行足够数量的模拟后，组合价值的模拟分布将会收敛于组合的真实分布，继而求出最后的组合 VaR 值。蒙特卡罗模拟法虽然计算量较大，但这种方法被认为是最精准贴近的计算 VaR 值的方法。

三、预期损失

预期损失（expected shortfall，ES）是指在给定时间区间和置信区间内，投资组合损失的期望值。预期损失也被称为条件风险价值度（conditional VaR）或条件尾部期望（conditional tail expectation）或尾部损失（tail loss）。

图 12－3 中显示了在时间区间 T 内，某投资组合的概率分布。该投资组合在代表损失的左侧尾部有着局部较高概率的分布，在置信水平 X 下，VaR 值在图中 $-V$ 的位置，这意味着有 $X\%$ 的把握保证时间区间 T 内投资的损失不会大于 V。但 VaR 是一个分位值，不能衡量最左侧灰色区域的风险情况；而 ES 是灰色区域所有损失的期望值，也就是在 $1-X$ 的极端情况发生时损失的平均值。

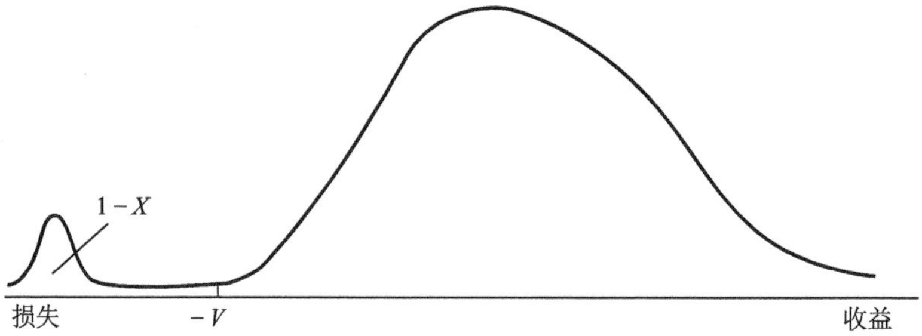

图 12－3　预期损失

预期损失由于其在尾部风险度量、次可加性等方面的优势，越来越受到金融行业与监管机构的重视。

四、压力测试

风险价值与预期损失无法体现那些将来可能发生但没有在历史数据中体现的情景——

对于异常的但是无法彻底排除的、可能发生的巨大损失事件，压力测试（stress test）可以测量其对投资组合的冲击。

压力测试的关键是选择压力情景：可以假定某一市场变量有很大变化，而其他变量保持不变。例如，收益率曲线平移 200 个基点，股票指数上下变动 10%，公募基金被集中赎回 60%，股市交易量下跌 50% 等，这类测试单个重要风险因素发生变化时的压力情景对投资组合影响的方法也叫敏感性分析。

当一个市场变量发生剧烈变化时，其他变量也会变化，这就要求设计多个市场变量同时变化的情景。有一种做法是采用历史极端情景法，如 2008 年全球金融危机期间的情况。历史情景法的问题在于历史不会一成不变地重复自身，危机往往会以不同的方式发生。金融机构可以综合其对政治经济环境和市场状况的理解，设计合理的、会造成巨大损失的情景。

压力测试促使投资管理人考虑被风险价值和预期损失所忽略的，但可能会发生的极端场景。投资管理人可以根据压力测试的结果采取措施，包括调整产品持仓结构、变更投资标的、暂停申赎等，必要时应实施应急预案。

监管机构要求基金公司自身要持有一定的风险准备金以应对压力情景。有时监管机构会设计压力场景，供所有机构一起使用。这有助于识别那些资本金不足的机构，并发现与系统性风险有关的问题。

第三节　不同类型基金的风险管理

在基金的日常运作中，基金公司需要针对不同产品的特点制定相应的投资风险管理方法和流程，形成内部投资指引，并将其设置于风险管理系统，以实现对基金投资风险的有效管理。投资风险管理分为事前、事中以及事后三个环节。事前风险管理主要包括对可投证券池、交易对手库的管理，以及按照法律法规、公司制度和产品合同规定设置基金的投资限制和需要监控的风险指标；事中风险管理体现为，在投资过程中，对持仓证券和基金整体风险指标进行监控，对不符合投资限制的投资指令进行预警或拦截，当风险指标超过投资时及时调整组合；事后风险评估包括风险指标计算、压力测试、风险收益归因等。风险管理贯穿基金整体投资流程。

一、股票基金的风险管理

股票基金是高风险的投资基金品种，相对于混合基金、债券基金与货币基金，股票基金的预期收益与风险皆为最高。股票基金提供了一种长期而高额的增值性，但收益越高风险越大，股票基金会面临较其他类型基金更高的投资风险，主要是非系统性和系统性风险。

股票基金通过分散投资可以大大降低个股投资的非系统性风险，可以设置个股最高比例来控制个股风险，实现风险分散化。

不同类型的股票基金所面临的系统性风险不同。例如，单一行业投资基金会存在行业投资风险，以整个市场为投资对象的基金则不会存在行业风险；单一国家型股票基金会面临较高的单一国家投资风险，全球股票基金则会较好地回避此类风险。系统性风险往往是投资回报的来源，是投资组合需要主动暴露的风险。从风险管理的角度看，需要控制的是投资经理在该系统性风险的暴露是否符合投资方针的规定。很多公司对基金的可投资股票范围按照基金合同规定进行限制。

常用来反映股票基金风险的指标有标准差、β 系数、持股集中度、行业投资集中度、持股数量等。

有的股票基金每年的净值增长率可能相差很大，也有的股票基金可能较小。净值增长率波动程度越大，基金的风险就越高。基金净值增长率的波动程度可以用标准差来计量，并通常按月计算，在净值增长率服从正态分布时，可以期望2/3（约67%）的情况下，净值增长率会落入平均值正负1个标准差的范围内，95%的情况下基金净值增长率会落在正负2个标准差的范围内。

股票基金主要投资于股票，其净值变动与股票市场变化相关度较高，通常使用 β 的大小衡量一只股票基金面临的市场风险的大小。如果股票指数上涨或下跌1%。某基金的净值增长率上涨或下跌1%，那么该基金的 β 系数为1，说明该基金净值的变化与指数的变化幅度相当；如果某基金的 β 系数大于1，说明该基金是一只活跃或激进型基金；如果某基金的 β 系数小于1，说明该基金是一只稳定或防御型的基金。

持股较为集中的投资组合，其面临的个股风险可能无法得到充分地分散。投资经理可能希望通过承担较高的个股风险来获取超额收益。前十大重仓股占比是衡量持股集中度的常用指标，其计算方法如下：

$$前十大重仓股占比 = 前十大重仓股投资市值/基金股票投资总市值 \times 100\%$$

类似地，可以计算基金在前三大行业或前五大行业的行业投资集中度。持股数量越多，基金的投资风险越分散，所面临的个股风险越低。

依据股票基金所持有的全部股票的平均市值、平均市盈率、平均市净率等指标，可以对股票基金的风格暴露进行分析。

基金持股平均市值的计算有不同的方法，既可以用算术平均法，也可以用加权平均法或其他较为复杂的方法。算术平均市值等于基金所持有全部股票的总市值除以其所持有股票的全部只数；加权平均市值则根据基金所持股票的比例进行股票市值的加权平均。通过对平均市值的分析。可以看出基金对大盘股、中盘股和小盘股的投资风险暴露情况。

同理，可以用基金所持有全部股票的平均市盈率、平均市净率的大小，判断股票基金是倾向于投资价值型股票还是成长型股票。如果股票基金的平均市盈率、平均市净率小于市场指数的市盈率和市净率，可以认为该股票基金属于价值型基金；反之，该股票基金则可以归为成长型基金。

基金股票换手率通过对基金买卖股票频率的衡量，反映基金的操作策略。通常，它可以用基金股票交易量的一半与基金平均净资产之比来衡量。

基金股票换手率 =（期间基金股票交易量/2）/期间基金平均净资产

用基金股票交易量的一半做分子的原因在于，“一买一卖”才构成一次完整的换手。换手率的倒数为基金持股的平均时间。

如果一只股票基金的年周转率为 100%，意味着该基金持有股票的平均时间为 1 年。

低周转率的基金倾向于对股票的长期持有，高周转率的基金则倾向于对股票的频繁买入与卖出。周转率高的基金，所付出的交易佣金与印花税也较高，会加重投资者的负担，对基金业绩造成一定的负面影响。

二、债券基金的风险管理

债券基金是指基金资产 80% 以上投资于债券的基金。债券基金的投资对象主要有国债、可转债、企业债等。由于债券收益波动较小，所以债券基金通常具有低风险、低收益特征。

某些类型的债券基金也可以有一小部分资金投资于股票市场，另外，可转债和打新股也是此类债券基金获得收益的重要渠道，不过这类债券基金的风险也会较纯债基金（不投资股票等权益类证券）高。

债券基金的主要投资风险包括利率风险、信用风险、流动性风险、提前赎回风险、再投资风险、可转债的特定风险和债券回购风险。

（一）利率风险

债券的价格与市场利率呈反向变动，当市场利率下跌时，债券价格通常会上涨；当市场利率上升时，大部分债券价格则会下降。因此，债券投资存在因利率上升或下跌所导致债券价格下跌或上涨的风险。

债券基金的久期是组合中所有债券的久期的加权平均值。债券基金久期越长，净值随利率的波动幅度就越大，所承担的利率风险就越高。通常用久期乘以利率变化来衡量利率变动对债券基金净值的影响。

债券基金常常以组合已有债券作为抵押品，融资买入更多债券。这个过程也叫加杠杆。杠杆会增大基金对利率变化的敏感度，增加基金的利率风险。通常用债券基金的总资产与净资产的比率来表示杠杆率。

债券基金通常用质押式回购或买断式回购进行融资，以买入更多债券。债券基金的杠杆率可以超过 100%。在目前的法规下，开放式债券基金的杠杆率上限为 140%；封闭式债券基金的杠杆率上限为 200%；定期开放式债券基金在开放期内的杠杆上限为 140%；在封闭期的杠杆上限为 200%。

防范利率风险的措施是分散债券的期限，长短期配合。如果利率上升，短期投资可以迅速地找到高收益投资机会；若利率下降，长期债券则能保持高收益，总之，不要把所有的鸡蛋放在同一个篮子里。

（二）信用风险

信用风险主要指交易契约的一方无法履行义务的风险，信用风险的损失可能由证券、期货、交换契约的一方违约而产生。根据信用风险的来源主要可以分为两类：债券信用风险和交易对手信用风险。

（1）债券信用风险，主要是指发行债券的借款人可能因发生财务危机等因素，不能按期支付契约约定的债券利息或偿还本金，而使投资者蒙受损失。在所有债券之中，财政部发行的国债，由于有政府作担保，往往被市场认为没有违约风险。但除中央政府以外的地方政府和公司发行的债券则或多或少地有违约风险。因此，信用评级机构要对债券进行评价，以反映其违约风险。

一般来说，如果市场认为一种债券的违约风险相对较高，对债券的收益率就会较高，以弥补可能承受的损失。

要控制债券信用风险的最直接的办法就是不买主体经营状况不佳或信誉不高的发行人发行的债券，在选择债券时，一定要仔细了解公司的情况，包括公司的经营状况及其以往债券支付情况。在持有债券期间，应尽可能对公司经营状况进行跟踪了解，以便及时作出卖出债券的抉择。同时，由于国债的投资风险较低，保守的投资者应尽量选择信用风险低的国债。

针对债券信用风险，主要监控指标有：基金所持债券的平均信用等级、各信用等级债的占比以及单个债券或发行人特定的信用风险。一般不同的投资标的会有不同的信用评估模型和信用违约矩阵。

（2）交易对手信用风险，主要指交易对手未能履行约定契约中的义务而造成经济损失的风险。对未结算的证券、商品和外汇交易，从交易日开始都会面临交易对手风险，特别是交易对手的信用风险。交易对手信用风险可能与市场风险、流动性风险、法律风险和操作风险等有关系，由于未结算的证券、商品和外汇交易市场价值随着市场因素的变化而变化，并不确定，所以基金承担的交易对手信用风险也会产生变化。

针对交易对手的信用风险，常见监控指标和管理方式有：定期评估交易对手的信用资质、控制交易对手集中度和组合流动性、交易对手限额管理以及根据组合实际情况合理配置资产的投资期限和比例等。

（三）流动性风险

流动性风险指持有金融工具的一方无法以合理的价位迅速卖出或转换该金融工具而遭受的损失。另外，也指所购买的债券，由于市场交易量少，因而发生变现困难、流通不易而导致的风险。此外，对于公募基金而言，投资者的大额赎回也可能导致流动性风险。

从不同债券品种看，国债、政策性金融债的流动性通常高于企业债、公司债，高等级信用债流动性一般好于低等级信用债，公开募集债券流动性也好于私募发行的债券（如中小企业私募债）。

衡量债券基金流动性风险的指标包括持仓集中度、流动受限资产比例、现金比例、短期可变现资产比例、区间可变现资产比例、可流通股票资产变现天数等。

为应对可能发生的流动性风险，基金管理人通常需要对基金组合的变现天数分布、长期停牌股票、定向增发、流动性较差证券的投资情况进行持续监控，并根据实际情况适当调整组合结构。

为防范流动性风险，投资者可以采取的措施有：尽量选择交易活跃的债券（如国债等），便于以较小的成本变现；合理安排投资组合，避免债券到期日或者存款到期日过于集中，适度控制存量，适时调节增量。此外，也应准备一定的现金以备不时之需。毕竟为了应对流动性进行的债券转让，通常都会增加债券交易的成本，并降低投资者的收益。

（四）提前赎回风险

提前赎回风险是指对于含有提前赎回条款的公司债，发行公司可能在市场利率大幅下降时行使提前赎回权，在到期日前赎回债券，从而使投资者因提前赎回导致的利息损失和降低再投资回报的风险。

在利率相对较高时，公司债的发行经常附有提前赎回条款。可提前赎回债券的债券发行人保留提前赎回债券的权利，可以按一定的金额，在债券到期之前赎回债券。

提前赎回条款给予发行人一种保障，使其可以在债券市场利率下降时赎回债券，以避免高息票利率的损失。对于证券投资者来讲，实行提前赎回条款则是不利的。此外，提前赎回风险也会导致再投资风险。

（五）再投资风险

再投资风险是指债券持有者在持有期间收到的利息收入、到期时收到的本息、出售时得到的资本收益等，用于再投资所能实现的报酬，可能会低于当初购买该债券时的收益率。

再投资风险反映了利率下降对固定收益证券利息收入再投资收益的影响，这与利率上升所带来的价格风险（前面所提到的利率风险）互为消长。具体为当利率下降时，基金从投资的固定收益证券所得的利息收入进行再投资时，将获得较少的收益率。如果投资者只购买了短期债券，而没有购买长期债券，就会有再投资风险。

对于再投资风险，应采取的防范措施是分散债券的期限，长短期配合。若利率上升，短期投资可迅速找到高收益投资机会；若利率下降，长期债券则能保持高收益。也就是说，要通过分散投资来分散风险，并使一些风险能够相互抵消。

例如，长期债券利率为6%，短期债券利率为4%，为减少利率风险而购买短期债券。但在短期债券到期收回现金时，如果利率降低到3%，就不容易找到高于3%的投资机会，而如果一开始就投资于长期债券，仍可以获得6%的收益。

（六）可转债的特定风险

可转换债券简称可转债，是一种可以在特定时间、按特定条件转换为普通股票的特殊公司债券。可转换债券兼具债权和期权的特征，通常具有较低的票面利率。可转债具有债权性、股权性、可转换性三个特点：

（1）债权性是指可转换债券在转换成股票之前是纯粹的债券，也有规定的利率和期限，投资者可以选择持有债券到期，收取本息。

（2）股权性是指可转换债券在转换成股票后，原债券持有人就由债权人变成了公司的股东，可参与企业的经营决策和红利分配，这也在一定程度上会影响公司的股本结构。

（3）可转换性是可转换债券的重要标志，如果持有人看好发债公司股票增值潜力，在宽限期之后可以行使转换权，按约定的条件将债券转换成股票，转股权是投资者享有的、一般债券所没有的选择权。如果债券持有人不想转换，则可以继续持有债券，直到偿还期满时收取本金和利息，或者在流通市场出售变现。正因为具有可转换性，可转换债券利率一般低于普通公司债券利率，企业发行可转换债券可以降低筹资成本。

可转债投资的风险主要有以下四点：

（1）当基准股票市价高于转股价格时，可转债价格随股价的上涨而上涨，但也会随股价的下跌而下跌，持有者要承担股价波动的风险。

（2）当基准股票市价下跌到转股价格以下时，持有者被迫转为债券投资者，因为转股会带来更大的损失；而可转债利率一般低于同等级的普通债券，因此会给投资者带来利息损失风险。

（3）提前赎回风险。可转债都规定发行者可以在发行一段时间后以某一价格赎回债券；这不仅限定了投资者的最高收益率，也给投资者带来再投资风险。

（4）转换风险。债券存续期内的有条件强制转换，也限定了投资者的最高收益率，但一般会高于提前赎回的收益率；而到期的无条件强制转换，将使投资者无权收回本金，只能承担股票下跌的风险。我国可转债的部分品种就具有强制性转股条款。

（七）债券回购风险

债券回购是指双方以契约方式约定在将来某一日期以约定的价格（本金和按约定回购利率计算的利息），由债券的卖方（正回购方）向买方（逆回购方）再次购回该笔债券的交易行为。从交易发起人的角度出发，凡是抵押出债券，借入资金的交易就称为进行债券正回购；凡是主动借出资金，获取债券质押的交易就称为进行债券逆回购。其中资金融出方的目的在于获得利息收入，而资金融入方的目的在于获得资金的使用权。

相对其他的交易来说，由于融资方必须有足额的债券作抵押，因此债券回购作为一种安全性高、收益稳定的投资品种，已成为一些机构对资金进行流动性管理的工具之一。

但是运用回购也会面临交易对手信用风险。此外，正回购比例高的债券基金杠杆也比较高，在信用风险集中爆发的时候，会使一些杠杆较大的基金也面临着亏损成倍放大的风险。

为防范债券回购风险可以采取的措施有：（1）建立健全逆回购交易质押品管理制度，根据质押品资质审慎确定质押率水平；（2）质押品按公允价值应足额，并持续监测质押品的风险状况与价值变动；(3) 在进行逆回购交易时，严格规范可接受质押品的资质。

三、混合基金的风险管理

混合基金是指同时投资于股票、债券和货币市场等工具，且不属于股票基金、债券基金和基金中任何一类的基金。其风险和预期收益低于股票基金，高于债券基金。

根据资产投资比例及投资策略，混合基金可再分为偏股型基金、偏债型基金、平衡型基金等，一般而言，偏股型基金的风险和预期收益较高，偏债型基金相对较低，平衡型基金介于两者之间。

由于混合基金的股票仓位比股票型基金和债券型基金的更灵活。针对其的风险管理也更多样化，具体可根据基金当时的股票仓位和面临的主要投资风险进行控制。

目前法规下，混合基金的股票仓位灵活，使得基金在市场下跌时有了规避系统性风险的可能。当混合基金股票仓位较高时，可参照股票型基金，对基金行业集中度、持股集中度等风险指标进行监控；当债券仓位较高时，可参照债券型基金，侧重对基金组合久期、持债集中度等风险指标进行监控。

投资过程中的风险管理还需要回顾和评估，并根据基金组合状况和市场状况不断修正。

四、货币市场基金的风险管理

货币市场基金是指投资于货币市场上短期品种（包括短期国债、银行存款、短期融资券以及信用等级很高的短期票券等）的一类基金。一般而言，货币市场基金的风险很小，是短期投资的良好选择。

货币市场基金以收益稳定、流动性强、购买限额低、资本安全性高等特点不断吸引投资者的关注。例如，与“余额宝”挂钩的天弘余额宝货币市场基金在 2016 年年末以 8, 093 亿元的净资产成为国内最大的货币市场基金。

（一）衡量货币市场基金的风险指标

由于债券也是货币市场基金的主要投资对象，货币市场基金同样会面临利率风险、信用风险和流动性风险。相对而言，衡量货币市场基金的风险指标主要有投资组合平均剩余期限和平均剩余存续期、融资回购比例、浮动利率、债券投资情况以及投资对象的信用评级等。

1. 投资组合平均剩余期限和平均剩余存续期

货币市场基金投资组合平均剩余期限和平均剩余存续期分别是货币基金所持有的各项资产的剩余期限和剩余存续期的加权平均值，投资组合平均剩余期限和平均存续期越短，货币市场基金的流动性越好，利率风险越低，2016 年 2 月 1 日起施行的《货币市场基金监督管理办法》规定，货币市场基金投资组合的平均剩余期限不得超过 120 天，平均剩余存续期不得超过 240 天，在货币市场基金实际运作中，持有人集中度对流动性风险管理有很大影响。持有人集中度高的货币市场基金面临的大额赎回风险也更高，基金管理人可能无法及时将组合资产变现应付赎回。因此，持有人集中度高的货币市场基金应根据实际情况，严格控制投资组合平均剩余期限和平均剩余存续期。中国证券监督管理委员会在 2017 年 9 月 1 日颁布，并于同年 10 月 1 日起施行的《公开募集开放式证券投资基金流动性风险管理规定》，针对货币市场持有人集中度情况、对货币市场基金的投资组合平均剩余期限和平均剩余存续期进行了进一步限制，具体规定如下：

（1）当货币市场基金前 10 名份额持有人的持有份额合计超过基金总份额的 50% 时，货币市场基金投资组合的平均剩余期限不得超过 60 天，平均剩余存续期不得超过 120 天；投资组合中现金、国债、中央银行票据、政策性金融债券以及 5 个交易日内到期的其他金融工具占基金资产净值的比例合计不得低于 30% 。

（2）当货币市场基金前 10 名份额持有人的持有份额合计超过基金总份额的 20% 时，货币市场基金投资组合的平均剩余期限不得超过 90 天，平均剩余存续期不得超过 180 天；投资组合中现金、国债、中央银行票据、政策性金融债券以及 5 个交易日内到期的其他金融工具占基金资产净值的比例合计不得低于 20% 。

2. 融资回购比例

一般情况下货币市场基金的杠杆比例越高，其收益也越高，但风险也越大。因此，在考虑比较不同货币市场基金收益率（通常指 7 日年化收益率）时，应同时考虑其杠杆运用情况。

根据目前法规，除非发生巨额赎回、连续 3 个交易日累计赎回 20% 以上或者连续 5 个交易日累计赎回 30% 以上的情形外，货币市场基金债券正回购的资金余额不得超过净资产的 20% 。所以，货币市场基金的杠杆风险通常较债券基金低。

3. 浮动利率债券投资情况

浮动利率债券简称浮息债，是指票面利率定价为某一参考基准利率加上发行人规定的利差之和的债券。目前，可参考的基准利率有一年定存利率、SHIBOR 和回购利率。

货币市场基金可以投资剩余期限小于 397 天，但剩余存续期超过 397 天的浮动利率债券。由于该债券实际剩余存续期往往很长（如 10 年），因此该券种在流动性、信用风险和利率风险上相对其他同样剩余期限的债券要高。在判断基金组合剩余期限分布时应充分考虑其浮息债投资情况。

4. 投资对象的信用评级

货币市场基金通常投资的是信用债券中的较高等级债券和其他金融工具。《公开募集开放式证券投资基金流动性风险管理规定》对此有详细规定。

(1) 货币市场基金投资于主体信用评级低于 AAA 的机构发行的金融工具占基金资产净值的比例合计不得超过 10%，其中单一机构发行的金融工具占基金资产净值的比例合计不得超过 2%。前述金融工具包括债券、非金融企业债务融资工具、银行存款、同业存单、相关机构作为原始权益人的资产支持证券及中国证监会认定的其他品种。

(2) 货币市场基金拟投资于主体信用评级低于 AA + 的商业银行的银行存款与同业存单的，应当经基金管理人董事会审议批准。相关交易应当事先征得基金托管人的同意，并作为重大事项履行信息披露程序。

根据近年的信用情况，高等级债券并非没有违约风险，短期内到期的债券也并非完全安全。为此，基金管理人可以通过加强信用研究水平、提高信用债权人分池要求、紧密跟踪发行人情况、降低组合集中度等方式降低债券信用违约风险。

(二) 货币市场基金的估值方法

货币市场基金通常采用摊余成本法进行估值核算，即估值对象以买入成本列示，按照票面利率或商定利率并考虑其买入时的溢价与折价，在其剩余期限内平均摊销，每日计提收益。例如，基金经理在市场上以 90 元折价买入一只票面价值为 100 元的债券，这便获得了 10 元的收益，如果该债券是 30 天后到期，那么就用 10 元除以 30 天，将收益摊销到每一天中。

这种方法在债券市场价格向上走的时候是平安无事的，但是当债券市场价格下跌时，这种方法则可能虚高了债券的净值。仍以上面的例子来说明，如果债券价格跌至 80 元，其实基金已经亏损，但用摊余成本法计算，基金表面上看并没有亏损。而投资者在卖出的时候，却是折价卖出该基金。

正是由于这种计算方法可能会隐藏风险，因此货币市场基金还存在另一种参考计算方法——影子定价法。摊余成本法配合影子价格的使用是当前市场环境下较优的货币市场基金会计核算方法，而使用公允的影子价格，并严格执行偏离度调整策略，是使用摊余成本估值方法的必要保障措施。

在之前互联网金融浪潮和金融科技创新带动下，货币市场基金曾迎来一波爆发式的增长，与此同时货币市场基金面临的流动性风险、信用风险也在增加，危机下的影响面也更广。有不少货币市场基金在短期业绩的驱动下曾以高杠杆、低信用策略迎来较大发展，但在 2013 年 6 月和 2016 年年底市场发生重大变化时付出了惨痛的代价。

危机事件后，市场也逐渐对货币市场基金的定位有了调整。监管机构也及时出台新的货币市场基金监管规则，提高了对货币市场基金的流动性、资产安全性等方面的要求。

五、指数基金和 ETF 的风险管理

指数基金是以指数成分股为投资对象的基金，其主要目的是取得与指数相近的收益率。投资策略为被动投资，因其较低的管理费、申赎费等而具有成本优势。同时因其较高的透明度而受投资者青睐。

指数基金可分为完全复制型指数基金和增强型指数基金两类。前者力求按照基准指数的成分和权重进行配置，其目标是最大限度地减小与标的指数的跟踪误差；后者在将大部分资产按照基准指数权重配置的基础上，用一部分资产进行积极的投资。其目标为在紧密跟踪基准指数的同时获得高于基准指数的收益。

不同的指数基金跟踪不同的标的指数，有些跟踪市场指数，如上证 50 指数、沪深 300 指数等；有些跟踪风格指数，如红利指数、中小板指数等指数基金的投资策略固定。指数基金所投资的标的指数成分股一般不能低于基金净资产的 90%，这就意味着，如果标的指数进入单边下跌趋势，指数基金仍需跟踪标的指数，无法降低仓位和变换跟踪标的。

指数基金的风险指标主要是跟踪误差，跟踪误差越大，反映其跟踪标的偏离度越大，风险越高；跟踪误差越小，反映其跟踪标的偏离度越小，风险越低。跟踪误差主要来源于基金分红、基金费用、现金留存和抽样复制等。因此，管理人可以从上述各因素入手，实现对跟踪误差的控制。

ETF 属于开放式基金的一种特殊类型，它结合了封闭式基金和开放式基金的运作特点，投资者既可以向基金管理公司申购或赎回基金份额，又可以像封闭式基金一样在二级市场上按市场价格买卖 ETF 份额，不过申购赎回必须以一篮子股票换取基金份额或者以基金份额换回一篮子股票。由于同时存在证券市场交易和申购赎回机制，投资者可以在 ETF 市场价格与基金单位净值之间存在差价时进行套利交易。套利机制的存在，使得 ETF 避免了封闭式基金普遍存在的折价问题。

根据投资方法的不同，ETF 可以分为指数基金和积极管理型基金，国外绝大多数 ETF 均是指数基金。目前，国内推出的 ETF 也是指数基金。ETF 指数基金代表一篮子股票的所有权，是指像股票一样在证券交易所交易的指数基金，其交易价格、基金份额净值走势与所跟踪的指数基本一致。因此，投资者买卖一只 ETF，就等同于买卖了它所跟踪的指数，

可取得与该指数基本一致的收益。ETF 指数基金通常采用完全被动式的管理方法，以拟合某一指数为目标，兼具股票和指数基金的特色。ETF 的风险主要有申购赎回清单出错、基金投资运作风险以及 ETF 认购期风险等。

对于 ETF 的第一大风险点“申购赎回清单出错”，基金公司的事前防范措施是尽量减少人工调整指数权重，多渠道保证数据源正确性，特别关注成分股公司行为，基金分红等处理要减少手工、严格权限、专门审核，设置成分股现金替代标志及标志设置完毕前再次确认等制度和行为要求。此外，要审慎对待异常情况。

与其他指数基金一样，一是 ETF 会不可避免地承担所跟踪指数面临的系统性风险。二是尽管套利交易的存在使得二级市场交易价格不会偏离基金份额净值太多，但受供求关系的影响，二级市场价格常常会高于或低于基金份额净值。此外，ETF 的收益率与所跟踪指数的收益率之间往往存在跟踪误差，且抽样复制、现金留存、基金分红以及基金费用等也都会导致跟踪误差。

六、避险策略基金的风险管理

避险策略基金通常使用一种恒定比例投资组合保险技术（CPPI）实现避险，这种技术的基本思路是将大部分资产（保险底线）投入固定收益证券，以保证避险周期到期时能收回本金；同时将剩余的小部分资金（安全垫）乘以一个放大倍数投入股票市场，以博取股票市场的高收益。

如果股票市场上涨，CPPI 按照放大倍数计算出的投资股票市场的资金会增加，从而增加基金的投资收益；如果股票市场下跌时，CPPI 计算出的投资于股票市场的资金量会减少，基金会将一部分资金从股票市场转移至风险较小的债券市场，规避了股票市场下跌的风险，防止基金总资产低于事先确定的安全底线。

为实现避险策略，避险策略基金一般符合以下要求：

（1）避险策略基金投资于稳健资产不得低于基金资产净值的 80%，以获取稳定收益，努力避免到期时投资本金出现亏损；

（2）稳健资产投资组合的平均剩余期限不得超过剩余避险策略周期；

（3）稳健资产以外的资产为风险资产，基金管理人应当建立客观研究方法，审慎建立风险资产投资对象备选库，并采取适度分散的投资策略；

（4）基金管理人应当审慎确定风险资产的投资比例；

（5）选择符合审慎监管要求的商业银行、保险公司，作为基金的保障义务人。

七、跨境投资的风险管理

我国涉及跨境投资的基金，有 QDII 基金、港股通基金以及非本地基金公司管理的互认基金。跨境投资标的涉及不同国家或地区，各国的制度各不相同，在不熟悉当地情况下容易出现法律和合规风险。同时，部分国外市场交易系统和机制相对落后，导致交易和结算流程复杂，在人员不足和制度不健全的情况下容易引发风险。

（一）跨境投资风险分类

具体而言，跨境投资风险主要分为政治风险、汇率风险、税收风险、投资研究风险、交易和估值风险、合规风险六个部分。

1. 政治风险

基金所投资的国家或地区宏观政策、社会经济环境一旦发生变化，都有可能导致市场波动而影响基金收益。基金公司应在内部及外部研究机构的支持下，密切关注有关国家或地区的政治、经济和产业政策的变化，适时调整投资策略以应对风险的变化。

2. 汇率风险

基金投资于多个国家的证券时，需要将人民币与各外汇币种进行兑换，经过换汇后投资于境外市场以多种外币计价的金融工具，取得外汇盈利后需要重新兑换成人民币。这种运作模式在人民币汇率变动的情况下，与国内市场投资相比，需要面临因本币与外币之间汇率差异而引起的投资风险。

3. 税收风险

在投资各国或地区市场时，因各国或地区税收法律法规的不同，可能会就股息、利息、红利、资本利得等收益向各国或地区税务机构缴纳税金，包括预扣税，该行为可能会使得资产回报受到一定影响。各国或地区的税收法律法规的规定可能变化，或者加以具有追溯力的修订，因此可能须向相关国家或地区缴纳本资产管理计划销售或估值当日并未预计的额外税项。

4. 投资研究风险

投资研究风险主要关注以下两个方面：

（1）债券信用风险。国外企业债券多数没有担保机构，而且担保机构本身也存在较大的信用风险，因此证券投资者和交易对手都存在较大的信用风险暴露。

（2）衍生证券风险。在使用衍生证券进行套期保值时，需要准确计算衍生工具和挂钩的基础证券之间的相关性，然后根据定价模型计算持有数量，这一过程存在模型风险。

5. 交易和估值风险

证券交易和估值风险是指在交易执行、估值清算等环节中存在的潜在风险。在委托国外交易商交易结算过程中可能存在以下风险：

（1）交易结算风险。国外交易体系与国内存在较大的差异，交易的确认、核对、清算交割等任何一个步骤发生错误，都可能造成交易的失败和基金的损失。

（2）估值风险。跨境业务涉及多市场、多品种和多币种的估值核算问题，基金会计估值过程中经常会遇到数据来源不一致、证券交易不活跃、各国家税收制度不一样等问题，这些问题都是潜在的估值风险。

6. 合规风险

由于各个国家的法规和制度不完全相同，对国外资金的监管限制也有所不同，因此应限制投资合规风险。

按照中国证监会要求，在投资股权具有关联关系的公司时必须合并计算持有的同一上市公司的总股本，例如，计算在两个以上市场上市的公司时必须合并处理，在我国沪港上市的 A 股与 H 股也必须合并计算，在美国挂牌的 ADR 也需要透过资讯商等找出转换基础证券的比例来计算出总股本。这些监管要求均要严格遵守。同时，风险管理人员需要实时更新和掌握国外的最新监管要求，也要非常熟悉投资交易系统的投资限制设置。

（二）跨境投资风险管理

跨境投资的风险管理主要有以下两点：

（1）通过不同国家地区的资产组合配置分散风险。由于海外市场之间的关联性相对较低，基金可通过实施多个国家和地区之间的资产组合配置来有效分散系统性风险。当一个市场出现下跌时，其他市场的上升能够化解投资于单一市场所面临的风险，有助于提高经风险调整后的投资回报水平。

（2）多币种投资和汇率避险操作相结合。QDII 基金投资于全球多币种市场，不仅可有效降低投资单一市场所面临的汇率风险，还可分享比人民币走势更好的货币对人民币升值带来的好处。此外，QDII 基金还可通过一些外汇远期合约和货币交换等衍生工具来进行汇率的避险操作。

产品不断创新和金融市场飞速发展对风险管理人员和信息系统提出了很高的要求，对风险的量化与评估也提出了更高的要求。要克服这些困难，基金管理公司管理层必须高度重视，将风险管理作为公司的一项核心竞争力去打造，在人、财、物方面都需要予以足够的支持，并且风险管理团队必须更加专业、更加敬业，持续不断地学习，切实做好风险管理的每一个细节。同样，作为风险管理人员，扎实的理论功底，熟练的分析技术，强烈的求知欲望，严谨的办事风格，勤奋的工作态度，都是不可或缺的因素。

名词解释

流动性风险　β系数　波动率　主动比重　最大回撤　下行标准差　风险价值（value at risk，VaR）　预期损失（expected shortfall，ES）　压力测试（stress test）　可转换债券回购风险

思考题

1. 市场风险管理的主要措施有哪些？
2. 债券基金的主要投资风险有哪些？
3. 可转债投资的风险有哪些？
4. 衡量货币市场基金的风险指标有哪些？
5. 货币市场基金的估值方法有哪些？
6. 什么是指数基金？什么是ETF？
7. 跨境投资的风险分类有哪些？

第十三章　基金投资的法律常识

基金投资的法律常识是投资者在参与基金市场时必须掌握的重要知识。基金投资作为金融市场的重要组成部分，受到国家法律法规的严格监管和规范。投资者在进行基金投资时，必须了解并遵守相关的法律法规，以确保自身权益的合法性和安全性。

第一节　基金投资法律框架概述

基金投资法律框架是保障基金市场健康有序运行、维护投资者权益的重要基石。它涵盖了国家层面的法律法规和行业自律规则与指引，为基金投资提供了全面的法律保障和指引。

一、基金法律法规体系介绍

基金投资作为金融市场的重要组成部分，其健康发展离不开健全的法律法规体系。这一体系不仅规范了基金市场的运作，也为投资者提供了有力的权益保障。在我国，基金法律法规体系主要由国家层面的法律法规和行业自律规则与指引构成。

（一）国家层面的基金法律法规

国家层面的基金法律法规是基金市场运作的基石，为基金公司的设立、运营、管理以及投资者的权益保障提供了基本遵循。其中，《中华人民共和国证券投资基金法》是我国基金市场的基本法，对基金的设立、运作、监管等方面进行了全面规范。该法明确了基金公司的设立条件和程序，规范了基金的投资运作行为，并强调了投资者权益的保护。

此外，我国还出台了一系列与基金投资相关的行政法规和部门规章，如《证券投资基金运作管理办法》《公开募集证券投资基金销售机构监督管理办法》等。这些法规与规章进一步细化了基金投资的具体规定，为基金市场的规范运作提供了更加详细的指导。

（二）行业自律规则与指引

除了国家层面的法律法规外，基金行业还制定了一系列自律规则与指引，以加强行业自律和规范市场行为。这些自律规则与指引通常由基金行业协会或相关机构制定，并经过广泛征求意见和专家评审后出台。

这些自律规则与指引的内容涵盖了基金公司的内部管理、投资运作、信息披露等方面。例如，基金公司需要建立完善的投资决策流程，确保投资决策的科学性和合规性。同时，基金公司还需要加强风险管理，建立健全的风险控制体系，以应对可能出现的市场风险。此外，基金公司还需要履行信息披露义务，及时向投资者披露基金的运作情况、投资组合、风险收益等信息，以便投资者作出理性的投资决策。

行业自律规则与指引的出台，有助于提升基金公司的治理水平和投资能力，促进基金市场的健康发展。同时，这些规则与指引也为监管机构提供了重要的参考依据，有助于加大对基金市场的监管力度。

二、基金公司的法律地位与职责

基金公司的法律地位与职责的明确对于维护市场秩序、保护投资者权益具有重要意义。

（一）基金公司的设立与登记

在我国，基金公司的设立与登记受到严格的法律法规监管。基金公司的设立必须符合《中华人民共和国公司法》以及《中华人民共和国证券投资基金法》等相关法律法规的规定。这些法律对基金公司的注册资本、股东结构、业务范围等方面都提出了明确要求。

具体而言，基金公司的注册资本应当达到一定数额，以确保其具备相应的风险承担能力和运营稳定性。同时，股东结构也需符合相关规定，避免出现利益输送、内部人控制等不当行为。此外，基金公司的业务范围应当明确，不得超出其核准的经营范围。

在设立过程中，基金公司还需向相关监管机构提交申请材料，包括公司章程、股东名单、高管人员任职资格证明等。监管机构会对这些材料进行严格审核，以确保基金公司的设立符合法律法规要求。

完成设立后，基金公司还需进行登记注册。登记注册是基金公司取得合法经营资格的必要步骤，也是其开展业务的前提条件。登记注册过程中，基金公司需向相关监管机构提交必要的登记材料，并按照规定缴纳登记费用。完成登记后，基金公司即可正式开展业务。

（二）基金公司的运营与管理要求

基金公司的运营与管理是其履行法律职责、实现业务目标的重要保障。在运营过程中，基金公司应当遵守法律法规和行业规范，建立健全内部控制机制，确保业务运作的合规性和有效性。

第一，基金公司应当建立完善的投资决策机制。投资决策是基金公司的核心业务之一，直接关系到投资者的利益。因此，基金公司应当建立科学的投资决策流程，明确投资目标、投资策略和投资范围，确保投资决策的合规性和有效性。同时，基金公司还应当加强对投资风险的评估和管理，确保投资风险可控。

第二，基金公司应当加强对基金产品的管理和运作。基金产品是基金公司的核心产品，也是投资者进行投资的主要工具。因此，基金公司应当加强对基金产品的设计、发行、运作和退出等各个环节的管理，确保基金产品的合规性和安全性。同时，基金公司还应当加强对基金销售行为的规范和管理，避免出现不当销售行为损害投资者利益。

第三，基金公司应当建立健全的信息披露机制。信息披露是保障投资者知情权、监督基金公司运营行为的重要手段。基金公司应当按照规定及时、准确、完整地披露基金产品的相关信息，包括基金净值、投资策略、投资组合、风险收益特征等，以便投资者作出明智的投资决策。

第四，在内部管理方面，基金公司应当加强内部控制机制的建设和完善。内部控制是确保公司业务运作合规、有效的重要保障。基金公司应当建立健全内部控制体系，包括风险管理制度、合规管理制度、内部审计制度等，确保公司业务运作的合规性和有效性。同时，基金公司还应当加强对员工的培训和管理，增强员工的业务素质和合规意识。

此外，基金公司还应当积极履行社会责任，加强与社会各界的沟通和合作。基金公司作为金融市场的重要参与者，其业务行为对社会经济发展具有重要影响。因此，基金公司应当积极履行社会责任，遵守社会公德和商业道德，加强与社会各界的沟通和合作，共同推动金融市场的健康发展。

总之，基金公司的法律地位与职责是维护市场秩序、保护投资者权益的重要保障。基金公司应当严格遵守法律法规和行业规范，加强内部控制机制的建设和完善，确保业务运作的合规性和有效性。同时，基金公司还应当积极履行社会责任，加强与社会各界的沟通和合作，共同推动金融市场的健康发展。

三、投资者的基本权益与义务

在金融市场中，投资者作为市场活动的主体，其权益和义务的保障对于市场的健康稳定发展具有重要意义。特别是在基金投资领域，投资者的权益和义务更是直接关系到其投资安全和收益。因此，本节将详细阐述投资者的基本权益与义务，包括投资者的权益保障以及投资者在基金投资中的义务。

（一）投资者的权益保障

投资者的权益保障是金融市场监管的重要目标之一。在基金投资领域，投资者的权益保障主要体现在以下几个方面：

第一，投资者享有知情权。基金公司应当向投资者充分披露基金产品的相关信息，包括基金的投资策略、投资组合、风险收益特征等。这有助于投资者了解基金产品的基本情况，作出明智的投资决策。同时，监管机构也要求基金公司定期发布基金净值、持仓情况等信息，确保投资者能够及时获取投资信息。

第二，投资者享有收益权。投资者购买基金产品后，有权按照基金合同的约定享有基金投资收益。基金公司应当按时、足额地分配投资收益给投资者，不得侵占或挪用投资者的收益。

此外，投资者还享有监督权。投资者有权对基金公司的运营行为进行监督，包括对其投资决策、风险管理、信息披露等方面质疑和建议。同时，投资者还可以通过参与基金持有人大会等方式，对基金公司的重大决策进行表决。

为了保障投资者的权益，法律法规还规定了相应的救济措施。当投资者的权益受到侵害时，可以向监管机构投诉举报，也可以依法向法院提起诉讼。监管机构和法院将依法对侵害投资者权益的行为进行查处和制裁，保护投资者的合法权益。

（二）投资者在基金投资中的义务

与权益相对应，投资者在基金投资中也承担着一系列义务。这些义务是维护市场秩序、促进市场健康发展的重要保障。

第一，投资者应当遵守法律法规和行业规范。在基金投资过程中，投资者应当遵循相关法律法规和行业规范的要求，不得进行违法违规的投资行为。例如，投资者不得参与内幕交易、操纵市场等不正当行为，也不得利用基金进行洗钱等非法活动。

第二，投资者应当理性投资、自负盈亏。基金投资具有一定的风险性，投资者应当根据自身的风险承受能力和投资目标，理性选择适合自己的基金产品。同时，投资者应当对自己的投资决策负责，承担由此产生的投资风险和损失。

第三，投资者还应当履行信息披露义务。在基金投资过程中，投资者应当向基金公司如实提供个人信息和投资意愿，以便基金公司更好地了解投资者的需求和风险承受能力。同时，投资者还应当及时向基金公司报告可能影响其投资决策的重大事项。

除了上述基本义务外，投资者还应当积极参与基金公司的治理活动。作为基金持有人，投资者有权参与基金公司的重大决策和监督基金公司的运营行为。通过参与基金持有人大会等方式，投资者可以发表自己的意见和建议，促进基金公司的健康发展。

在履行义务的同时，投资者也应当不断提升自身的投资素养和风险意识。了解基金产品的基本知识、掌握投资技巧和方法、关注市场动态和政策变化等都是投资者应当具备的基本素质。通过不断学习和实践，投资者可以更好地把握投资机会，降低投资风险，实现投资目标。

总之，投资者的权益和义务是基金投资领域中的重要内容。通过加强投资者的权益保障和明确投资者的义务要求，可以维护市场秩序、保护投资者权益、促进基金市场的健康发展。同时，投资者也应当自觉遵守法律法规和行业规范的要求，理性投资、自负盈亏、履行信息披露义务并积极参与基金公司的治理活动，为基金市场的稳定发展贡献力量。

第二节　基金投资合同的法律要素

基金投资合同作为基金公司与投资者之间的重要法律文件，其法律要素对于保障双方权益、规范投资行为具有至关重要的作用。基金投资合同的法律要素主要涵盖了合同的种类与性质、主要条款解析，以及签订、变更与解除等方面。

一、基金合同的种类与性质

在基金投资领域，基金合同是基金公司与投资者之间建立法律关系、明确双方权利和义务的重要文件。根据投资对象、投资方式及合同主体的不同，基金合同可以划分为多种类型。同时，基金合同作为一种特殊的民事合同，具有其独特的法律效力与约束力。下面将详细阐述基金合同的种类与性质。

（一）公募基金合同与私募基金合同

根据募集方式的不同，基金合同可以分为公募基金合同和私募基金合同。

（1）公募基金合同是指向不特定的社会公众公开发售基金份额时所签订的合同。公募基金面向广大投资者，其募集对象具有不特定性和广泛性。公募基金合同通常受到更为严格的监管，其信息披露要求更高，投资范围、投资策略等也受到相应的限制。公募基金合同的优点在于流动性好、透明度高，适合广大中小投资者参与。

（2）私募基金合同则是指向特定投资者非公开发售基金份额时所签订的合同。私募基金面向特定的、具有较高风险承受能力的投资者，其募集对象具有特定性和有限性。私募基金合同在投资策略、投资范围等方面具有较大的灵活性，通常不受公募基金那样的严格监管。私募基金合同的优点在于能够满足特定投资者的投资需求，实现更为灵活的投资策略。然而，由于私募基金的非公开性，其信息披露要求相对较低，投资者需要自行承担更高的投资风险。

（二）合同的法律效力与约束力

基金合同作为一种特殊的民事合同，具有法律效力与约束力。这意味着一旦基金合同成立并生效，合同双方都必须按照合同的约定履行各自的义务，否则将承担相应的法律责任。

（1）基金合同的法律效力主要体现在以下几个方面：首先，基金合同双方应当遵循诚实信用原则，真实、准确地履行各自的义务；其次，基金合同应当符合法律法规的规定，不得违反国家强制性规定；最后，基金合同在履行过程中受到法律的保护，任何一方不得擅自变更或解除合同。

（2）基金合同的约束力则体现在合同双方对合同内容的认可和遵守。一旦基金合同成立并生效，合同双方都必须按照合同的约定行使权利和履行义务。任何一方违反合同约定，都将承担相应的违约责任。同时，基金合同的约束力也体现在对投资者的保护上，确保投资者的合法权益得到维护。

在基金合同的法律效力与约束力方面，需要注意的是，由于基金市场的复杂性和多变性，基金合同在履行过程中可能会遇到各种风险和挑战。因此，投资者在签订基金合同时应当充分了解合同条款，评估投资风险，并谨慎作出投资决策。同时，基金公司也应当加强风险管理和内部控制，确保基金合同的履行符合法律法规的要求，保障投资者的合法权益。

此外，基金合同的法律效力与约束力还受到监管机构的监督和管理。监管机构通过制定相关法规、发布监管指引等方式，规范基金合同的签订和履行行为，维护市场秩序和投资者权益。对于违反法律法规的基金合同行为，监管机构将依法进行查处和处罚。

综上所述，基金合同的种类与性质对于投资者和基金公司都具有重要意义。不同类型的基金合同具有不同的特点和要求，投资者在选择基金产品时应当充分了解合同类型和内容；而基金公司则应当根据市场环境和投资者需求选择合适的合同类型，并严格遵守法律法规的要求履行合同义务。同时，基金合同的法律效力与约束力是保障投资者权益和维护市场秩序的重要基础，双方都应当遵守合同约定并承担相应的法律责任。

二、基金合同的主要条款解析

基金合同是基金设立和运作的基础，它详细规定了基金的各项条款和条件，为投资者和基金管理人提供了明确的操作指南。本节将对基金合同的主要条款进行解析，包括基金的投资策略与目标、基金的风险揭示与收益分配以及基金份额的认购、赎回与转让等方面。

（一）基金的投资策略与目标

投资策略与目标条款是基金合同的核心内容之一，它明确了基金的投资方向和收益目标，为基金管理人提供了投资决策的依据。

（1）投资策略部分通常包括基金的投资范围、投资比例、投资限制以及投资组合的构建和调整等内容。投资范围指的是基金可以投资的资产类别，如股票、债券、现金等；投资比例则规定了各类资产在基金总资产中的占比；投资限制则是为了避免过度集中风险而设置的投资上限或下限；投资组合的构建和调整则是根据市场情况和投资策略的变化，对基金投资组合进行定期或不定期的调整。

（2）目标条款部分则明确了基金的收益目标和风险水平。收益目标可以是绝对收益，也可以是相对收益。绝对收益是指基金在一定期限内达到的具体收益率，相对收益则是与某一基准指数或市场平均收益率相比的超额收益。风险水平则是对基金投资可能面临的风险进行量化或定性描述，以便投资者了解并评估投资风险。

投资者在阅读基金合同时，应重点关注投资策略与目标条款，了解基金的投资方向和收益目标是否符合自己的投资需求和风险承受能力。同时，投资者还应注意投资策略的稳定性和可持续性，避免过于冒进或保守的投资策略。

（二）基金的风险揭示与收益分配

风险揭示与收益分配条款是基金合同中至关重要的部分，它直接关系到投资者的利益保护。

（1）风险揭示条款主要对基金投资可能面临的各种风险进行明确说明，包括但不限于市场风险、信用风险、流动性风险等。市场风险是指由于市场价格波动导致的投资风险；信用风险是指由于债务人违约导致的投资风险；流动性风险则是指基金在面临大额赎回时可能无法及时变现的风险。通过风险揭示，投资者可以更全面地了解基金投资的风险特性，从而作出更为理性的投资决策。

（2）收益分配条款则规定了基金收益的分配方式和时间。一般来说，基金收益在扣除相关费用后，将按照基金合同的约定进行分配。分配方式可以是现金分红或红利再投资等，分配时间则可以是定期或不定期。投资者应关注收益分配的公平性和合理性，确保自己的投资回报得到合理保障。

在风险揭示与收益分配方面，基金合同还应强调基金管理人的职责和义务。基金管理人应严格遵守法律法规和基金合同的约定，勤勉尽责地管理基金，确保基金投资的安全和稳健。同时，基金管理人还应及时、准确地向投资者披露基金投资的相关信息，保障投资者的知情权。

（三）基金份额的认购、赎回与转让

基金份额的认购、赎回与转让条款是基金合同中关于基金份额交易的重要规定。

（1）认购条款规定了投资者购买基金份额的方式、价格和时间等要素。投资者可以通过基金销售机构或直接在证券交易所进行认购，认购价格通常为基金单位净值加上一定的销售费用。认购时间则根据基金的发售期而定，投资者需要在发售期内完成认购操作。

（2）赎回条款则规定了投资者卖出基金份额的条件和程序。投资者可以在基金合同规定的开放期内提出赎回申请，赎回价格通常为基金单位净值减去一定的赎回费用。基金管理人应根据赎回申请及时进行赎回操作，确保投资者的资金安全及时到账。

（3）转让条款则涉及基金份额在投资者之间的流转。一般来说，封闭式基金的份额可以在证券交易所进行买卖，而开放式基金的份额则可以通过基金销售机构进行转让。转让价格由市场供求关系决定，投资者应根据市场情况灵活调整转让价格。

在基金份额的认购、赎回与转让过程中，基金合同还应强调投资者的权益保护。例如，基金合同应规定基金管理人在处理赎回申请时应遵循公平、公正的原则，不得因个别

投资者的特殊需求而损害其他投资者的利益。同时，基金合同还应明确禁止任何形式的内幕交易和操纵市场行为，维护市场的公平和透明。

综上所述，基金合同的主要条款涵盖了投资策略与目标、风险揭示与收益分配以及基金份额的认购、赎回与转让等方面。这些条款为投资者提供了全面的信息支持，有助于投资者了解基金的投资方向、风险收益特征以及交易规则，从而作出更为明智的投资决策。同时，基金合同也规定了基金管理人的职责和义务，为基金的健康运作提供了有力的法律保障。

三、基金合同的签订、变更与解除

基金合同的签订、变更与解除是基金运作过程中的重要环节，关系到基金各方当事人的权利和义务。本节将详细阐述基金合同签订的程序与要求、合同变更的条件与流程以及合同解除的情形与后果，以帮助投资者全面理解基金合同的法律操作。

（一）合同签订的程序与要求

基金合同的签订应遵循一定的程序和要求，确保合同的合法性和有效性。

第一，基金合同的签订应基于双方的真实意愿，不存在欺诈、胁迫等非法手段。双方应充分了解合同内容，对合同条款进行充分协商和讨论，确保合同条款的明确和完整。

第二，基金合同的签订应遵循法律法规的规定。双方应确保合同的签订符合相关金融法规、证券法规等法律法规的要求，避免出现违法违规行为。

第三，在签订过程中，双方应提供必要的身份证明和资质证明，以确保合同当事人的合法身份和资质。同时，双方应仔细核对合同内容，确保合同条款的准确性和一致性。

第四，基金合同的签订应采用书面形式，并由双方代表签字或盖章确认。合同一式多份，各方应各执一份作为凭证。

此外，在合同签订后，双方还应按照合同约定履行相应的义务，确保合同的顺利执行。

（二）合同变更的条件与流程

基金合同的变更是指在合同履行过程中，由于市场环境、投资策略或当事人需求等因素的变化，需要对合同条款进行调整或修改的情况。

合同变更应满足以下条件：一是变更内容应符合法律法规的规定，不得违反强制性规范；二是变更应基于双方的真实意愿，经过充分协商和讨论；三是变更内容应明确、具体，避免产生歧义或纠纷。

合同变更的流程一般如下：

第一，提出变更申请：一方当事人向另一方提出合同变更的申请，明确变更的内容、原因和目的。

第二，协商讨论：双方就变更申请进行协商和讨论，就变更内容、方式、时间等达成一致意见。

第三，签订变更协议：双方根据协商结果，签订书面的合同变更协议，明确变更后的合同条款和双方的权利义务。

第四，履行变更义务：双方按照变更协议履行相应的义务，确保变更后的合同得到顺利执行。

需要注意的是，合同变更可能涉及投资策略、风险水平等方面的调整，因此在进行合同变更时应充分考虑投资者的利益，确保变更后的合同符合投资者的风险承受能力和投资目标。

（三）合同解除的情形与后果

基金合同的解除是指在合同履行过程中，由于特定情形的出现，导致合同无法继续履行或双方协商一致解除合同的情况。

合同解除的情形包括但不限于以下几种：一是当事人协商一致解除合同；二是因不可抗力等客观原因导致合同无法继续履行；三是当事人一方严重违约，导致合同目的无法实现；四是法律法规规定的其他情形。

在合同解除时，双方应根据合同约定或法律法规的规定，进行清算和结算工作。这包括计算并支付应得的收益或损失、处理未了结的交易等。双方应确保清算和结算工作的公正、公平和及时完成。

合同解除后，双方的权利义务关系终止。但需要注意的是，合同解除并不意味着双方之间的所有争议都得以解决。如果存在争议，双方应依法通过协商、仲裁或诉讼等方式解决。

此外，合同解除还可能对投资者的权益产生影响。因此，在合同解除前，基金管理人应充分告知投资者相关情况，确保投资者的知情权得到保障。同时，基金管理人还应积极协助投资者处理相关事宜，保障投资者的合法权益。

综上所述，基金合同的签订、变更与解除是基金运作过程中的重要环节。双方应严格遵守法律法规和合同约定，确保合同的合法性和有效性。同时，在合同变更和解除时，应充分考虑投资者的利益，确保投资者的权益得到保障。

第三节　基金投资的监管与法律责任

基金投资作为金融市场的重要组成部分，其稳健运行和健康发展对于保护投资者权益、维护市场秩序至关重要。因此，基金投资活动受到严格的监管，并伴随明确的法律责任。

一、基金投资的监管机构与职责

在基金投资领域，监管机构与职责的明确划分对于保障市场秩序、维护投资者权益具有至关重要的意义。证券监督管理机构和行业协会作为基金投资监管体系的重要组成部分，各自扮演着不可或缺的角色。

（一）证券监督管理机构的角色

证券监督管理机构是基金投资监管的核心力量，负责全面监督和管理基金市场的运作。其角色主要体现在以下几个方面：

第一，证券监督管理机构负责制定和执行基金市场的相关法律法规。通过立法手段，明确基金市场的准入条件、投资范围、信息披露等基本要求，为基金投资活动提供明确的法律依据。同时，监管机构还负责监督这些法律法规的执行情况，确保基金市场各方主体遵守规则，维护市场秩序。

第二，证券监督管理机构负责对基金管理人、托管人、销售机构等市场主体的资格进行审查和管理。通过设立严格的准入门槛，确保这些机构具备从事基金业务所需的专业能力和良好信誉。同时，监管机构还定期对这些机构进行业务检查和风险评估，及时发现并纠正潜在的风险问题。

第三，证券监督管理机构还负责监督基金的投资运作和风险控制情况。通过对基金投资组合、投资策略、交易行为等方面的监控和分析，评估基金的风险水平和收益表现，防止市场操纵、内幕交易等违规行为的发生。同时，监管机构还积极推动基金行业的创新和发展，提升基金市场的整体竞争力。

第四，对于基金投资中的违规行为，证券监督管理机构有权进行调查和处理。它会对投诉举报进行认真核实，对违规行为进行严肃查处。通过给予违规者相应的行政处罚、经济处罚或市场禁入等措施，证券监督管理机构有效遏制了违规行为的发生，维护了市场秩序和投资者信心。

第五，为了增强投资者的风险意识和自我保护能力，证券监督管理机构积极开展投资者教育和保护工作。它通过各种渠道和形式，向投资者普及基金投资知识、揭示投资风险、传授投资策略等。同时，它还建立了完善的投资者保护机制，如设立投资者保护基金、建立投诉处理机制等，为投资者提供必要的支持和保障。

（二）行业协会的自律监管

除了证券监督管理机构的监管外，行业协会在基金投资领域也发挥着重要的自律监管作用。行业协会作为基金行业的自律组织，通过制定行业规范、推动行业交流、加强行业培训等方式，促进基金行业的健康发展。

第一，制定行业规范。行业协会根据基金市场的实际情况和发展需求，制定了一系列行业规范和行为准则。这些规范涵盖了基金管理人的投资行为、信息披露、风险控制等方面，为基金市场的参与者提供了明确的行为指导。通过制定和执行这些规范，行业协会引导基金市场参与者自觉遵守行业规则，维护市场秩序和公平竞争。

第二，开展自律检查。为了确保行业规范的有效执行，行业协会定期对基金管理人进行自律检查。这些检查包括现场检查、资料审查等方式，旨在发现基金投资中的潜在风险和违规行为。通过自律检查，行业协会能够及时发现问题并采取相应的措施予以纠正，确保基金市场的规范运作。

第三，加强行业交流与合作。行业协会作为基金市场的自律组织，积极促进行业内的交流与合作。它定期组织会员单位开展经验分享、业务培训等活动，推动基金管理人提升业务水平和市场竞争力。同时，行业协会还加强与其他国家和地区的监管机构和行业协会的沟通与合作，推动基金市场的国际化发展。

第四，推动行业创新与发展。随着基金市场的不断发展，新的投资策略、产品形式和技术手段不断涌现。行业协会作为行业的引领者，积极推动行业创新与发展。它关注市场新动态、研究新技术和新模式，为基金市场提供前瞻性的指导和建议。同时，行业协会还鼓励基金管理人积极探索创新路径，推动基金市场的持续发展。

第五，协助监管机构开展工作。行业协会与证券监督管理机构保持着密切的合作关系，协助其开展监管工作。它及时向监管机构反映市场情况和行业动态，为监管政策的制定和执行提供参考。同时，行业协会还协助监管机构处理投诉和举报案件，维护市场秩序和投资者权益。

综上所述，证券监督管理机构和行业协会在基金投资监管中各自扮演着不可或缺的角色。证券监督管理机构通过立法、执法等手段全面监督和管理基金市场；而行业协会则通过自律监管、行业交流、培训教育等方式促进基金行业的健康发展。两者相互补充、相互配合，共同构成了基金投资监管的完整体系，为基金市场的稳健运行和投资者权益的保障提供了有力保障。

二、基金投资中的违规行为与法律责任

在基金投资领域，违规行为的存在不仅扰乱了市场秩序，也损害了投资者的合法权益。为了维护市场的公平、公正和透明，保护投资者的利益，法律对基金投资中的违规行为进行了明确规定，并规定了相应的法律责任。本节将重点讨论信息披露不实、内幕交易与市场操纵以及损害投资者权益等违规行为及其法律责任。

（一）信息披露不实的法律责任

信息披露是基金投资中的重要环节，它关系到投资者的决策基础和市场的公平交易。基金管理人作为信息披露的主体，有义务按照法律法规和监管要求，真实、准确、完整地披露基金的相关信息。然而，在实际操作中，一些基金管理人为了吸引投资者或掩盖风险，可能存在信息披露不实的行为。

对于信息披露不实的违规行为，法律规定了严格的法律责任。第一，监管机构有权对违规者进行警告、罚款等行政处罚。罚款的金额通常根据违规行为的严重程度和造成的后果来确定，旨在起到惩戒和震慑作用。第二，如果信息披露不实导致投资者遭受损失，投资者有权向违规者提起民事诉讼，要求赔偿损失。在民事诉讼中，投资者需要提供充分的证据证明自己的损失与信息披露不实之间存在因果关系。

此外，为了加大信息披露的监管和追责力度，一些国家和地区还建立了信息披露监管制度和举报奖励机制。这些制度通过加强对信息披露的监督和检查，以及对举报人的保护和奖励，鼓励市场参与者积极参与到信息披露的监管中来，共同维护市场的公平和透明。

（二）内幕交易与市场操纵的处罚

内幕交易和市场操纵是基金投资中两种严重的违规行为。内幕交易是指利用未公开的重要信息，通过买卖证券或其他金融产品谋取私利的行为；市场操纵则是指通过虚假交易、散布虚假信息等手段，影响市场价格或交易量，以牟取不正当利益的行为。

对于内幕交易和市场操纵的违规行为，法律同样规定了严厉的处罚措施。第一，监管

机构会对违规者进行行政处罚，包括警告、罚款、撤销业务资格等。对于情节严重的违规行为，还可能涉嫌犯罪，需要依法追究刑事责任。第二，如果内幕交易或市场操纵行为导致投资者遭受损失，投资者有权向违规者提起民事诉讼，要求赔偿损失。在民事诉讼中，投资者需要提供充分的证据证明违规行为与损失之间的因果关系。

为了打击内幕交易和市场操纵行为，监管机构通常会加强市场监控和数据分析，及时发现和查处违规行为。同时，监管机构还会加强与其他国家和地区的合作，共同打击跨境内幕交易和市场操纵行为。此外，一些国家和地区还建立了举报奖励机制，鼓励市场参与者积极举报违规行为，共同维护市场的公平和秩序。

（三）损害投资者权益的追责机制

基金投资中，损害投资者权益的行为多种多样，包括但不限于误导性宣传、违规销售、利益输送等。这些行为不仅侵犯了投资者的知情权、选择权和公平交易权，也损害了市场的公信力和投资者的信心。

对于损害投资者权益的违规行为，法律建立了完善的追责机制。投资者可以通过民事诉讼的方式，向违规者提起索赔诉讼。在诉讼过程中，投资者需要提供充分的证据证明自己的权益受到损害以及违规行为与损害之间的因果关系。如果法院认定投资者胜诉，违规者需要承担相应的赔偿责任。

此外，监管机构也会对损害投资者权益的违规行为进行行政处罚。这些处罚措施旨在起到惩戒和震慑作用，防止类似行为再次发生。同时，监管机构还会加强市场监管和投资者教育，增强投资者的风险意识和自我保护能力。

为了进一步完善损害投资者权益的追责机制，一些国家和地区还建立了投资者保护基金和投资者保护机构。这些机构通过为投资者提供法律援助、资金援助等方式，帮助投资者维护自身权益。同时，它们还积极参与市场监管和规则制定，推动市场的公平、公正和透明。

综上所述，基金投资中的违规行为与法律责任是维护市场秩序和保护投资者权益的重要保障。通过加大监管和追责力度，我们可以有效遏制违规行为的发生，维护市场的公平、公正和透明，保护投资者的合法权益。同时，投资者也应增强风险意识和自我保护能力，理性投资，避免盲目跟风或投机行为。只有这样，我们才能共同构建一个健康、稳定、可持续的基金投资市场。

三、投资者维权途径与法律援助

在基金投资领域，投资者作为市场的重要参与者，其权益的保护至关重要。然而，在实际操作中，基于信息不对称、监管不到位等原因，投资者可能会遭遇权益受损的情况。因此，了解投资者维权途径和法律援助机制，对于保护投资者权益、维护市场秩序具有重要意义。

（一）投资者投诉与举报渠道

当投资者发现自身权益受到侵害时，应及时向相关机构进行投诉或举报。以下是几种主要的投诉与举报渠道：

一是证券监督管理机构。证券监督管理机构是基金投资市场的主要监管者，负责维护市场秩序和保护投资者权益。投资者可以通过证券监督管理机构的官方网站、投诉电话、信函等方式，向其反映基金投资中的违规行为或投诉相关机构的不当行为。证券监督管理机构在收到投诉后，会进行调查处理，并根据情况采取相应的监管措施。

二是行业协会。行业协会作为行业自律组织，也承担着维护市场秩序和保护投资者权益的职责。投资者可以通过行业协会的投诉渠道，向其反映基金投资中的问题或举报违规行为。行业协会通常会设立专门的投诉处理机构，对投诉进行调查和处理，并协调相关方解决纠纷。

三是媒体与社交平台。在信息化时代，媒体和社交平台成为投资者表达诉求和反映问题的重要途径。投资者可以通过报纸、电视、网络等媒体，以及微博、微信等社交平台，发布自己的投诉和举报信息，引起社会关注和监管机构的重视。然而，需要注意的是，投资者在利用媒体和社交平台时，应确保信息的真实性和客观性，避免虚假信息的传播。

（二）法律援助与纠纷解决机制

当投资者与基金管理人或其他市场主体发生纠纷时，可以通过以下途径寻求法律援助和纠纷解决：

一是民事诉讼。民事诉讼是投资者维护自身权益的主要途径之一。当投资者认为自己的权益受到侵害时，可以向人民法院提起民事诉讼，要求对方承担民事责任。在民事诉讼中，投资者需要提供充分的证据来证明自己的主张，并经过法院的审理和判决来维护自己的权益。

二是仲裁。仲裁是一种替代性纠纷解决方式，具有高效、灵活的特点。在基金投资领域，一些合同可能约定了仲裁条款，当发生纠纷时，双方可以通过仲裁机构进行仲裁。仲裁机构通常会根据事实和法律规定，对纠纷进行公正、公平的裁决。仲裁结果具有法律效力，双方应当履行。

三是调解。调解是一种协商性的纠纷解决方式，旨在通过双方协商达成一致，解决纠纷。在基金投资纠纷中，投资者和基金管理人或其他市场主体可以通过调解机构或第三方调解员进行调解。调解过程中，双方可以充分表达诉求和意见，寻求双方都能接受的解决方案。调解成功的话，双方可以签订调解协议，结束纠纷。

四是法律援助机构。对于缺乏法律知识或经济困难的投资者，可以寻求法律援助机构的帮助。法律援助机构通常会为符合条件的投资者提供法律咨询、代理诉讼等服务，帮助他们维护自身权益。

此外，一些国家和地区还建立了投资者保护基金，为投资者提供资金援助和风险补偿。当投资者因基金管理人的违规行为而遭受损失时，可以向投资者保护基金申请赔偿。

综上所述，投资者维权途径与法律援助是保护投资者权益的重要手段。通过建立健全的投诉与举报渠道、完善法律援助和纠纷解决机制等措施，我们可以为投资者提供更加安全、公平、透明的基金投资环境。同时，投资者也应增强自身的风险意识和自我保护能力，积极维护自身权益。

名词解释

公募基金　私募基金　内幕交易　市场操纵

思考题

1. 基金公司的运营与管理要求有哪些？
2. 投资者的基本权益与义务有哪些？
3. 公募基金合同与私募基金合同的异同点有哪些？
4. 基金合同签订的程序与要求有哪些？
5. 证券监督管理机构的职责有哪些？
6. 基金投资者投诉与举报渠道有哪些？

参考文献

[1] [美] 皮德罗·韦罗内西. 固定收益证券 [M]. 潘席龙, 但家豪, 何玲. 北京: 机械工业出版社, 2019.

[2] [美] 格伦·哈伯德, 安东尼·帕特里克·奥布赖恩. 货币金融学（第四版）[M]. 郭金兴. 北京: 机械工业出版社, 2021.

[3] [美] 弗兰克·J·法博齐. 债券市场: 分析与策略（第九版）[M]. 北京: 中国人民大学出版社, 2018.

[4] 何国华. 国际金融学 [M]. 武汉: 武汉大学出版社, 2017.

[5] 中国证券业协会. 证券市场基础知识 [M]. 北京: 中国财政经济出版社, 2010.

[6] 兹维·博迪. 投资学（第7版）[M]. 北京: 机械工业出版社, 2010.

[7] 威廉·夏普. 投资学 [M]. 北京: 中国人民大学出版社, 1998.

[8] 吴晓求. 证券投资学 [M]. 北京: 中国人民大学出版社, 2004.

[9] 张宗新. 证券投资学 [M]. 上海: 复旦大学出版社, 2006.

[10] 徐国祥. 证券投资分析 [M]. 北京: 科学出版社, 2006.

[11] 李诗林. 行为金融与证券投资行为分析 [M]. 北京: 社会科学文献出版社, 2005.

[12] 中国证券业协会. 证券交易 [M]. 北京: 中国财政经济出版社, 2010.

[13] 吴跃平, 宋磊, 方磊. 私募股权投资基金运作与管理 [M]. 北京: 清华大学出版社, 2020.

[14] 李曜, 游搁嘉. 证券投资基金学（第四版）[M]. 北京: 清华大学出版社, 2022.

[15] [美] 本杰明·格雷厄姆. 聪明的投资者 [M]. 北京: 人民邮电出版社, 2010.

[16] 巴曙松. 中国 QDII 与 QFII 基金发展状况评估与展望. 中国金融四十人论坛, 2010.

[17] 李健．金融学（第四版）[M]．北京：高等教育出版社，2022.
[18] 宋良国．证券投资基金——运营与管理 [M]．北京：人民出版社，2005.
[19] 上海证券．基金评价中心研究报告 [R/OL]．2014.